신의 개입

도널드 트럼프 깊이 읽기

나남
nanam

송의달

〈조선일보〉와 〈조선비즈〉에서 기자記者와 경영자CEO 등으로 일했다. 이에 앞서 〈중앙
일보〉와 〈한국일보〉에 몸담았으며 2024년 3월부터 서울시립대 융합전공학부 초빙교
수로 봉직하고 있다.

미국 싱크탱크인 전략국제문제연구소CSIS 초청연구원으로 1998년부터 1년간 워싱턴
DC 및 버지니아주에 거주하면서 미국 정치사회를 관찰했다. 2004년부터 4년 동안 홍
콩 상주특파원으로서 중국과 아세안의 변화상과 함의를 추적했다.

서울대학교 외교학과 학부와 대학원을 졸업했고 동국대학교에서 '일본의 대미對美 로
비'를 주제로 박사학위 논문을 썼다. 미국 조지타운대 외교대학원Walsh School of Foreign
Service의 Fellows Program을 수료했다.

《세계를 움직이는 미국 의회》,《미국을 로비하라》,《뉴욕타임스의 디지털 혁명》등
3권의 미국 연구서와《아웃퍼포머의 힘》,《세상을 바꾼 7인의 자기혁신노트》,《21세기
경영대가를 만나다: CEO 편》(공저)을 포함해 8권의 저서를 냈다.

나남신서 2175

신의 개입
도널드 트럼프 깊이 읽기

2024년 8월 19일 발행
2024년 12월 20일 7쇄

저자   송의달
발행자   趙相浩
발행처   (주) 나남
주소   10881 경기도 파주시 회동길 193
전화   (031) 955-4601 (代)
FAX   (031) 955-4555
등록   제 1-71호 (1979.5.12)
홈페이지 http://www.nanam.net
전자우편 post@nanam.net

ISBN   978-89-300-4175-1
ISBN   978-89-300-8655-4 (세트)

이 책은 방일영문화재단의 지원을 받아 저술 · 출판되었습니다.

나남신서 2175

신의 개입

도널드 트럼프 깊이 읽기

송의달 지음

나남
nanam

Divine Intervention

Understanding the Thoughts & Behaviors of Donald J. Trump

by

Eui Dal(Ed) Song

nanam

차 례

2부 도널드 트럼프에 대한 오해와 이해

3부 트럼피즘 낳는 미국 사회 구조 변화

4부 트럼프 2기의 정책 구상과 비전

프롤로그

1.

"미국 정치와 세계는 도널드 트럼프^{Donald J. Trump}(1946~) 이전과 이후로 나뉜다." 제45대 미국 대통령을 지냈고 2025년 1월 20일 제47대 미국 대통령으로 취임하는 그의 경력과 언행을 조금이라도 아는 사람이면 수긍하는 구절이다. 25세부터 부동산 개발업자로 활동한 트럼프는 58세 때부터 11년간 미국 지상파방송 진행자로 활약했고 69세에 정치에 투신해 생애 첫 번째 선거에서 승리해 70세에 대통령이 됐다.

취임 당시 약 6조 원(45억 달러) 넘는 재산을 가진 부호^{富豪}였던 그는 호텔, 골프장, 고급 주거시설, 대학, 자전거 경주대회, 미인대회, 항공기, 카지노, 와인, 넥타이, 스테이크, 생수병, 시계 등 500개가 넘는 '트럼프^{TRUMP}' 브랜드를 보유해 남부러울 게 없었다.

워런 버핏, 빌 게이츠보다 더 오래 부^富와 명성을 누리고 있는[1] 그는 1980년대에 세계에서 7번째로 존경받는^{admired} 남자였다.[2] 집권 1기엔 전

---

1   Michael D'Antonio, *The Truth about Trump*(New York: St. Martin's Press, 2016), p.9
2   "Most Admired Man and Woman-Gallup Historical Trends", Gallup
    https://news.gallup.com/poll/1678/most-admired-man-woman.aspx(2024년 7월 30일 검색)

임자 44명과 판이한 스타일과 정책으로 대통령직을 수행해 '최고 질서 파괴자Disruptor-in-chief'3로 불렸다. 그는 재임 중 두 차례 연방하원의 탄핵소추를 받았고 퇴임 후 네 차례 형사범으로 기소됐으며 유죄 평결까지 받았다.

2021년 1월 6일 연방의회U.S. Capitol 의사당 건물 난입 사건 배후조종 혐의로 정계에서 퇴출될 때만 해도 트럼프의 앞날은 암담해 보였다. 그러나 그는 1년 10개월 만인 2022년 11월 15일 세 번째 대통령 선거 출마를 선언하며 더 강력한 모습으로 돌아왔다.4 20세기 이후 공화당 역사상 가장 빠른 속도로 경선 2개월여 만인 2024년 3월 초 대통령 후보가 된 트럼프는 같은 해 7월 13일 오후 펜실베이니아주 버틀러카운티에서 열린 유세 집회 중엔 암살범의 총탄을 수 밀리미터 간격으로 피해냈다. 한쪽 귀에 피를 흘리면서도 그는 일어나 "싸우자!fight"고 외쳤다.5

두 달 후인 9월 15일 플로리다주 웨스트팜비치의 골프장 인근에서 두 번째 암살 시도에도 그는 건재했다. 도널드 트럼프의 행적, 특히 그의 정치적 부침浮沈을 보노라면 '신의 개입Divine Intervention'이라는 표현이 떠오른다. 많은 곤경과 모욕, 고난과 시련에도 좌절은커녕 한층 강인해지는 그에게 인간의 힘으로 설명하기 힘든 신神의 역사役事가 작동할지 모른다는 생각이 든다. '테플론 대통령Teflon President'이란 호칭부터 그러하다.6

---

3   "Disruptor in chief Trump bulldozes into NATO gathering", *Politico*(December 3, 2019)

4   Dick Morris, *The Return: Trump's Big 2024 Comeback*(New York: Humanix Books, 2022)

5   "The Attempt on Donald Trump's Life and an Image That Will Last", *New Yorker*(July 13, 2024)

6   Jared McDonald, Sarah E. Croco, & Candace Turitto, "Teflon Don or Politics as Usual?", *The Journal of Politics*, 81(2)(University of Chicago Press, April 2019)

2.

도널드 트럼프는 1940년 미국 대통령 후보로 세 차례 연속 지명된 프랭클린 루스벨트Franklin D. Roosevelt(민주당)에 이어 84년 만에 3번 연속(2016년, 2020년, 2024년) 정식 대통령 후보 지명을 받았다. 그는 유례없는 접전을 벌일 것이라는 예상을 깨고 2024년 11월 5일 대선에서 카멀라 해리스Kamala Harris 민주당 후보를 상대로 완승을 거두었다. 이로써 그는 재선 도전 실패 후 다시 출마해 당선된 132년 만의 '징검다리 대통령'이 됐다.

2024 대선 승리의 역사적 의의意義는 트럼프 개인이나 공화당의 백악관 재탈환 수준을 뛰어넘는다. 그것은 미국과 세계 역사의 새로운 출발을 알리는 분수령이자 변곡점變曲點, inflection point이라는 데 있다.[7] 미국 국민들은 '워싱턴 아웃사이더'였던 트럼프에게 몰표로 힘을 실어 주었다. 트럼프가 7개 경합주swing states는 물론 전국 득표율popular vote, 연방상원 및 하원의원 선거, 주州 지사, 주 의회 선거까지 싹쓸이한 게 증거다. 공화당 대선 후보의 전국 득표율 절반(50%) 이상 획득은 2004년 조지 W. 부시 후보 이후 만 20년 만이다.

트럼프가 이끄는 공화당의 총체적 승리는 '매가MAGA: Make America Great Again'(미국을 다시 위대하게) 이념에 기초한 트럼피즘Trumpism(트럼프주의)에 대한 미국 국민들의 전면적 공인公認, national endorsement을 의미한다.[8] 2016년 11월 대선에서 그의 승리가 우발적이고 갑작스러운 미국

---

7   Francis Fukuyama, "What Trump unleashed means for America", *Financial Times* (November 8, 2024)

8   Gideon Rachman, "Trump and the lure of strongman leadership", *Financial Times* (November 6, 2024)

과 세계 정치사의 일탈逸脫, aberration에 가까웠다면, 이번 '복귀 승리 comeback victory'는 새로운 미국의 탄생과 새로운 세계 질서·국제정치 역학 관계 개막을 알리는 신호탄이다.[9]

2024 대선에서 트럼프가 이긴 데는 민주당 해리스 후보 진영의 준비 미흡과 후보 개인의 실력·자질 부족을 빼놓을 수 없다. 하지만 더 중요한 본질적인 승인勝因은 트럼프의 '매가 어젠다Maga Agenda'가 미국 국민들의 신뢰를 얻었다는 데 있다. 잘못된 방향으로 가고 있는 미국의 진로를 바로잡고 미국의 미래를 밝히는 '국가 비전'으로서 트럼피즘을 최소한 전체의 절반이 넘는 미국인들이 동의하고 수용했다는 의미다.

미국의 새로운 대세大勢를 보여 주는 증표는 여럿이다. 2024년 4월 1~7일 미국 성인 3,600명을 대상으로 한 퓨리서치센터Pew Research Center 조사에서 "미국 정부가 국내 문제에 더 집중해야 한다"고 대답한 비율 (83%)은 "대외 문제에 더 집중해야 한다"(17%)는 비율을 압도했다. 응답자의 42%는 "다른 나라들이 국제질서 유지에 더 많은 비용을 부담하도록 하는 게 미국 외교정책의 최우선 과제"라고 했다.[10]

이는 미국의 국제 개입 축소를 주장하는 트럼프와 일맥상통한다. 불법이민자와 고율 관세 부과 문제도 마찬가지다. 2024년 7월 조사에서 미국인의 55%는 "이민 유입이 줄어들길 원한다"고 답했다. 이는 2001년

---

9 "Welcome to Trump's world: His sweeping victory will shake up everything", *Economist*(November 6, 2024); "[News Analysis] 'Trump's America': Comeback Victory Signals a Different Kind of Country", *New York Times*(November 6, 2024)

10 "What Are Americans' Top Foreign Policy Priorities?", Pew Research Center(April 23, 2024)

9·11 테러 이후 가장 높은 반反이민 여론이다.[11] 미국 성인 6,251명을 상대로 한 2024년 3~4월 조사에선 민주당원의 42%가 "불법이민자에 대한 대량 추방mass deportation을 지지한다"고 했다.[12] 트럼프를 싫어하는 국민들조차 10명 중 4명 넘게 찬동하는 극적 변화였다.

2016년 8명의 노벨상 수상자를 포함한 370명의 경제학자들은 관세율 인상과 자유무역 축소 같은 트럼프 경제정책에 대해 "자유무역의 혜택을 간과하고 있다"며 비판했다. 그중 한 명인 앵거스 디턴Angus Deaton 프린스턴대 교수(2015년 노벨경제학상 수상)는 2024년 3월 "미국 노동자들에 대한 자유무역의 혜택에 회의적"이라며 과거 입장을 철회하고 트럼프 지지로 돌아섰다.[13]

트럼프가 시동을 건 대對중국 봉쇄·견제 정책은 바이든 행정부에 승계돼 오히려 더 강화됐다. 이런 모습들은 트럼프의 경제·무역·불법이민·세금 정책 등이 미국 사회의 '새로운 정상正常'이 됐음을 보여 준다. 트럼프의 어젠다가 공화당은 물론 민주당의 정책 방향까지 재정의하고 있다.[14]

---

11 "Sharply More Americans Want to Curb Immigration to U.S.", Gallup(July 12, 2024)

12 "Exclusive poll: America warms to mass deportations", *Axios*(April 25, 2024)

13 2024년 9월 미국 내 여론조사에서 트럼프의 보편적 기본관세 적용 안에 대한 찬성 비율(56%)은 반대 비율(41%)보다 높았다."Voters narrowly support Trump's tariff pitch, Reuters/Ipsos poll finds", *Reuters*(September 16, 2024)

14 "The Trumpification of American policy: No matter who wins in November, Donald Trump has redefined both parties' agendas", *Economist*(October 12, 2024), "[Opinion] Win or Lose, Trump Has Already Won", *New York Times*(November 4, 2024)

3.

여기서 우리의 관심사는 4년 만에 도널드 트럼프가 재입성하면서 대한민국에 닥쳐올 각종 충격과 이에 대한 대응이다. 트럼프 2기의 미국은 한마디로 제2차 세계대전 이후 백악관을 지배해온 '호의적 국제주의benign internationalism'의 종언終焉과 '성채城砦 미국Fortress America'의 대두擡頭를 뜻한다.

트럼프 진영의 '생각'은 과거 70~80년 동안 세계 정치·군사·안보·통상에서 맡아온 경찰관 겸 산타클로스 역할을 내려놓고, 미국에 얼마나 많이 기여하고 도움이 되느냐에 따라 외국과의 관계 강도強度와 친밀성을 재구성하겠다는 것이다. 미국의 '거래적 계산'의 대상에는 전통적인 동맹ally도 예외가 아니다.

1954년 11월 18일 발효한 한미韓美 상호방위조약으로 대한민국의 유일한 동맹국이 된 미국의 이 같은 변화는 충격적이다. 최빈국이던 한국이 개발도상국, 중진국을 거쳐 세계 7번째 3050클럽(1인당 소득 3만 달러에 총인구 5,000만 명 넘는 나라) 회원국이 되는 도약의 결정적 원군援軍이던 미국의 선의善意가 약화 또는 사라지고 있기 때문이다. 미국 주도의 세계 질서가 새롭게 전환하는 것도 한국에 부담이다.

4년간의 집권 1기 동안 도널드 트럼프는 세 차례 김정은 북한 국무위원장과의 정상회담, 주한미군 방위비 분담금 대폭 인상 요구, 주한미군 철수 위협, 한미연합 군사훈련 중단, 한미자유무역협정FTA 재협상 같은 '트럼프발發 격랑'의 일부를 보여 주었다. 그러나 이는 본방송에 앞선 예고편일 뿐이다. 트럼프 2기에는 몇 배 이상 강력하고 예상치 못한 일들이 벌어져 한국 정부와 기업 등이 홍역을 치르게 될 가능성이 농후하다.

더욱이 트럼프 2기는 1기 때의 기조를 유지하면서 더 세고, 더 강하고, 더 속도감 있게 '뉴매가^{New MAGA}'로 업그레이드된 모습을 보일 전망이다.[15] 이 과정에서 트럼프는 합리적 국제주의자들을 배제하고[16] '매가' 이념에 충실한 핵심 추종자들을 장관과 백악관 고위직으로 기용할 예정이다. 이렇게 되면 트럼프 2기 정부의 정책과 행동, 상상력의 범위는 1기 수준을 초월할 것이다. 우리나라도 1기와 같은 수준의 인식과 대비만 했다가는 낭패를 당할 수 있다. 그때보다 2~3배 이상 높은 경각심과 긴장감으로 과거 사례를 복기·분석하며 현재와 미래의 해법을 마련하는 것이 '발등에 떨어진 불'이 되었다.

필자는 이런 다급한 상황에서 도널드 트럼프의 재림^{再臨}이 최소한 대한민국에 악몽^{惡夢} 같은 재앙이 되지는 않도록 해야 한다는 절박감에서 이 책을 집필했다. 냉정하고 객관적으로 그리고 합심해 지혜를 모아 트럼프 2기를 우리나라에 '위기' 아닌 '기회'가 되도록 해야겠다는 생각에 서였다.

---

15 Peter Navarro, The New Maga Deal: The Unofficial Deplorables Guide to Donald Trump's 2024 Policy Platform(New York: Winning Team Publishing, 2024); Peter Feaver, "How Trump Will Change the World: The Contours and Consequences of a Second-Term Foreign Policy," Foreign Affairs(November 6, 2024)

16 "Trump says Haley, Pompeo will not serve in his next administration", Washington Post(November 9, 2024)

4.

우리가 의지와 예지력을 발휘한다면, 트럼프 2기는 대한민국의 하강을 막고 국운國運을 다시 우상향시키는 '쓴 보약補藥' 같은 시간이 될 수 있고 그러도록 만들어야 한다고 필자는 믿는다. 따라서 이 책의 첫 번째 목표는 트럼프 2기를 재앙災殃이 아닌 축복祝福으로 만드는 실천적 방법론 탐구이다.

이를 위해 트럼프를 인식하는 우리의 태도가 먼저 건강하고 정상적이어야 한다. 한국의 많은 지도급 인사와 지식인들은 2024년 11월 대선 직전까지 트럼프를 '막말쟁이', '또라이', '범죄자' '정신병자' 정도로 폄하했다. 이는 트럼프를 의도적으로 악마화한 좌파 성향 미국 주류 엘리트 언론 매체들의 보도를[17] 맹신한 영향이 크다.

이 책은 우리 사회 안에 굳어져 있는 이런 관념이 잘못됐다는 전제에서 출발해 '도널드 트럼프의 생각thoughts과 행동behaviors에 대한 깊이 읽기'를 시도했다. 트럼프 2기에 그가 내놓을 말폭탄과 행동의 의미를 제대로 읽고 대응하려면 트럼프 개인에 대한 심층적이고 입체적인 이해가 필수라는 판단에서다. 필자는 이를 위해 트럼프가 쓴 저작과 발언, 인터뷰 같은 1차 자료에 주목했다. 한국인들은 그의 언행에 일희일비一喜一悲하는 감정적 반응을 극소화하고 트럼프의 강점·약점과 의도를 파악하면서 한미 양국이 윈윈win-win할 수 있는 방안을 찾는 게 바람직하다. 이 책은 미국인들이 트럼피즘에 환호하고 트럼피즘이 생명력을 계속 발하는

---

17 "Three incredible ways the far-left media helped Trump win again: Throughout the 2024 election campaign the legacy media continued to lose respect", *Fox News* (November 6, 2024)

미국 사회의 최근 구조 변화상과 트럼프 2기의 주요 정책 공약·비전도 살펴보았다.

미국은 1인당 국민소득(2023년 GNI 기준) 3만 3,745달러에 총인구 5,000만 명이 넘는 부자나라 대한민국의 방어를 온전히 대신해 줄 만큼 풍족하고 여유로운 처지에 있지 않다. 좌파 이념·습속 확산에 따른 격렬한 '문화전쟁'을 치르고 있는 미국은 매년 최소 2조~3조 달러(약 2,700조 ~4,100조 원)의 국가부채를 떠안고 있는 '지친 거인weary titan'[18]이다.

더 이상 세계 유일의 슈퍼파워super-power가 아닌 미국의 달라진 진짜 모습을 한국인들은 직시直視해야 한다. 동시에 세계사에서 대한민국의 사명使命과 역할을 성찰하면서 책임 있는 국제사회의 당사자로서 정책 결정과 행동을 해야 한다. 이 책을 계기로 국내에서 트럼프에 대한 편견과 선입견, 무지無知의 벽이 허물어지고, 트럼프 2기와 트럼피즘에 대한 논의가 본격화하길 소망한다. 이를 통해 대한민국인 각자가 트럼프 2기 4년 동안을 '신의 축복God's Blessing' 같은 황금기로 만들 수 있기를 바란다.

작은 소명감 하나를 원동력 삼아 완주할 수 있도록 필자를 낮밤으로 인도해 주시고 힘 주신 하나님께 모든 영광과 감사를 올려 드린다.

---

18 Andrew Byers & Randall Schweller, "Trump the Realist: The Former President Understands the Limits of American Power", *Foreign Affairs*(July 1, 2024)

1부

트럼프 재림을
축복으로 만들기

미국 공화당이 2024년 7월 15~18일 위스콘신주 밀워키 전당대회에서 확정한 10개항의 '정강·정책platform'[1]은 "동맹국들이 공동 방어에 대한 투자 의무를 이행하도록 한다"는 규정을 명시하고 있다. 또 각종 관세를 부과해 외국 부담을 높이고 미국 근로자와 기업·가정의 세금은 낮춘다는 내용도 포함돼 있다.[2]

트럼프 2기 시대는 한마디로 안보安保는 회비를 내고 구매해야 하며, 통상通商은 높은 관세를 물고 수출하는 구조이다. "미국인의 자비를 배반하고 무임승차free ride하는 동맹이 더 이상 없게 할 것"(JD 밴스 부통령 후보 수락 연설),[3] "세계 어떤 클럽(회원제 모임)도 회비를 안 내면 시설을 쓸 수 없다"(리처드 그레넬 전 주독 대사)[4]는 발언이 공화당 핵심부의 일치된 결의決意를 보여 준다.

훨씬 강하고 거칠어질 트럼프 2기

트럼프 진영의 핵심 참모 중 한 명인 로버트 오브라이언 전 백악관 국가안보 좌관은 2024년 6월 그들의 생각을 더 노골적으로 표현했다.

> 우리는 막대한 연방정부 적자를 안고 있고, 인플레이션도 있고, 국내적 부담도 있다. 동맹국들도 우리가 하는 것과 같은 방식으로 참여하길 원한다. 우리는 국내총생산GDP의 4%를 방위비로 지출한다. (중략) 가족끼리도 가끔은 약간 터프tough하게 해야 하듯, 가끔은 동맹국들에게 터프한 사랑을 보여 줘야 한다.[5]

---

1   "2024 GOP PLATFORM: MAKE AMERICA GREAT AGAIN!", Republican National Committee(Washington DC: July 2024)
2   "2024 GOP PLATFORM"(July 2024), p.11, 16
3   "Read the Transcript of JD Vance's Convention Speech", *New York Times*(July 18, 2024)
4   "Ex-Trump Envoy Richard Grenell Supports Autonomous Zones in Ukraine", *Bloomberg*(July 15, 2024)
5   Robert C. O'Brien, "Full transcript of 'Face the Nation'", *CBS News*(June 23, 2024)

그의 발언은 한국 정부를 겨냥해 기존 대비 5~10배 정도 많은 방위비 분담금 대폭 증액 요구와 높은 무역 장벽 대두 등을 알리는 서곡序曲이다. 트럼프 2기 들어 양국의 방위비 분담금 증액 협상 과정 등에서 트럼프의 비위가 틀리면, 한미 동맹은 파탄의 길로 치달을 수도 있다. "돈밖에 모르는 트럼프가 주둔군 비용 협상 결렬을 주한미군 철수의 기회로 사용할지 모른다. 한미동맹의 종식은 갑자기 비극적으로 닥쳐올 수 있다"는 경고[6]가 현실이 될 수 있는 것이다.

트럼프는 "주한미군에 비용이 많이 든다. 이걸 왜 미국이 부담해야 하냐"는 말을 정치 입문 후 2024년 5월까지 125차례 반복했다.[7] 그만큼 이 목표를 이루겠다는 의지가 확고하고 분명하다. 그는 "한미연합 군사훈련 중단으로 많은 돈을 아꼈다", "김정은 북한 국무위원장을 백악관으로 초청하겠다"고도 했다. 크리스토퍼 밀러Christopher Miller 전 국방장관 대행은 미북 직접 협상과 관련, "한국 정부가 폭넓은 시각을 가져 달라. 과도한 우려에 사로잡혀서는 안 된다"며 한국 정부의 뜻과 무관하게 강행할 것임을 시사했다.[8]

낯설고 위험 … 더 큰 기회 가능성도

워싱턴 DC나 평양에서 트럼프가 김정은과 만나 한반도 종전 선언과 평화 체제 구축 같은 극적인 합의를 한다면, 이는 노벨평화상 수상 등으로 이어질 수 있어 트럼프의 에고ego와 과시욕을 충족하는 데 최적격이다. 트럼프 본인도 "나는 김정은과 아주 잘 어울렸다. 나는 앞으로도 그와 잘 지낼 것"이라고 대통령 후보 수락 연설에서 직접 밝혔다.

---

6   David Maxwell, "[Opinion] A looming threat to the US-South Korea alliance", *Hill* (January 4, 2019)
7   수미 테리 전 미국외교협회CFR 선임연구원, "트럼프 집권 땐 … 北과 주한미군 철수 거래·韓 핵무장 용인 가능성", 〈서울신문〉(2024년 5월 30일)
8   "트럼프 재집권 시 美 국방장관 거론 크리스토퍼 밀러 인터뷰", 〈동아일보〉(2024년 3월 18일)

그림 1-1 한국의 최근 대미 무역흑자 규모

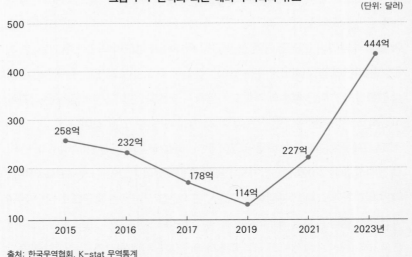

(단위: 달러)

출처: 한국무역협회, K-stat 무역통계

미국 전략국제문제연구소CSIS는 "한국은 트럼프 2기 임기 내내 그가 주도하는 대외 정책의 조준점crosshairs이 될 수 있다. 그는 지금도 한국을 무역에선 적대자敵對者, 안보에선 무임승차자free rider로 본다"고 밝혔다.[9] 이런 배경에서 트럼프는 집권 2기에 한국에 10~20% 보편적 기본관세를 부과하고 한미자유무역협정FTA의 재재협상 또는 중단도 밀어붙일 수 있다. 미국발 관세 전쟁이 트럼프 2기에 전 세계로 확산하면 한국의 경제 성장률이 최대 1.1%p 하락할 수 있다는 분석도 나온다.[10]

트럼프 1기 3년 차인 2019년 한국의 대미對美 무역 흑자가 2016년 대비 51% 정도 줄었던 사실도 한국에 아픈 기억이다. 트럼프는 미국을 상대로 많은

---

9   "The Global Impact of 2024 U.S. Presidential Election", Center for Strategic and International Studies(September 26, 2024), https://www.csis.org/events/global-impact-2024-us-presidential-election

10 현대경제연구원, 〈트럼프 노믹스 2.0과 한국 경제〉(2024년 11월 7일)

무역 흑자를 내는 나라를 거칠게 압박한다. 대미 수출과 무역 흑자가 급증하고 군사·안보 공조가 원만했던 바이든 정부 시절과 판이한, 강도 높은 충격이 예상된다. 따라서 트럼프의 재림은 대한민국에 낯설고, 위험하며, 아슬아슬한 여정이 될 공산이 크다.

하지만 '기회'인 측면도 많다. 한국이 국가 정체성을 분명히 해 자유민주 국제진영 내 제조업 패권覇權 국가로 자리 잡고, 한반도 평화 체제 구축, 첨단 미래 업종과 방위산업·조선업 같은 분야에서 경제 대박economic bonanza을 낼 여지가 충분하기 때문이다. 트럼프 2기는 우리의 생각과 의지, 그리고 노력에 따라 겉모습은 사나워도 내용은 복덩어리인 '위장된 축복Blessing in Disguise'이 될 수 있다. 1부에서는 이렇게 만들 9가지 방도를 살펴본다.

트럼프 2기 4가지 대응법　　　　　　　　**DIVINE INTERVENTION MINI BOX**

피터 피버Peter Feaver 미국 듀크대 국제정치학 교수는 2017년부터 2021년까지 4년 동안의 트럼프 1기를 바탕으로 세계 각국 정치 지도자들의 트럼프 대응법을 네 가지로 구분했다.[11]

첫 번째는 트럼프와 거리를 두며 충돌을 회피하는 '은닉·위험 회피' 형이다. 마크롱 프랑스 대통령과 메르켈 독일 총리가 해당된다. 두 번째는 트럼프와 인간적 친밀감을 쌓고 가깝게 지내는 '화기애애' 형이다. 세 번째는 튀르키예의 에르도안Recep Tayyip Erdogan 대통령, 헝가리의 오르반 빅토르Orban Viktor 총리처럼 트럼프를 모방하는 유형이다. 마지막은 이란·북한·베네수엘라처럼 트럼프에 맞서 양보와 타협을 거부하는 방식이다.

가장 효과가 좋은 것은 보리스 존슨Boris Johnson 영국 총리와 고故 아베 신조 일본 총리가 적용한 두 번째 유형이라고 피버 교수는 결론 내렸다.

11　Peter Feaver, "The Real Challenge of Trump 2.0: The World Will Need New Ways to Cope with the Same Old Tactics", *Foreign Affairs*(February 19, 2024)

1. 트럼프의 개인심리 특성을 파악하라

트럼프 2기를 한국이 주도하려면 도널드 트럼프라는 개인에 대한 심도 있고 철저한 연구와 학습이 필수적이다. 그가 쓴 책과 연설문, 인터뷰 분석은 기본이고 개인의 취미와 습관, 성장사와 가족 내부 관계, 전화 및 회담 시 버릇, 과거 회담 사례 등에 대한 빈틈없는 조사와 축적이 필요하다. '지피지기 백전불태知彼知己 百戰不殆'(나와 상대를 모두 알아야 백번 싸워도 위태롭지 않다)라는 《손자병법》 구절은 '트럼프 다루기'에 딱 맞는 말이다.

감당 못하는 예측불가능성

트럼프와 협상하거나 함께 일한 사람조차 트럼프라는 사람이 누구인지 잘 모른다고 말한다. "트럼프는 도대체 예측불가능unpredictable하고 그가 반드시 지키는 선線이 무엇인지 알 수 없어 혼란스럽다"는 것이다. 그는 중간에 또는 기습적으로 상식을 초월한 막말과 말바꾸기까지 함으로써 완전 미치광이total maniac 같은 불안과 불편을 주고 있다는 평가도 받는다.

트럼프의 사위인 재러드 쿠슈너Jared Kushner는 오히려 이런 측면이 트럼프의 강점이라고 지적했다. 그는 "이런 모습은 트럼프가 정치에 입문하기 전 20대부터 오랫동안 비즈니스로 단련된 데 따른 산물"이라며 이렇게 말했다.

비즈니스맨과 정치인 간에는 큰 차이가 있다. 비즈니스맨은 매일 상황과 사실이 달라진다는 것을 인정한다. 그리고 넘지 말아야 할 선線도 항상 바뀔 수 있다고 본다. 그러나 정치인들은 그렇지 않다.[12]

예를 들어 대통령 선거에 당선된 직후인 2016년 12월, 트럼프는 중국이 가장 중시하는 외교 원칙인 '하나의 중국 정책One China Policy'(대만을 하나의 독립국가로 인정하지 않고 중화인민공화국만을 독립국가로 인정한다는 방침)을 재검토하겠다고 말했다. 이에 대해 중국공산당(중공) 당국은 강하게 항의했다. 공식 취임 20여 일 만인 2017년 2월 9일, 트럼프는 그때 소란이 전혀 없었던 것처럼 시진핑 중공 총서기와 전화 통화에서 "'하나의 중국 정책'을 인정한다"며 덕담을 나누다가 그해 4월 플로리다주 마라라고Mar-a-Lago에서 정상회담을 제의했다.

상대방의 자기 파괴와 실수 유도

쿠슈너는 이에 대해 "트럼프는 '하나의 중국 정책'을 냉소적 실용주의cynical pragmatism 관점에서 본다. 어느 날 이 정책을 존중하다가 하루 뒤에 그것을 존중하지 않는다고 쉽게 말한다. 그게 트럼프 방식"이라고 했다.[13] 그는 "트럼프의 가장 큰 힘은 이런 예측불가능함과 유연성이다. 그는 어떻게 해서든 상대방(적)이 자기 파괴self-destruct와 어리석은 실수stupid mistakes를 하도록 만들어 낸다"고 했다.[14]

---

12 Bob Woodward, *Rage*(New York: Simon & Schuster, 2020), p.261
13 위의 책, p.262

이 과정에서 트럼프는 '언론'이라는 무기를 극적으로 이용한다. 새롭고 자극적인 뉴스에 목말라하는 언론의 속성을 역이용하는 것이다. 그가 자기 목적 달성에 유리한 폭탄성 발언 뉴스를 건네주면, 언론은 이를 크게 다루고, 그러면 상대방(적)은 더 큰 혼란에 빠지기 때문이다.

2019년 12월부터 2020년 7월까지 모두 17차례 트럼프 대통령을 인터뷰한 〈워싱턴포스트〉의 밥 우드워드 대기자는 2019년 12월 5일 75분 동안의 인터뷰에서 "대통령의 책무는 다수 국민을 위해 무엇이 좋은지, 그것을 이루기 위해 어떤 방법이 있는지 로드맵을 제시하는 것 아닌가?"라고 물었다. 이에 대해 트럼프는 "동의한다"면서 다른 대답을 내놓으며 이렇게 말했다.

"길과 정책은 늘 바뀔 수 있다"

많은 사람이 유연성을 잘 모르는데, 길이란 늘 바뀐다. 정책도 바뀔 수 있다. 나는 유연성을 좋아한다Policy can change. I like flexibility. 사람들이 나보고 변한다고 하는데 맞는 말이다. 나는 유연성을 좋아한다. 정책을 추진하다 보면 벽에 부딪힐 때가 있다. 벽을 뚫지 않고도 지나가는 길이 있을 때 나는 굳이 그 벽을 뚫을 필요가 없다고 본다.[15]

사위인 쿠슈너도 비슷한 얘기를 했다.

---

14 앞의 책, p.263
15 위의 책, p.182

사람들이 트럼프를 이해하는 데 가장 힘들어하는 것은 그가 고정돼 있다고 fixed 보기 때문이다. 실제로 그는 굳어 있지 solid 않다. 트럼프는 유연하다 fluid. 그는 오랫동안 비즈니스를 하면서 '합의문에 서명하기 전까지는 합의가 끝나지 않았다There's no deal until you sign on the line'는 사실을 몸으로 익혔다. 최종 서명하기 전까지 그는 항상 유연한flexible 자세를 유지한다.[16]

두 사람의 증언은 트럼프에게 놀랄 만한 유연성과 변화무쌍함 그리고 예측불가능성이 존재함을 보여 준다. 이를 뒤집어 보면 트럼프를 상대하는 사람이나 국가가 진정성을 갖고 끈기 있게 접촉하고 설득하면 트럼프의 정책과 생각을 바꾸는 게 불가능하지 않다는 추론이 가능하다. 일본의 아베 신조 총리는 3년 넘게 '트럼프의 푸들'이라는 조롱을 받으면서도 흔들림 없는 끈기와 정성으로 역대 최상의 미국·일본 관계를 만들었다.

"의지의 대결 … 절대 약한 모습 보이면 안 돼"

2017년 9월 19일 트럼프 대통령이 취임 후 첫 UN 총회 연설에서 김정은 북한 국무위원장을 '로켓맨Rocket Man'으로 부르며 강경 발언을 하자, 김정은은 3일 후 "놀란 개가 크게 소리 지른다. 트럼프는 불장난을 좋아하는 깡패"라고 맞받아쳤다. 하루 뒤인 9월 23일 롭 포터Rob Porter 백악관 부속실장에게 트럼프는 이렇게 말했다.

---

16 앞의 책, p.262

절대로 약한 모습을 보이면 안 돼. 언제나 힘을 과시해야 해 You've got to project strength. 상대가 김정은이든 누구든, 트럼프는 자기 이익을 위해 무슨 짓이든 할 수 있다고 믿도록 해야 해. 이건 의지의 대결이야. 지도자와 지도자, 남자 대 남자, 트럼프와 김정은 간의 대결 It's a contest of wills. Leader vs. leader, man vs. man, me vs. Kim 이지.17

그에게서 가장 두드러진 특징은 패배를 인정하지 않고 반드시 이기려는 무한한 열망과 의지이다. 그는 소년 시절부터 세상의 승자가 되고자 했고 그러려면 절대 약한 모습을 보여서는 안 된다는 훈육을 받았다. 그의 사회생활 멘토인 로이 콘 Roy Cohn 변호사를 통해 이런 확신은 더 깊어졌다. 실제로 그는 상대방에게 공포와 혼란을 조장하며 패배를 인정하지 않고 더 세게 맞받아칠수록 승리 가능성이 높아지는 것을 확인했다. 그는 상대방에게 '트럼프가 언제, 무슨 일이든 저지를 수 있다'는 생각이 들도록 긴장을 최고조로 높였다. 이 과정에서 절대 약점을 보이거나 양보하는 조짐조차 보이지 않았다.

배려하는 따뜻한 인간적 면모

외국 국가정상들 가운데 트럼프와 가장 친밀한 관계를 유지했던 아베 신조 일본 총리는 2016년 11월 도널드 트럼프 당시 대통령 당선자와 만난 첫 인상을 이렇게 적었다.

---

17 Bob Woodward, *Fear: Trump in the White House*(New York: Simon & Schuster, 2018), p.281

그는 예상했던 것보다 겸손했다. 그는 내 말을 계속 진지한 표정으로 듣고 있었다. 그는 경제, 군사에서 세계 최고 리더가 될 예정이지만, 국가 지도자로서는 내가 선배에 해당한다는 점에서 경의를 표해 주려는 면도 있었을 것이다.[18]

트럼프가 거칠고 상대방을 무시한다는 일반적인 선입견과 다른 경험담이다. 스티브 배넌 Steve Bannon 전 백악관 수석전략가 겸 선임자문관은 트럼프에 대해 "그는 거친 남자가 아니다. 그는 가슴이 따뜻한 커다란 원숭이 같다 He wasn't a tough guy, he was a big warm-hearted monkey"고 말했다.[19] 그의 따뜻한 면모는 대중집회나 연방의회 연설에서도 드러난다.

트럼프는 해외에서 군사작전 중 사망한 군인의 배우자나 유가족, 장애인, 북한 탈출 주민, 중남미 불법이민자에게 희생된 피해자 부모 등을 초청해 그들의 이름을 일일이 불러 기립박수 받도록 배려한다. 2018년 싱가포르 정상회담에 앞서 북한에 억류된 3명의 미국 국적 한국인 목사가 그해 5월 10일 오전 2시쯤 메릴랜드주 앤드루스 공군 기지에 비행기 편으로 도착하자, 미리 나와 대기하던 트럼프는 부인 멜라니아 Melania Trump 여사와 함께 비행기 트랩을 걸어 올라가 기내에서 이들을 환영하고 포옹했다.[20]

---

18 安倍晋三, 《安倍晋三 回顧錄》(2023), 《아베 신조 회고록》(서울: 마르코폴로, 2024) p.250

19 Michael Wolff, *Fire and Fury: Inside the Trump White House*(New York: Henry Holt & Company, 2018), p.21

20 Mike Pompeo, *Never Give An Inch: Fighting for the America I Love*(New York: Broadside Books, 2023), pp.184~186

야비하고 잔인한 측면

이런 모습은 그가 미국 대통령이라는 지위에 얽매이지 않는 인간적 면모가 있음을 증명한다. 그러나 트럼프는 자신에게 나쁜 행동을 하거나 강하게 나오는 상대는 잔인할 정도로 되받아친다. 그리고 자기 역할이나 몫을 제대로 하지 않는 상대방을 경멸한다. 아랫사람을 해고할 때도 무자비하다. 2017년 5월 초 백악관 회의에서 대중對中 무역 적자 감축 성과를 내지 못하는 당시 79세의 월버 로스Wilbur Ross 상무장관에게 이렇게 질책했다.

> 나는 당신이 싸움꾼이라고 생각했어요. 이제 보니까 아니네요. 이제는 훌륭한 협상가가 아닙니다. 당신을 믿을 수 없습니다. 앞으로 협상에 나서지 마세요.[21]

2018년 3월 13일 렉스 틸러슨Rex Tillerson 국무장관을 해임할 때도 그는 독단적이었다. 트럼프는 자기 생각을 한번 정하면 거의 바꾸지 않았고, 어떻게 해서든 자기 생각이 옳다는 것을 부하 장관과 백악관 관리들이 인정하게끔 했다.

---

21 Bob Woodward, *Fear*(2018), p.160

트럼프의 '에고' 맞서면 정치적 죽음

트럼프의 에고^{ego}(자아)에 맞서거나 반대하는 것은 곧 정치적 죽음을 뜻했다. 트럼프는 외국 정상 가운데 자신에게 거의 무조건 순응한 아베 일본 총리를 품었다. 그러나 자신의 국방비 증액 요구에 어깃장을 놓은 메르켈 독일 총리와는 부딪치며 불편한 관계를 유지하다가 주독미군 병력의 3분의 1을 철수시켰다. 트럼프는 철수 이유와 관련, "독일이 GDP 2%의 국방비 지출을 하지 않기 때문이다. 다른 이유는 없다"고 말했다.[22]

밥 우드워드 〈워싱턴포스트〉 기자는 《분노^{Rage}》 저술을 위한 17차례의 심층 인터뷰를 마친 뒤 소감을 이렇게 밝혔다.

> 때로는 신뢰할 만했으나 어떤 때에는 전혀 믿음이 가지 않았고 많은 경우 반신반의했다. (중략) 우리나라가 당면한 문제를 나만이 해결할 수 있다$^{I \, alone \, can \, fix \, it}$고 큰소리치면서도 정작 지도자 역할은 피했다. 그는 살아 있는 역설$^{a \, living \, paradox}$이다. (중략) 친근하고 매력적이면서도 야비하고 사람을 다루는 데는 믿기 힘들 정도였다.[23]

---

22 "US to withdraw nearly 12,000 troops from Germany in 'strategic' move", *BBC*(July 30, 2020)

23 Bob Woodward, *Rage*(2020), p.390

트럼프의 이미지 관리

트럼프는 사진 촬영이나 기자회견 시 인공조명을 싫어한다. 강한 플래시 불빛이 있으면 화장한 게 드러나고 머리카락 색깔이 자주 바뀐다는 이유에서다. 그래서 실내보다 백악관 앞뜰 사우스론South Lawn에서 헬리콥터에 오르기 직전에 하는 기자회견을 좋아했다. 헬기의 굉음 때문에 기자들이 자기가 한 말을 알아듣지 못해도 상관하지 않는다.

사진도 오른쪽에서 찍히는 걸 선호한다. 아래나 위쪽에서 찍히면 236파운드(약 107kg)에 달하는 몸무게가 더 나가 보여서다. 대부분 정장 차림을 하는 그는 조금이라도 날씬해 보이려고 항상 넥타이를 허리띠 아래까지 길게 맨다. 카메라 앞에선 웃지 않고 인상을 쓰며 째려보는 표정을 짓는다. 상대에게 위압감과 강한 느낌을 주기 위해서다.[24]

펜실베이니아대학 와튼스쿨을 졸업한 그는 "나는 매우 뛰어난 교육을 받았다", "나는 단어를 사용할 줄 안다. 그것도 최고의 단어를!"이라고 자랑한다. 유세 기간 중 개인 주치의에게 비밀리에 부탁해 "그의 육체적 건강과 스태미나는 놀랄 정도로 뛰어나다. 그가 대통령에 당선되면 역대 미국 대통령 가운데 가장 건강한 사람일 것"이라는 소견서를 받아 언론에 공개했다.

24　Peter Baker & Susan Glasser, *The Divider: Trump in the White House 2017~2021*(New York: Doubleday, 2022), pp.2~3

2. 트럼프의 정책결정 특성을 해부하라

트럼프의 개인 성격과 그동안의 행동을 바탕으로 유추해 보면, 가능성은 낮지만 그가 시진핑 중국공산당 총서기와의 대결을 각오하고 대만해역 일대에 군사력을 공격적으로 강화하거나 '어젠다 47'의 공약대로 '환상적인 미사일방어체계'를 주한미군 보호 등을 명분으로 한반도에 배치하겠다고 할 가능성도 상정할 수 있다.

거꾸로 주한미군을 대만이나 필리핀 등으로 옮기거나 북한과의 전격외교관계 수립, 중국과 태평양을 동서東西로 분할해 서태평양 일대 지배권을 중국에 넘겨주는 것 같은 빅딜Big Deal도 상상하고 대비해야 한다. 트럼프의 정책결정 스타일과 방향을 알아야 대응책을 마련할 수 있다.

자신의 세계관 고집

트럼프 행정부 초대 국가정보국DNI 국장으로 일한 댄 코츠Dan Coats 전 연방상원의원은 트럼프 대통령에게 일일 정보보고PDB를 하면서 경험한 바를 이렇게 회고했다.

트럼프는 사실에 신경 쓰지 않았다impervious to facts. 그는 자신만의 사실을 갖고 있다. 그에게는 거의 모든 사람은 바보였고, 거의 모든 나라는 미국으로부터 무언가 뜯어내려고 하는 존재였다. (그와 일하면서 그의) 끝없이 이어지는 고함으로 정신이 나갈 지경이었다. 긴장이 줄지 않았다. 그렇다고 대통령의 욕구나 선입견에 맞추기 위해 사실을 왜곡할 수도 없었다. 큰 충격을 받았다. 트럼프는 내가 믿어온 거의 모든 것과 다르게 생각하고 있었다.[25]

그의 발언은 트럼프가 자신만의 세계관과 정보, 판단력을 확신하면서 독단적 의사결정을 하는 행태를 증거한다. 트럼프의 사위인 재러드 쿠슈너도 동일한 진단을 내렸다. 그는 "트럼프가 회의할 때 모습을 보아야 한다. 그는 끊임없이 질문하고 흔들어서 끝내 자기가 원하는 방향으로 비틀어 버린다"고 했다.[26] 예컨대 누가 50을 제안하면 트럼프는 "100은 어떤가?"라고 묻는다. 상대방이 "곤란하다"고 말하면 트럼프는 "그럼 0으로 하면 어때?"라고 한다. 대통령이 이렇게 흔들면 버틸 수 있는 상대가 거의 없다고 한다.

나쁜 말과 좋은 얘기 1 대 2 법칙

쿠슈너는 트럼프의 생각을 관리하는 방법으로 "한 가지 나쁜 말을 하려면 반드시 두 가지 좋은 이야기를 하는 1 대 2 법칙을 지킬 것, 트럼프에게 여론조사 결과를 보고할 때는 기분 좋은 쪽으로 5%를 보태 얘기할 것" 등을 꼽으며 이렇게 말했다.

처음부터 끝까지 트럼프의 쇼show이다. 여기서 파도를 만들어 내는 것은 트럼프이다. 그걸 잘 보고 있다가 파도를 잘 타는 게 살아남는 길이다.[27]

---

25 Bob Woodward, *Rage*(2020), p.31
26 위의 책, p.260

쿠슈너는 트럼프의 에고가 폭발할 때는 피하는 게 상책이라고 했다. 그래서 2021년 1·6 연방의사당 난입 사건 무렵 백악관을 떠났다.

진정한 힘은 공포이다Real power is fear. 모든 것은 힘에 달려 있다. 절대로 약점을 보이지 마라. 너는 언제나 강해야 해. 겁먹지 마라. 절대로 (잘못했다고) 인정하지 마라.28

어느 날 자기 부인에게 잘못을 고백했다는 친구에게 트럼프가 건네준 조언이다. 이는 트럼프가 정치를 포함한 일상사에서 '공포'라는 인간의 취약한 심리를 최대한 활용한다는 방증이다.

2017년 1년 내내 북한의 핵미사일 실험발사와 도발에 대해 '최대 압박Maximum Pressure'으로 대하던 그는 2017년 9월 19일 UN 총회 연설에서 "미국 스스로를 또는 동맹국들을 지켜야 한다면 북한을 완전히 파괴할 수밖에 없다"며 강력 경고했다.29

의도적인 '공포' 조장

이와 동시에 대북對北 봉쇄 강화, 핵추진 잠수함과 항공모함 전단 한반도 주변 배치 등 거침없는 군사적 행동으로 북한의 숨통을 조였다.

---

27 "How Jared Kushner Washed His Hands of Donald Trump Before Jan. 6", *New York Times*(June 8, 2022)
28 Bob Woodward, *Fear*(2018), p.175
29 "Full Text: Trump's 2017 UN Speech Transcript", *Politico*(September 19, 2017)

2017년 12월 22일 북한의 미사일 발사를 규탄하는 UN 안보리 만장일치 성명까지 나오자, 이에 겁먹은 김정은은 2018년 1월 신년사를 통해 대화 모드talk mode로 방향을 수정했다. 김정은은 트럼프의 공포 전략에 농락당했다.

이런 방식은 트럼프가 사업가로서 파산할 때마다 오뚝이처럼 일어서면서 체득한 생존술이다. 트럼프 1기에서 국가경제위원회NEC 위원장을 지낸 게리 콘Gary Cohn은 트럼프 대통령이 북미자유무역협정NAFTA을 개정할 때 구사한 전술을 이렇게 전했다.

그는 과거 협상을 깨 버리는 게 좋은 협상 결과를 얻는 유일한 방법이라고 믿었다. '내가 그것을 발로 차 버리면 6개월 이내에 상대방이 테이블로 다시 온다'는 식이었다. 그의 협상 이론은 '예스Yes'를 얻기 위해 먼저 '노No'라고 반드시 말해야 한다는 것이었다.[30]

'예스' 얻기 위해 '노'라고 말해

협상에서 상대방을 제압하거나 자신이 파산당하는 양극단 중 하나에 승부를 거는 최고 위험 전략the most high-risk strategy을 트럼프가 즐긴다는 분석이 있다. 그는 자신이 여러 번 파산했다는 사실을 전혀 부끄러워하지 않는다. 그에게는 파산도 하나의 사업 전략이었다. 1980년대 뉴욕 부동산 사업을 하면서 70개 넘는 은행들로부터 40억 달러 상당의 대출

---

30 Bob Woodward, *Fear*(2018), p.274

을 받았던 트럼프는 돈을 갚지 않고 회사를 의도적으로 파산시키는 바람에 은행들이 더 큰 손해를 봤다.

이런 경험을 바탕으로 그는 "협상장을 박차고 나오라. 그리고 끝났다고 협박하라. 진정한 힘은 공포다Walk away, threaten to blow up the deal, Real power is fear"라고 확신한다.[31] 2019년 2월 베트남 하노이에서 열린 2차 미북 정상회담에서 트럼프는 자신의 요구가 먹히지 않자 "끝났다"면서 협상장을 나왔다. 이 회담의 승자는 트럼프였다.

미국 역대 대통령들과 달리 트럼프는 즉흥적인 결정과 선택으로 상대 국가와 참모들을 경악시켰다. 재임 기간 중 한국과의 관계에서도 동일했다. 2018년 3월 8일 평양에서 김정은 국무위원장 등을 만난 뒤 워싱턴 DC로 온 정의용 대한민국 청와대 안보실장이 트럼프를 만나 "김정은 위원장이 정상회담을 하고 싶어 한다"고 전하자, 트럼프는 즉석에서 승낙한 뒤 그에게 이 사실을 백악관 출입 기자들에게 발표하라고 했다. 미국 대통령과 외국 정상의 향후 회담 약속을 제3국 정부 대표가 공개한 사례가 없었다는 점에서 그의 지시는 파격이었다.

즉흥적이지만 일관성 있는 결정

같은 해 6월 12일 싱가포르에서 열린 미북 정상회담 후 공동성명을 발표한 트럼프는 기자 회견장에서 "값비싸고 도발적인 전쟁 게임을 하지 않겠다"며 한미연합 군사훈련 중단을 일방적으로 선언했다.[32] 북한으

---

31 앞의 책, p.275
32 "트럼프, CVID 빼놓고 '한미 훈련 중단'", 〈조선일보〉(2018년 6월 13일)

로부터 양보나 반대급부가 없는 상태에서, 그의 발언은 한미 양국 군관계자들을 대혼란에 빠뜨렸다. 하지만 트럼프 입장에서 그것은 가벼운 즉흥적인 결정이 아니었다. 30여 년 전부터 미군의 해외 군사 주둔·개입 축소를 외쳐온 그에게 한미연합 군사훈련 중단은 일관성 있는 선택이었다.

2019년 6월 30일 판문점에서 김정은과의 만남은 우발적 결정에 가까웠다. 일본 오사카에서 열린 주요 20개국(G20) 정상회의에 참석한 트럼프는 2019년 6월 29일부터 1박 2일 일정으로 한국을 들를 예정이었으나 판문점 방문 일정은 없었다. 그는 G20 정상회의 중 "회담을 마친 뒤 일본을 떠나 (문재인 대통령과 함께) 한국을 방문한다. 김정은 위원장이 이(트윗)를 본다면 DMZ에서 김 위원장과 만나 악수를 하고 인사를 나눌 수 있을 것"이라는 트윗을 날렸다.

사전 조율 없는 상태에서 김정은을 만나면 특별한 합의를 할 수 없다는 점을 트럼프도 잘 알고 있었다. 하지만 판문점 회동은 세계의 이목을 집중시키는 흥미만점의 정치 이벤트로 밑질 게 없는 장사였다. 1990년대 이래로 "북한 최고 지도자를 만나 직접 협상해야 한다"고 주장해온 자신의 소신과도 일치했다. 돌출적인 그의 결정은 자세히 보면 과거부터의 발언과 생각에 근거하고 있다. 트럼프 2기에서 이런 식의 이벤트는 언제든 터져 나올 수 있다.

《손자병법》과 같은 허풍·협박 등 변칙

트럼프는 미국인에게 읽기를 권하는 첫 번째 책으로 중국 춘추전국시대에 손무孫武가 쓴《손자병법孫子兵法, The Art of War》을 추천한다.33 이 책의 요체는 '싸우지 않고 승리하는 것不戰而屈人之兵'과 '상대방을 속여 승리의 토대를 쌓는다兵以詐立'이다. 피아彼我의 실력을 정확히 파악하고 이길 수 있는 조건을 만들어 놓고 싸우며, 싸울 때는 정상적 역량正과 기만술·위협·허풍 같은 변칙奇을 함께 구사하라고 설파한다. 속임수와 협박, 거짓말을 동원해 싸우지 않은 채 승리를 추구하는 트럼프의 방식34은《손자병법》을 빼닮았다.

2016년 여름 공화당 대통령 후보 경선에서 1위를 달리던 젭 부시Jeb Bush 플로리다 주지사를 제압할 때, 트럼프는《손자병법》이 제시한 승리 조건 중 하나인 "싸워야 할지 또는 말아야 할지를 아는 자知可以與戰不可以與戰者" (모공謀功 편)라는 구절을 적용했다. 아버지와 형이 각각 대통령을 지낸 정치 명문가 출신인 젭 부시는 정치 초보인 트럼프에게 가장 부담 되는 상대였다. 그러나 그는 "젭 부시가 에너지가 없고low-energy 유약하다"며 약점을 파고들었다.

2008년 글로벌 금융위기 때 파산한 대형 투자은행 리먼 브러더스 Lehman Brothers에서 연봉 130만 달러(약 17억 원)를 받는 고문을 맡았다

---

33 Donald Trump, *Think like a Champion*(2009),《최선을 다한다 하지 말고 반드시 해내겠다 말하라》(서울: 중앙북스, 2010), p.130

34 트럼프는 2012년 7월 17일 오전 8시 4분(미국 동부시간) 트위터에 "The Supreme Art of War is to subdue the enemy without fighting. –Sun Tzu"라고 썼다.
   https://twitter.com/realDonaldTrump/status/225244643837751296

는 사실을 포함해 그의 언행, 경력, 가문에 이르기까지 인신공격성 비난을 퍼부었다. 그해 8월 중순 〈워싱턴포스트〉와의 35분 인터뷰에서 그는 다른 공화당 경선 후보들은 언급도 하지 않고 젭 부시 한 명만 33차례 공격했다. 그의 집중 공세에 젭 부시는 반격도 못한 채 무너졌다. 당내 지지율 1위 후보를 꺾자 15명의 다른 후보들은 제 풀에 쓰러졌다.

선택과 집중, 기만으로 적을 제압

"공격은 이길 수 있을 때 한다", "옛날에 전쟁을 잘했던 사람은 쉽게 이길 수 있는 전쟁에서 이긴다"는 《손자병법》 구절을 응용해 트럼프는 젭 부시와의 대결에 역량을 집중해 승리했다.[35] 2017년 4월 초 북한의 연이은 미사일 시험 발사 도발에 대해 트럼프는 기만술을 폈다.

그해 4월 11일 〈폭스비즈니스〉 방송과의 인터뷰에서 트럼프는 북한 정권에 대해 "큰 실수를 하고 있다. 미국은 아주 강력한 무적함대를 보내고 있다"고 경고했다. 3일 전인 4월 8일 미 태평양함대 사령관은 항공모함 칼빈슨호가 싱가포르에서 북쪽으로 이동해 서태평양으로 진입하도록 명령한 상태였다. 때문에 트럼프가 말한 '무적함대'는 칼빈슨호로 소문났다.

하지만 칼빈슨호는 북한 도발이 예상된 김일성 출생일(4월 15일)에

---

35 "How Trump used Sun Tzu's 'The Art of War' to Overcome the Media in 2016", *Linkedin*(January 25, 2022)

나타나지 않았다. 미국 언론들은 "칼빈슨호가 호주 해군과의 연합훈련을 위해 (한반도와는) 정반대 방향으로 항해해 북한에서 5,600km 떨어진 해역에 있었다"고 보도했다.

능수능란한 변화 대응

이는 《손자병법》의 '계計 편'에 나오는 "용병은 적을 속이는 일兵者詭道이다. 능력이 있어도 없는 것처럼 보이고, 사용하면서도 사용하지 않는 것처럼 보여야 하고, 가까운 곳에 있으면서도 멀리 있는 것처럼 보이고, 멀리 있으면서도 가까이 있는 것처럼 보여야 한다"는 구절을 사용한 것이다.

그는 "선택의 폭을 가능한 한 넓게 유지하라", "나는 거래에서 유연한 자세를 유지한다. 최소한 대여섯 가지 방법을 동원해 일을 추진한다"고 말한다.[36] 과거에 집착하지 않고 부단히 변신하는 트럼프의 사고방식은 "무궁한 변화에 유연하게 모습을 바꾸어 대응해야 하며, 용병의 형태는 물과 같아야 하며, 적의 변화에 따라 능숙하게 대응해 승리를 얻는다兵形象水 能因敵變化而取勝"(허실虛實 편)는 《손자병법》 구절대로다.

---

[36] Donald Trump, *The Art of the Deal*(1987), 《거래의 기술》(서울: 살림. 2016), pp.36, 76

지지자들 만족시키는 투사 역할

트럼프는 정책을 추진하거나 결정할 때 자신을 믿고 따르는 지지층의 대변자이자 투사鬪士 역할에 충실하려 한다. 2020년 4월 법무장관에 임명된 윌리엄 바William Barr는 트럼프가 재선에 성공하려면 많은 사람의 관심사인 경제와 일상생활에 더 관심을 보이며 매력 공세charm offensive 를 펴야 한다고 조언했다. 이에 대해 트럼프는 "나는 지지층이 원하는 일을 해야 한다"며 이렇게 말했다.

> 나(트럼프)는 투사가 되어야 해I need to be a fighter. 내가 오늘 이 자리에 있는 것은 지금까지 기꺼이 싸웠기 때문이야. 내 지지자들은 내가 싸우는 모습을 보고 싶어 해. 나는 싸워야만 해.[37]

이는 트럼프가 집권 2기에 국내외 정책을 추진함에 있어서 지지층에 대한 자신의 약속, 즉 대선 공약과 매가MAGA 이념에 무엇보다 철저할 것임을 강하게 시사한다. 한국은 트럼프의 국내외 정책 전개와 의미를 트럼프 개인 차원 외에 지지층과의 관계와 노림수, 파장 등을 감안한 입체적 시각에서 정확히 파악하고 있어야 한다.

---

37 Bob Woodward, *Peril*(New York: Simon & Schuster, 2021), p.75

트럼프와 골프

트럼프는 2005년에 골프 서적 *The Best Golf Advice I Ever Received*를 낼 만큼 골프광이다. 한때 핸디캡 4에 드라이브샷 비거리 256미터의 실력을 가졌다. 미국 〈골프 다이제스트〉는 2017년 1월 "트럼프는 최근 100년간 미국 대통령 중에서 가장 실력이 좋은 골퍼"라고 밝혔다.[38]

그는 "집중력과 측정 능력을 요하는 골프는 최고경영자CEO가 하기에 적합한 운동"이라며 "내 자신과 많은 사람들에게 골프는 게임game이기보다 열정passion이다"라고 했다.[39] 그는 현재 미국과 스코틀랜드, 아일랜드, 인도네시아, 오만, 두바이 등에 모두 15개의 골프클럽을 운영 중이다.[40] 4년 동안 1,461일간 미국 제45대 대통령으로 재임한 그는 모두 261차례 라운딩을 했다.[41] 아베 신조 일본 총리와 다섯 차례 공식 라운딩을 했다.

타이거 우즈는 2016년 12월 트럼프와 라운딩 후 "70세가 넘는 나이지만 굉장한 장타자였다"고 말했다. 도널드 트럼프는 운동을 너무 많이 하면 신체 에너지가 방출된다면서 골프장에선 카트를 타고 다닌다.

---

38 "How Good is Donald Trump the Golfer?", *Golf Digest*(January 17, 2017)

39 Donald Trump, *The Best Golf Advice I Ever Received*(New York: Crown Publishers, 2005), p.17

40 https://www.trumpgolf.com/Our-Courses

41 "Trump's presidency ends where so much of it was spent: A Trump Organization Property", *Washington Post*(January 20, 2021)

3. 트럼프의 영리함을 인정하고 접근하라

세계적으로 독특한unique 정치인인 도널드 트럼프의 스타일과 개성個性 등을 해부한 책과 기사들은 예전부터 쏟아졌다. 미국 진보 정치의 지평을 넓힌 버락 오바마Barack Obama 대통령을 다룬 책이 그의 집권 1기 중 500여 권 나온 데 비해, 도널드 트럼프를 주제로 한 단행본은 첫 4년 재임 동안 1,200권 넘게 출간됐다.42 학계와 언론·출판계에서는 '트럼프학Trumpology'이라는 신조어가 생겼다.

트럼프 2기를 한국에 축복祝福으로 만들려면 그의 '영리함'을 인정하고 선택과 집중의 노력을 펼칠 필요가 있다. 22세에 펜실베이니아대학 와튼스쿨Wharton School(경영학부)을 졸업한 도널드 트럼프는 부동산 임대료 수금으로 사회생활을 시작했다. 3년 후 가업家業을 맡은 그는 1978년 아버지에게 빌린 100만 달러를 갖고 맨해튼 중심가에 호화 고층 빌딩들을 짓기 시작했다. 그곳에 버려져 있던 26층짜리 코모도르 호텔Commodore Hotel을 34층짜리 그랜드 하얏트 호텔로 리모델링해 첫 성공을 맛봤다.

1979년 12월부터 1983년 11월 말까지 4년에 걸쳐 맨해튼에 트럼프 타워Trump Tower를 지었다. 이 건물은 지금도 매주 10만 명 넘는 관광객이 찾는 관광 명소다. 트럼프는 1997년 9월 대우건설과 손잡고 한국에 '트럼프 월드'를 지어 분양했다. 그는 1983년 〈피플People〉의 '올해의 비즈니스맨'으로 선정됐고 1984년 4월 〈뉴욕타임스 매거진〉 표지 인물로 등장했다.43

---

42 "The 'Trump Bump' for Books Has Been Significant. Can It Continue?", *New York Times*(December 24, 2020)

그림 1-2 트럼프를 표지로 한 〈비즈니스위크〉(1987년 7월 20일 자)

37세에 '올해의 비즈니스맨' 뽑혀

2천만 달러의 매물로 시장에 나온 플로리다주 팜비치에 있는 마라라고 별장을 그는 1985년에 절반도 안 되는 값인 800만 달러로 손에 넣었다. 59세이던 2005년, 뉴욕 시내에 '트럼프TRUMP'라는 이름이 들어간 빌딩은 11곳이었고, 그가 일부라도 지분을 가진 회사는 515개였다. 이 가운데 '트럼프'라는 명칭을 쓴 기업은 264개, 그의 이니셜인 'DJTDonald John Trump'를 쓴 곳은 54개였다. 사업가 아버지를 둔 것을 빼면 특별한 게 없

---

43 "The Expanding Empire of Donald Trump", *New York Times Magazine*(April 8, 1984)

었던 트럼프가 이처럼 성공한 것은 운運이나 우연偶然 때문이 아니다.

그는 자신이 쓴 여러 저서에서 본인이 실천한 '진지한 노력'과 '훈련', '사전事前 준비'를 소개했다. 윈스턴 처칠Winston Churchill 전 영국 총리 사례를 들며 그는 이렇게 말했다.

윈스턴 처칠 경卿은 위대한 연설가로 알려져 있지만, 그가 훌륭한 연설을 하기 위해 엄청난 시간을 들여 말하기 기술을 개발했다는 사실을 책에서 알게됐다. 그의 재능은 집요한 자기 훈련의 결과물이었다. 모차르트의 음악적 재능 역시 세심한 훈련을 통해 계발됐다.[44]

철저한 사전 준비로 생산성 높여

트럼프는 "하룻밤 새에 성공한 사람은 거의 없다. 세상은 그렇게 만만치 않다. (중략) 거기서 나는 자연스럽게 사전 준비하는 법을 배웠다. 사전 준비는 생산성을 높이기 위한 필수 과정이다"라고 했다.[45] 그는 자신의 비즈니스 경험을 바탕으로 이렇게 밝혔다.

철저한 사전 검토는 행운을 가져다주는 첫걸음이다. 하와이 와이키키에 지은 호텔 타워는 시작 후 5시간도 채 지나지 않아 분양이 완료되는 기록을 세웠다. 나는 사람들에게 "어떻게 그런 많은 일을 이룰 수 있었나요?"라는 질문을 받는다. 그 답은 운運이 아닌, 철저한 사전 검토와 상식常識의 적용 덕택이다.[46]

---

44 Donald Trump, 《최선을 다한다 하지 말고 반드시 해내겠다 말하라》(2010), p.64

45 Donald Trump, *How to Get Rich*(2004), 《트럼프의 부자 되는 법》(서울: 김영사, 2004), pp.104~107

하루 평균 3시간 독서·묵상 등 자기 훈련

우리가 도널드 트럼프에 대한 막연한 두려움을 넘어서 효과적으로 그를 상대하려면 트럼프의 이러한 영리함과 진지함에 주목할 필요가 있다. 이를 인정하고 그에 상응하는 노력을 우리도 최선을 다해 경주하면서 트럼프에게 접근해야 한다는 말이다.

트럼프는 실제로 분주한 비즈니스맨 생활을 하면서 의식적으로 짬을 내 '자기 관리'에 힘썼다고 밝혔다. 그는 "나는 균형감을 유지하기 위해서 하루 3시간 정도의 조용한 시간이 필요한 걸 깨달았다. 나는 그 시간에 독서와 묵상을 한다"며 이렇게 말했다.

이른 아침 시간이 묵상을 하기에 가장 좋다. 나는 보통 새벽 5시에 일어나 그때부터 2~3시간 동안 지역·전국·국제지를 가리지 않고 온갖 종류의 신문과 잡지를 읽는다. 저녁에 집에 돌아온 뒤에는 책, 보통은 자서전을 읽는데, 이따금씩은 철학자들의 이야기도 즐겨 읽는다. 소크라테스의 책을 특히 즐겨 보는데, 그는 자신의 양심이 믿는 바를 따를 것을 강조한다.[47]

나는 경제면만 읽는 게 아니라 다양한 분야의 기사를 읽으려고 노력한다. 신문을 읽는 것은 하루를 시작하는 매우 좋은 방법이다. 새로운 정보를 얻는 것은 내가 살아 있다는 느낌을 갖게 만들고 어느 정도의 성취감과 더 많은 것을 배우고자 하는 동기動機도 부여한다.[48]

---

46 Donald Trump, 《최선을 다한다 하지 말고 반드시 해내겠다 말하라》(2010), pp.231~232

47 Donald Trump, 《트럼프의 부자 되는 법》(2004), pp.111~112

48 Donald Trump, *Think BIG and Kick Ass in Business and Life*(2007), 《도널드 트럼프 억만장자 마인드》(서울: 청림출판, 2008), pp.141~142

하루 평균 50~100회 이상 전화 통화

트럼프는 41세에 출간한 《거래의 기술》에서 자신의 일과를 이렇게 밝혔다.

> 대략 매일 아침 6시쯤에 일어나서 한 시간가량 조간신문들을 본다. 사무실 도착은 대개 9시, 사무실에 오면 전화를 건다. 전화는 하루 평균 50회쯤. 최고 100회 이상 할 때도 있다. 전화를 거는 사이사이에 적어도 10여 차례 이상 사람을 만난다. 한 번의 만남에 소요되는 시간은 15분을 넘기지 않는다. 퇴근 시간은 오후 6시 반. 그러나 대부분 집에 와서도 계속 전화를 걸며 자정까지는 일을 한다. 그리고 주말에는 푹 쉰다.[49]

그러면서 그는 "나는 과거로부터 무언가를 배우려고 노력한다. 그러나 현재에 모든 초점을 맞춤으로써 미래를 계획한다. 내가 재미를 느끼는 것은 현재다"라고 했다.

트럼프는 1983년 말 트럼프 타워를 완공한 뒤 맨 꼭대기 3개 층을 펜트하우스로 개조해 뉴욕 주거지로 쓰고 있다. 사업가 시절 그는 오전 5시에 일어나 아침 7~8시까지 같은 건물 26층 사무실에 도착했다.[50] 집과 사무실을 트럼프 타워에 둔 덕분에 그는 차 안에서 보낼 출퇴근 시간을 자기 훈련과 개발에 쓸 수 있었다.

---

49 Donald Trump, 《거래의 기술》(2016), p.18

50 Robert Slater, *No Such Thing as Over-Exposure: Inside the Life and Celebrity of Donald Trump*, 《트럼프의 성공 방식》(서울: 물푸레, 2006), p.38

63세에 낸 저서에서 트럼프는 "오늘날은 어느 때보다 정보가 중요하다. 배움과 정보가 부족할수록 주도권을 잃을 위험이 커진다. 두뇌頭腦의 힘은 위기 속에서 강력한 지렛대 작용을 한다"[51]고 말했다.

일주일에 일정 시간을 고전문학이나 역사 등 일상적인 범위 밖의 것을 탐구하는 데 투자하라. 비즈니스 대화나 인터뷰 도중에는 다양한 주제의 이야기가 오가기 마련이다. 적어도 알 수 있는 만큼은 알아야 한다.[52]

60대에도 다양한 관심과 학습

부동산 개발업자인 트럼프가 60대에도 경제와 비즈니스 외에 인문학·시사·국제정세 등 다양한 분야에 관심을 갖고 꾸준히 공부했다는 사실은 여러 가지를 시사한다. 쉼 없는 사고력思考力 연마와 노력하는 자세가 69세에 생애 첫 공직 도전인 대통령 선거 출마를 결행해 승리하고 세계적인 기성 정치인들을 압도하는 실력과 자신감의 원천이 된 셈이다. 그의 말이다.

분명히 밝혀 둘 것이 있다. 나는 알아야 할 일이 있으면 공부한다. 가령 세계에서 가장 아름다운 골프장을 스코틀랜드 애버딘Aberdeen에 만들기로 결정했을 때, 나는 관련 공무원들의 이름을 하나도 몰랐다. 그러나 사업을 진행하기 위해 현지로 갈 때는 필요한 모든 사람의 이름을 알고 있었다. 나는 모든 프

---

51 Donald Trump,《최선을 다한다 하지 말고 반드시 해내겠다 말하라》(2010), pp.120~121
52 위의 책, p.42

트럼프 재림을 축복으로 만들기 55

로젝트를 시작할 때 필요한 것을 알아 둔다. 그다음에는 프로젝트를 만족스럽게 마무리하는 데 필요한 정보도 습득한다.[53]

그는 자신의 인생관을 이렇게 말했다.

우리는 각기 다른 인생의 미션mission을 가지고 태어나며, 그 미션이란 자신의 잠재력을 최대한으로 발휘하는 삶을 사는 것이다. 이는 매우 단순해 보이지만 절대로 쉽지 않다. 우리의 머릿속은 지나치게 많은 정보들로 늘 공격당하고 있다. (중략) 나는 날마다 아침저녁으로 마음의 평정을 위해 깊이 생각하는 시간을 갖는다. 비즈니스를 하면서 나는 내 삶의 미션이 매일 최상의 한계까지 능력을 발휘하는 것임을 발견했다.[54]

세계 최고의 '소셜미디어 대통령'

2012년부터 트위터twitter를 시작한 그가 세계 최고의 '소셜미디어SNS 대통령'이 된 것도 부단한 단련을 빼놓고는 쉽게 설명되지 않는다.

대통령에 취임한 2017년 1월 20일부터 2019년 10월 15일까지 그는 1만 1,390건의 트윗을 했다.[55] 첫 6개월간 하루 평균 5.23건이던 그의 트윗 건수는 2019년 상반기에 하루 9.46건으로 늘었다. 2019년 10월

53 Donald Trump, *Crippled America: How to Make America Great Again*(2015), 《불구가 된 미국》(서울: 이레미디어, 2016), p.37
54 Donald Trump, 《최선을 다한다 하지 말고 반드시 해내겠다 말하라》(2010), pp.44~45
55 "How Trump Reshaped the Presidency in Over 11,000 Tweets", *New York Times* (November 2, 2019)

둘째 주에는 하루 평균 38건의 트윗을 날렸다. 세계 전·현직 국가수반 중 압도적인 1위였다.

대통령이 SNS에 띄우는 글은 단어와 부호, 미묘한 표현 어감語感 차이에 따라 국가 이익이 휘청거릴 수 있다. 그런 위험을 견뎌 내고 매일 수차례 전 세계를 상대로 트윗을 하려면 자신감과 실력, 내공內功이 필수적이다. 사안의 핵심을 꿰뚫고 짧고 쉬운 언어로 포장해 대중과 실시간 소통하며 뉴스 사이클을 지배하는 트럼프의 능력은 독보적이다.

30대 초부터 간결한 소통 연습

트럼프는 손 편지를 주고받는 아날로그 소통도 열심이었다. 편지 내용은 반박, 회유, 칭찬, 힐난 등으로 다양했다.[56]

그는 2024년 6월 엑스X(옛 트위터)에 8,700만 명, 2022년 2월 자신이 세운 보수 성향 소셜미디어인 트루스소셜 Truth Social에 700만 명의 팔로워를 각각 보유하고 있다. 페이스북과 인스타그램 팔로워는 3,400만 명, 2,300만 명에 달한다. 네 곳의 소셜미디어에서만 트럼프의 팔로워는 1억 5천만 명이 넘는다.

2024년 6월 1일 동영상 플랫폼 틱톡TikTok에 가입한 트럼프는 하루 만에 300만 명이 넘는 팔로워를 확보하여 바이든Joe Biden의 팔로워 수(34만 명)를 9배 가까이 압도했다.[57]

---

56 "Donald Trump's Secret Weapon: Letters of Love, Flattery and Revenge", *New York Times*(June 2, 2016)

57 "Donald Trump Joins TikTok After Trying to Ban the App as President", *TIME*(June 2, 2024)

세계적인 소셜미디어 인플루언서라는 영예는 미국 대통령이기 때문에 공짜로 얻어진 게 아니다. 트럼프는 30대 초반 사업 초기부터 간결하게 정리하고 소통력을 높이는 연습을 했다고 털어놓았다. 그는 "메시지를 전달할 때나 편지를 쓸 때, 점심 메뉴를 주문할 때 등 나는 모든 일상 업무에 본론만 압축하는 기술을 적용했다. 사람들이 문장을 가다듬고 있을 동안 나는 책 한 권을 완성한다"[58]며 이렇게 밝혔다.

트럼프 특성 꿰뚫고 치열한 준비와 전략 필요

무엇을 말하든지 짧게 빨리 본론만 얘기해야 한다. 나는 3분 안에 모든 걸 보고報告하는 훈련을 해왔다. 5분 이내로 프리젠테이션할 수 있도록 훈련하라. 끊임없이 자신에게 '얼마나 더 간결해질 수 있을까?'를 되물으며 자신과 경쟁하라. 무슨 일을 하든, 간결하고 신속하고 곧장 요점을 찔러 주도록 하라. 간결하게 한다는 것은 예절 바른 일이다.[59]

한국의 최고 지도자와 정책결정자들도 도널드 트럼프의 이 같은 특성을 꿰뚫고 그 바탕 위에서 대응 방안과 전략을 짜는 지혜와 심모원려深謀遠慮가 절실하다. 그래야만 트럼프의 발언과 행동에 일희일비一喜一悲하지 않고 우리의 중심을 잡고 접근할 수 있다.

---

58 Donald Trump, 《최선을 다한다 하지 말고 반드시 해내겠다 말하라》(2010), p.139
59 Donald Trump, *TRUMP 101: The Way to Success*(2006), 《CEO 트럼프 성공을 품다》(서울: 베가북스, 2007), p.165

트럼프의 저서와 저술 활동

저서	출간 연도	대필 작가
The Art of the Deal	1987	Tony Schwartz (언론인 겸 작가)
Surviving at the Top	1990	Charles Leerhsen(언론인)
The Art of Comeback	1997	Kate Bohner(언론인)
The America We Deserve	2000	Dave Shiflett(언론인)
Trump: How to Get Rich	2004	Meredith McIver (트럼프 비서 겸 작가)
The Way to the Top: The Best Business Advice I Ever Received	2004	단독 저서
Think Like a Billionaire: Everything You Need to Know About Success, Real Estate, and Life	2004	Meredith McIver
The Best Golf Advice I Ever Received	2005	단독 저서
Why We Want You to Be Rich	2006	Robert Kiyosaki와 공저
How to Build a Fortune: Your Plan for Success From the World's Most Famous Businessman	2006	오디오북
The Best Real Estate Advice I Ever Received	2006	단독 저서
Trump 101: The Way to Success	2006	Meredith McIver
Think BIG and Kick Ass in Business and Life	2007	Bill Zanker (학습기업 CEO 겸 작가)
Never Give Up: How I Turned My Biggest Challenges into Success	2008	Meredith McIver
Think like a Champion	2009	Meredith McIver
Time to Get Tough: Making America #1 Again	2011	Wynton Hall, Peter Schweizer, Meredith McIver
Midas Touch	2011	Robert Kiyosaki와 공저
Trump Tower	2011	Jeffrey Robinson의 단독 저서로 수정
Crippled America: How to Make America Great Again	2015	David Fisher
Save America	2024	Photo book

트럼프는 1987년 11월 《거래의 기술》을 시작으로 모두 19권의 책을 냈다. 대필代筆 작가인 토니 슈워츠와의 18개월에 걸친 인터뷰를 토대로 만든 첫 저서는 32주간 〈뉴욕타임스〉 논픽션 부문 베스트셀러 1위에 올랐고, 미국에서 500만 부 넘게 팔리는 기록을 세웠다.

생애 첫 번째 저서 한 권으로 트럼프는 일약 세계적인 '성공의 상징 symbol of success'이 됐다.[60] 2004년 한 해에만 세 권의 책을 냈고, 남들은 은퇴하는 나이인 60세부터 69세까지 10년 동안 10권의 책을 각각 펴냈다. 성공한 부자富者 사업가가 인생 후반부에 트럼프처럼 많은 책을 출간하는 것은 거의 없는 일이다.

트럼프는 대부분의 책을 대필 작가와 협업하여 냈다. 미국에서는 유명인이 대필 작가와 자서전이나 회고록을 쓰는 일이 흔하다. 100시간 넘게 트럼프를 인터뷰한 언론인 출신 작가인 로버트 슬레이터Robert Slater는 트럼프의 왕성한 저술 활동 이유로 두 가지를 꼽았다. 하나는 자신이 존경받을 만한 사람인지 청중에게 알리는 가장 좋은 수단이 책이어서이고, 다른 하나는 인쇄된 글에 대한 퇴색하지 않는 존경심에서라고 했다.[61]

---

60 "Donald Trump's Ghostwriter Tells All", *New Yorker*(July 18, 2016)
61 Robert Slater, 《트럼프의 성공 방식》(2006), pp.202~204

트럼프의 준비성

트럼프는 의외로 치밀하고 철저하게 준비한다. 대통령 선거 출마를 30여 년의 장고 長考 끝에 결정했다. 41세이던 1987년 9월 2일, 9만 4,800달러를 들여 〈워싱턴포스트〉, 〈뉴욕타임스〉 등 3개 신문에 실은 900자 조금 넘는 의견 광고에서 그는 "일본과 사우디아라비아 같은 잘사는 나라들이 자국 비용으로 방어토록 해야 한다. 미국 정부는 미국의 농민, 병자, 집 없는 사람들을 도와야 한다"고 주장했다.[62]

1988년 〈오프라 윈프리Oprah Winfrey 쇼〉에서 대선 출마 가능성을 묻는 질문에 대해 그는 "시작해서 평생 패배한 적이 없다. 시작하기로 마음먹으면 승리할 가능성이 아주 높다고 생각한다"고 했다. 1987년 공화당 당원 등록을 시작으로 그는 정당을 다섯 차례 바꾸었다.

1999년 개혁당Reform Party의 대선 후보 경선에 뛰어들었다가 팻 뷰캐넌Pat Buchanan에게 밀려 2000년 중도하차한 그는 2001년 민주당으로 갔다가 공화당 (2009년), 무소속independent(2011년)을 거쳐 2012년 공화당으로 돌아왔다.[63] 이는 그가 공화·민주당이라는 기득권 소속 형식에 얽매이지 않는 이단아임을 보여준다.

2000년 발간한 저서에서 트럼프는 "승리할 것이라고 확신이 들 때 나는 선거에 출마할 것"이라며 "미래 흐름을 반영하려면 비정치인nonpolitician이 대통령으로 적합하며, 내가 당선되면 2000년대 미국에 필요한 종류의 대통령이 될 것"이라고 했다.[64]

그는 2015년 6월 16일 뉴욕 트럼프 타워의 황금색 호화 엘리베이터를 타고 로비로 내려온 뒤 1시간여 대선 출마 연설에서 "아메리칸 드림American Dream 복원을 맹세한다"고 말했다.[65]

---

62 "An open letter from Donald J. Trump on why America should stop paying to defend countries that can afford to defend themselves", *New York Times*(September 2, 1987)
63 "Political positions of Donald Trump"
https://en.wikipedia.org/wiki/Political_positions_of_Donald_Trump
64 Donald Trump, *The America We Deserve*(Los Angeles: Renaissance Books, 2000), p.15
65 "Announcement of Candidacy"(Trump Tower, New York: June 16, 2015)

4. 주한미군 분담금 이슈에 선제 대응하라

트럼프 2기에서 한국과 미국이 가장 먼저 충돌할 지점은 주한미군 방위비 분담금 문제이다. 이 사안을 어떻게 풀어 가느냐에 따라 트럼프 2기 양국 관계가 달라질 수 있다.

트럼프 전 대통령의 결의決意는 확고하다. 그는 2021년 11월 플로리다주 마라라고 리조트에서 피터 베이커Peter Baker 〈뉴욕타임스〉 백악관 취재팀장과의 단독 인터뷰에서 대통령 재임 4년을 회고하면서 이렇게 언급했다.

백악관에 있을 때 독일 수입차에 대해 관세를 제대로 매기지 못한 것과 한국으로부터 방위비 분담금 50억 달러를 받아내지 못한 것sticking up South Korea for 5 billion in payment for American troops stationed there이 가장 유감스럽다. 이 두 가지 일은 다음번 백악관에 들어가서 추진해 마무리할 생각이다.[66]

---

66 Peter Baker & Susan Glasser, *The Divider*(2022) p.646

트럼프, "50억 달러 분담금 못 받아 유감"

일관성 없고 예측불가능해 보이는 트럼프가 한국의 주한미군 분담금 문제에 대해서는 10년 넘게 변함없는 입장을 갖고 있는 것이다. 대통령 재임 중에도 그는 이 문제를 밀어붙였다. 2019년 6월부터 2020년 7월까지 국방장관을 지낸 마크 에스퍼Mark Esper는 회고록에서 "트럼프가 한미 방위비 분담금 협상 과정에서 '한국인들은 다루기 끔찍하다South Koreans were horrible to deal with'라며 주한미군 철수와 연계해 여러 차례 압박했다"고 밝혔다.

> 나는 서울을 방문할 때마다 모든 회담에서 방위비 분담 문제를 꺼냈다. 한국은 부유한 나라이고, 세계 경제에서 상위 12개국에 속한다. 한국이 모든 비용을 부담하라고 하는 것은 공정하지 않지만, 서울은 더 많은 비용 부담을 할 수 있다고 봤다.[67]

그는 "미국 국방부 분석 결과, 한국은 주한미군 주둔과 직접 관련된 비용 중 약 3분의 1(9억 2,400만 달러)을 부담하고 있었다"고 했다. 이는 연간 1조 7천억 달러에 달하는 대한민국 총 GDP와 비교하면 턱없이 적은 금액이다. 이 비용의 대부분은 주한미군에 근무하는 한국인 군속軍屬들의 급여와 주택 비용 등으로 한국에 돌아갔다.

---

67 Mark Esper, *A Sacred Oath*(New York: Harper & Collins, 2022), p.546

백악관, "한국의 13% 인상안은 모욕적"

에스퍼 전 장관은 "나는 논의의 출발점을 방위비 분담 비율을 50%로 하는 것이어야 한다고 생각했으나 한국과 미국은 2020년에 합의에 도달하지 못했다. 트럼프는 한국의 연간 방위비 분담금액이 기존보다 4배 이상 많은 50억 달러는 돼야 한다고 주장했다"고 밝혔다. 2020년 봄 한국 측의 13% 인상(1억 2천만 달러)안을 백악관은 "모욕적"이라며 거부했다.

분담금 협상 결렬로 2020년 4월 1일부터 9천여 명의 주한미군 한국인 군속에 대한 급여 지급과 병참 계약이 중단되자, 미국 정부는 자체 비용으로 이 중 4,200명의 급여 등을 긴급 지급했다.[68] 에스퍼 전 장관의 말이다.

이러한 이슈들은 트럼프를 귀찮고 짜증나게 만들었다. 그는 한국인들은 "다루기 끔찍하다"면서 여러 차례 미군을 한국에서 철수해야 한다고 압박했다. 그는 한국이 "우리를 뜯어먹고 있다. 그들은 삼성 TV를 우리에게 팔고 있다. 그런데 (그래서 많은 돈을 벌고 있는데) 우리가 정작 그들의 안보를 책임져 주고 있다. 그것은 말이 안 된다"고 했다.[69]

"주한미군 철수는 두 번째 임기 우선순위"

한국 측이 주한미군 방위비 분담금을 한 푼이라도 적게 내려 하자 트럼프가 분노했고, 이것이 주한미군 철수론으로 번졌다는 증언이다. 에스퍼 전 장관은 "트럼프가 (방위비 분담금 문제 해결을 위해) 주한미군 전면

---

68 앞의 책, p.547
69 위의 책, p.548

철수를 자꾸 주장하자 마이크 폼페이오^{Mike Pompeo} 국무장관이 '(1기 때는 다른 일로 바쁘니) 주한미군 철수는 두 번째 임기 우선순위로 하라'고 제안했고, 트럼프가 '그렇지, 두 번째 임기'라고 했다"고 밝혔다.[70]

로버트 라이트하이저^{Robert Lighthizer} 전 USTR 대표도 "우리는 한국의 방위비로 매년 수십억 달러를 분담하는데, 한국은 미국에 대한 수출 장벽을 유지하고 매년 엄청난 흑자를 보고 있다"며 동일한 주장을 했다.[71]

트럼프 전 대통령은 1기 정부 시절 B-52 전략폭격기와 B-2 스텔스 폭격기, 핵잠수함 같은 미국의 전략 자산 전개 및 대비 태세 관련 비용과 사드^{THAAD}(고고도미사일방어체계) 배치 비용까지 한국이 부담하라고 요구했다. "괌에서 폭격기가 한 번 날아오는 데 수백만 달러가 든다"고 했다.

그는 대통령 선거 유세 기간 중이던 2024년 10월 15일 시카고의 한 모임에서 "그들(한국)은 현금자동지급기^{money machine}를 갖고 있다. 내가 거기(백악관)에 있다면 그들(한국)은 (주한미군 주둔 비용으로) 연간 100억 달러를 지출할 것"이라고 압박했다.[72]

한국 분담금, 10년 동안 2,100억 원 증가

한국의 국방비 지출은 2022년 기준 총 GDP의 2.7% 수준으로 미국의 동맹국 가운데 상위권에 속한다. 하지만 2001년부터 2021년까지 한국은 미국과의 무역에서 총 2,164억 달러의 흑자를 냈다. 2020년 166억 달러

70 앞의 책, p.549

71 Robert Lighthizer, *No Trade is Free*(New York: Broadside Books, 2023), p.284

72 "Trump Says US Ally Would Pay $10 Billion for Protection Against North Korea", *Newsweek*(October 16, 2024)

그림 1-3 한국의 대미 무역 흑자 추이

(단위: 달러)

출처: 한국무역협회, K-stat 무역통계

였던 한국의 대미 무역 흑자는 2022년 280억 달러(약 37조 원), 2023년 444억 달러(약 60조 원)로 급증했다. 2023년도 대미 무역 흑자는 미국 현지 공장에서 쓸 부품과 기계류 수출 증대 등이 반영된 것이긴 하지만 3년 만에 두 배 넘게 늘었다.[73]

이런 상황에서 트럼프 진영은 '한국이 방위비 분담금을 크게 늘리는 게 동맹의 정신에 부합한다'고 보고 있다. 2010년 7,904억 원이던 우리나라의 주한미군 방위비 분담금은 2019년(1조 389억 원)에 처음 1조 원을 넘어 10년 동안 2,100억 원 정도 증가했다. 2023년과 2024년에 한국 정부가 내는 분담금은 1조 2,896억 원, 1조 3,463억 원이다.

---

73 산업연구원(KIET), 〈대미 무역수지 흑자 원인의 구조적 분석과 전망〉(2024년 3월 22일), https://www.kiet.re.kr/research/issueView?issue_no=803

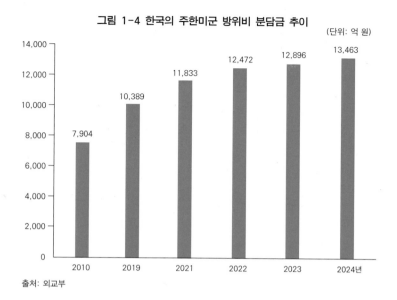

그림 1-4 한국의 주한미군 방위비 분담금 추이

(단위: 억 원)

- 2010: 7,904
- 2019: 10,389
- 2021: 11,833
- 2022: 12,472
- 2023: 12,896
- 2024년: 13,463

출처: 외교부

일본 수준 방위비 분담금 증액 등 검토해야

이는 2023년 기준 한국 정부 총예산(638조 7천억 원)의 0.2% 수준이며, 2024년 11월 기준 환율로 10억 달러를 밑돈다. 미국 정부는 "미국은 연간 35억 달러를 지출해 주한미군 관련 총비용에서 미국이 78%, 한국은 22%를 내고 있다"는 입장이다.

방위비 분담금 인상 문제를 놓고 양측의 갈등이 지속될 경우, 한미 관계는 금이 갈 수 있다. 주한미군의 존재가 한국에 꼭 필요하다면, 한국이 어느 정도 미국의 요구를 수용해 비용을 지금보다 더 내야 한다. 만약 분담금 대폭 인상을 수용하기 힘들다면, 주한미군 철수를 감내하면서 한국의 독자적 국방력 강화에 힘쓰면 된다.

가장 좋은 방안은 트럼프 진영과 잘 협의해 한국이 내는 방위비 분담금을 적정 수준에서 단계적으로 올리는 것이다. 이와 함께 한국 정부는 주한미군에 대한 한국의 다각적 지원과 한국이 미국 경제와 일자리 창출에 도움 되고 있음을 알릴 필요가 있다.

분담금 파격적 인상 선제 제안도 가능

2021년 1월부터 2023년 11월까지 아시아·태평양 국가가 미국에 투자를 약속한 2천억 달러(약 259조 원) 가운데, 한국의 투자 약속 규모는 555억 달러(약 72조 원)로 단일 국가 중 가장 많았다.[74]

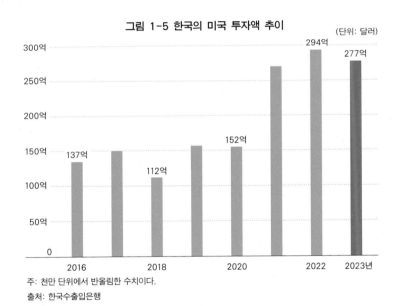

그림 1-5 한국의 미국 투자액 추이

(단위: 달러)

주: 천만 단위에서 반올림한 수치이다.
출처: 한국수출입은행

---

74 "[Fact Sheet] Biden-Harris administration highlights nearly $200 billion of private sector investments from the Asia-Pacific into the United States since taking office", *White House*(Washington DC: November 16, 2023)

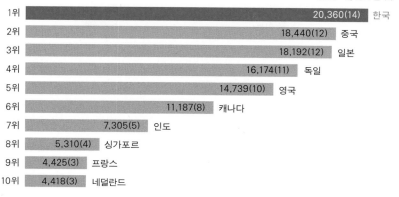

그림 1-6 2023년도 미국 내 일자리 창출 국가 순위

(단위: 개, 괄호 안 %)

1위	20,360(14)	한국
2위	18,440(12)	중국
3위	18,192(12)	일본
4위	16,174(11)	독일
5위	14,739(10)	영국
6위	11,187(8)	캐나다
7위	7,305(5)	인도
8위	5,310(4)	싱가포르
9위	4,425(3)	프랑스
10위	4,418(3)	네덜란드

주: 미국의 리쇼어링 및 외국인직접투자로 생긴 일자리 기준
출처: 리쇼어링 이니셔티브

2024년 1월 기준 한국 기업의 미국 내 고용 인원은 3만 명 정도이지만, 예정된 투자가 완료되면 가장 많이 늘어난다는 점도 홍보해야 한다. 2023년 한 해 미국에 새로 생긴 일자리 약 28만 개 가운데 14%인 약 2만 개를 한국 기업들이 만들었다. 이로써 한국은 같은 해 미국 내 일자리 창출에 기여한 34개국 중 2위인 중국과 3위인 일본을 제치고 미국 내 일자리 창출 국가 1위에 올랐다.[75] 미국 제조 기업의 복귀를 지원하는 단체 '리쇼어링 이니셔티브Reshoring Initiative'는 미국 경제에 이바지하는 한국을 가리켜 '기업수출 대국big exporter'이라고 표현했다.

한국이 미국을 이용해 돈만 벌어들이는 자기중심적이고 이기적인 국가가 아니라 대미 수출 규모는 중국보다 작지만, 일자리 창출은 오히려

75 *Reshoring Initiative 2023 Annual Report*, p.21

reshorenow.org/content/pdf/Reshoring_Initiative_2023_Annual_Report.pdf

더 많이 하면서 가장 모범적으로 미국 국민들의 일자리 만들기에 기여하고 있다는 사실을 효과적으로 요령 있게 설득해야 한다. 이와 함께 한국이 방위비 분담금을 크게 늘리면 F-35 전투기나 첨단 레이더 같은 미국산 무기 수입이 줄어들 수 있음을 밝히고 이를 미국 방산 기업에 알리는 방법도 검토해 볼 만하다.

다른 방안은 트럼프 정부의 요구에 앞서 우리가 파격적인 대폭 인상을 먼저 제안하는 것이다. 일본 정부는 2022~2026년 5년간 5만 3천여 명의 주일미군 주둔 관련 총비용의 75% 정도(1조 550억 엔, 약 11조 원, 매년 2조 2천억 원)를 내고 있다. 주일미군에 대한 방위비 분담금은 노무비, 전기·가스, 시설 정비, 훈련 이전비 같은 지출 항목을 명확히 정해 놓아서 미일 양측이 사용 내역을 투명하게 공유한다. 우리가 일본 수준으로의 방위비 분담금 증액을 검토하는 것도 한 방안이다.

5. 안보 무임승차 대신 자주국방으로 리셋하라

주한미군 문제는 트럼프 2기 한미 관계에서 방위비 분담금과 맞물려 가장 민감한 현안이다. 트럼프 전 대통령은 "한국이 방위비를 더 내지 않을 경우 주한미군 철수도 불사한다"는 1기 때의 생각을 고수하고 있다. 그는 임기 중인 2020년 9월, 독일 주둔 미군의 약 3분의 1을 철수시켜 '엄포'에 그치지 않고 '행동'으로 보였다.

트럼프 외교안보 진영에선 "미군 전력 다수가 한국에 있으면 중국과도 너무 가까워 엄청난 선제공격을 당할 수 있다"는 현상변경론과 "주한미군이 북한 억제는 물론 중국 저지에 핵심적 존재"라는 현상유지론[76]이 병존하고 있다. 중국의 공격적인 팽창세를 고려할 때 주한미군을 북한의 남침 대응 용도로만 국한할 수 없다고 주장하는 전문가들이 늘고 있다.

주한미군 한반도 밖으로 활용하자는 주장 늘어

트럼프 진영 인사들은 "북한을 상대로 한 한국 방어에는 한국이 주된, 압도적 책임을 져야 한다"고 말한다. 이는 미국이 북한과 싸우면서 동시에 중국과도 싸울 준비된 군사력을 갖고 있지 않고, 핵으로 무장한 북한 및 중국의 군사력 강화와 미군의 상대적 약화로 말미암아 불가피한

---

76 Fred Fleitz(ed.), *An America First Approach to US National Security*(New York: American First Policy Institute,2024), p.105

트럼프 재림을 축복으로 만들기 **71**

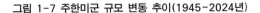

그림 1-7 주한미군 규모 변동 추이(1945~2024년)

(단위: 만 명)

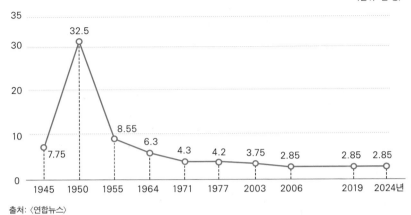

출처: 〈연합뉴스〉

선택이라는 설명이다. 주한미군의 주 목적이 중국 포위 및 견제, 그리고 대만해협에서 중국과의 충돌에 대비한 주요 전력으로 무게 중심이 옮겨 가고 있는 것이다.

한국이 요구하지 않고 있는 전시작전통제권 전환 조기 이행과 한국의 자체 핵무장 허용 검토 같은 주장이 트럼프 진영에서 먼저 나오는 것은 이런 연유에서다. 따라서 트럼프 2기가 열릴 경우 주한미군은 어느 때보다 요동칠 수 있다. 1945년 8·15 해방 이후 한국에 진주한 주한미군은 1949년 6월 한반도를 떠났다가 한국전쟁 때 최대 33만 명까지 늘었으나 1954년 8만 5천 명을 남겨 놓고 철수했다. 이어 제7사단 1만 8천 명 감축(1970년)을 시작으로 카터Jimmy Carter 대통령 시절인 1977년 6천 명 감축, 1990년 1만 5천 명 감축, 2005년 1만 명 감축 등 지금까지 모두 여섯 차례 변동이 있었다.

한국 동의 없이 미군 감축 또는 철수

이 과정에서 미국이 동맹국인 한국의 동의同意를 받거나 깊은 협의를 거친 경우는 없었다. 지금까지 경험을 바탕으로 보면 1기 정부에서 주한미군 철수 카드를 꺼냈던 트럼프가 재집권한다면, 한국의 의사意思와 무관하게 언제 어떤 식으로든 주한미군의 규모와 역할, 주둔 지역 등을 조정할 수 있다. '외국 방어에 들어가는 미국의 부담은 줄이고 해당 국가들의 부담을 늘려야 한다'는 공감대가 트럼프 캠프에 돌이킬 수 없을 정도로 확고해서다.

이런 변화는 트럼프 2기의 미국이 한국을 미워하거나 싫어해서가 아니다. 막대한 연방정부 적자에 시달리고 중국과 경쟁하고 있는 미국이 계속 한반도 방위를 책임지고 주도적인 역할을 할 만한 여력과 여유가 없기 때문이다. 미국은 한반도 방어의 주도권과 실무 권한을 한국에 넘기고, 자신은 최대 주적인 중국을 상대로 한 경쟁에 집중하려 한다.[77] 한국은 이런 인식을 전제로 앞으로 벌어질 외교·군사적 시나리오와 트럼프 측의 요구 사항을 꺼내 놓고 양자 또는 다자적 대응과 단계적이고 세밀한 행동 방안을 준비해야 한다.

---

77 "Trump Considers Overhauling His Approach to North Korea if He Wins in 2024", *Politico*(December 13, 2023)

지도층부터 '안보 의존증' 버려야

분명한 것은 한국이 미국의 안보 지원에 무임승차하던 시대가 끝났다는 사실이다. 미국 안에서 글로벌 슈퍼파워 지위에서 내려오려는 여론이 비등해지면서 세계 정치에서 '각자도생'이[78] 현실이 되고 있다. 대한민국 안보는 한국이 책임지고 해결해야 하는 시대가 된 것이다. 주한미군이 있더라도 보완하고 도움을 주고받는 대등한 관계라는 발상의 전환이 긴요하다. 국가 지도층과 엘리트, 지식인부터 '안보 의존증'을 버리고 자주국방 마인드로 전환해야 한다.

세계에서 7번째 3050클럽 국가인 대한민국은 지금부터는 '협상의 달인達人' 트럼프를 상대로 한 '주고받기' 협상에 총력을 쏟아야 한다. 미국에 줄 것은 주고 챙길 것은 뚝심 있게 챙기면서 우리의 핵심 국가 이익과 주변 이익을 구별하는 지혜가 요청된다.

수천억 원 분담금 아끼다가 소탐대실

이런 맥락에서 만약 주한미군의 존재가 대한민국 안보에 필수불가결하다면, 한국이 주한미군 방위비를 전액全額 부담할 수 있다는 발상도 해야 한다. 미국을 상대로 한국이 매년 30조~60조 원의 무역 흑자를 내고 있으면서 1억~2억 달러의 분담금 증액을 망설이다가 더 큰 것을 놓치는 소탐대실小貪大失의 잘못을 범할 수 있다.

---

78 Ian Bremmer, *Every Nation for Itself* : *Winners and Losers in a G-zero World*(New York: Portfolio, 2012); *Us vs Them: The Failure of Globalism*(New York: Portfolio, 2018)

매년 수조 원의 선심성善心性 예산을 쓰면서 방위비 분담금은 1천억 원이라도 아껴야만 애국愛國하는 것이라고 여기는 분위기도 되짚어 봐야 한다. 2024년 1월 25일 대한민국 국회 본회의를 통과한 광주광역시와 대구광역시를 잇는 총연장 198.8km짜리 달빛철도는 2029년 완공 때까지 단선·일반으로는 6조 원, 고속·복선은 11조 3천억 원의 건설비가 들어간다. 이 사업은 지역 발전과 2038년 아시안게임 공동 유치 등을 명분으로 내세우지만, 세稅 과시와 건설사 일감 만들기 외에는 실효성 없다는 평가를 받고 있다.

민생 지원금으로 13조~14조 원 뿌려

2024년 4월 총선을 앞두고 우리나라 유력 정당이 총선 공약으로 내놓은 국민 1인당 25만 원씩 민생 회복 지원금에 들어가는 비용은 13조 원으로 주한미군 방위비 분담금 10년치가 넘는다. 문재인 정부 시절인 2020년 한국 정부가 뿌린 코로나 1차 재난 지원금은 14조 원에 달했다.

방위비 분담금 증액에는 극도로 인색한 한국 정치인과 정부가 자국민에게는 이처럼 돈을 펑펑 쓰는 행태를 미국도 잘 알고 있다. 우리가 한반도의 현재와 미래의 주인으로서 미국에 대한 안보 의존증을 낮추려면 나라 재정과 예산부터 원점에서 편성·관리해야 한다. 국민 생명과 직결되는 안보는 경제·문화·복지보다 위에 있는 가장 중요한 사안이다.

6. 미국 등에 올라타 '안미경미'로 돌파하라

미국의 공화·민주당은 미국을 실존적으로 위협하는 가장 강력한 국가로 중국을 지목한다. 중국 정책에 관한 한 바이든 행정부도 '착한 트럼프'라 불릴 정도로 닮았다. 시진핑 중국공산당 총서기 집권 후 중국의 미국 추월 및 전복順覆 노력이 더 거세졌다고 확신하는 트럼프 측은 바이든 정부보다 더 본질적이며 강경한 태도를 취하고 있다.[79]

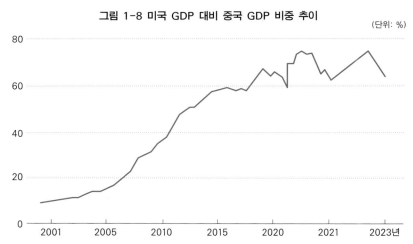

그림 1-8 미국 GDP 대비 중국 GDP 비중 추이

(단위: %)

주: 2023년 3분기 현재 환율과 가격 기준으로, 인플레이션 등을 반영하지 않은 수치이다.
출처: Haver Analytics

---

79 Newt Gingrich, *TRUMP vs. CHINA: Facing America's Greatest Threat*(New York: Center Street, 2019), pp.42~84

중국의 GDP 기준 국력이 미국 GDP의 80% 직전까지 상승하면서 중국에 대한 미국 내 위기감은 최고조에 달하고 있다.[80] 민주당의 조 바이든 대통령이 2024년 5월 14일 전기차·철강·구형 반도체·2차 전지 및 관련 부품·태양광 전지·핵심 광물·해상 크레인·의료장비 등의 중국 제품에 25~100%의 초강력 관세 부과를 결정한 것은 이런 배경에서다.[81]

미중 대결은 생사의 문제

미중 전략 경쟁은 세계적 차원의 제국 패권imperial hegemony을 놓고 벌이는 격돌로 체제 대 체제system to system의 전면 전쟁 성격을 띠고 있다.[82] 트럼프의 핵심 참모들은 "미중 대결은 '생사의 문제life and death issue'"라며 "우리들 삶의 양식과 자유세계의 운명이 위기에 처해 있다Our very way of life-and the fate of the free world as such is at stake"고 경고한다. 미중 대결은 유럽 근대 국제정치 질서와 전통을 일정 부분 공유한 상태에서 벌인 미소美蘇 냉전과는 차원과 성격이 다르다.[83]

자유·인권·소유권·종교적 관용·자연법·개방된 시장 등을 근간으로 하는 현대문명 질서를 전면 부정하는 중국은 위계적 조공朝貢 체계 같은

80 Matt Pottinger & Mike Gallagher, "No Substitute for Victory: America's Competition With China Must Be Won, Not Managed", *Foreign Affairs*(May/June, 2024)

81 "[FACT SHEET] President Biden Takes Action to Protect American Workers and Businesses from China's Unfair Trade Practices", *White House*(May 14, 2024)

82 Robert Lighthizer, *No Trade is Free*(2023), p.90

83 David Sanger & Mary Brooks, *New Cold Wars: China's Rise, Russia's Invasion, and America's Struggle to Defend the West*(New York: Crown, 2024), Part Four: Fighting for Control, pp.365~434

왕조 시대 중국적 천하 질서의 21세기 복원을 꾀하고 있다.[84] 대한민국은 2016~2018년 중국의 사드 보복 사태를 통해 중국의 민낯을 경험했다. 세계 최고의 디지털 통제 시스템을 구축한 중국은 인류가 경험하지 못한 디지털 전체주의 독재를 전 세계를 상대로 펼치려 하고 있다.

30년 만에 '중국 우위'로 역전

1992년 수교한 한중 관계도 변곡점을 맞았다. 경제·무역 분야에서 30여 년간 지속된 한국의 대중對中 우위가 중국의 대한對韓 우위로 뒤바뀐 것이다. 2023년에 한국이 대중 무역에서 31년 만에 처음 180억 달러의 적자를 낸 것이 증거이다. 단일 국가 중 가장 많은 업종에서 한국과 경합하는 중국은 세계 시장에서 한국을 속속 밀어내고 있다.

2차 전지, 선박, 디스플레이, 석유화학 등에서 중국은 한국을 따돌리고 세계 1위가 됐다. 2026년에는 차량·가전제품에 들어가는 구형舊型 반도체 분야에서도 1위가 되리라고 국제반도체장비재료협회SEMI는 내다본다. 미국 〈포춘Fortune〉이 선정한 '2023년 글로벌 500대 기업' 명단을 보면 중국 기업 수(135개)는 미국(136개)과 대등하며 한국(18개)보다 7.5배 정도 많다.[85] 한국 과학기술정보통신부는 "미국을 100%로 했을 때, 2023년 현재 중국의 과학기술 수준은 82.6%로 사상 처음 한국(81.5%)보다 앞섰다"고 공식 발표했다.[86]

---

84 Robin Niblett, *The New Cold War: How The Contest Between the US and CHINA Will Shape Our Century*(London: Atlantic Books, 2024), pp.63~70

85 https://fortune.com/ranking/global500/2023/search/

트럼프 2기는 한국에 '큰 축복'

이런 상황에서 중국의 예봉 꺾기를 국가 목표로 내건 트럼프 2기는 한국에 '가뭄에 단비' 같은 존재일 수 있다. 트럼프 1기 시절 미국 정부가 중국 IT기업인 화웨이華爲와 ZTE中興通訊 등에 전면 퇴출 수준의 강력한 조치를 취하는 바람에 같은 업종에 있는 한국 기업들은 기술 초격차를 위한 시간을 벌고 시장 판매의 우위 같은 반사이익을 누릴 수 있었다. 당시 미국의 대對 중국 견제가 없었다면 아마 삼성전자는 세계 휴대폰 시장에서 이미 도태됐을 수도 있다.

2018년 시작된 트럼프 정부의 중국 기업 제재가 중국 경제 타격 및 한국 기업 회생으로 이어지는 지정地政·지경학地經學적 연쇄 효과를 낳았던 것이다. 그때보다 더 강력하고 전면적인 중국과의 디커플링decoupling (단절)을 공약으로 내건 트럼프의 재림은 그런 점에서 한국에 큰 기회이다. 중국을 제외한 자유민주 진영에서 한국은 제조업 패권을 장악할 수 있기 때문이다. 자유민주 진영 제조업 국가 가운데 한국의 경쟁력은 독일·일본·대만보다 앞서 있다.

한국 내 일각에서는 중국 내수 시장과 북한 핵 문제 협조 등을 이유로 미국의 대對중국 견제 동참에 반대하면서 중국과의 경제 관계를 심화해야 한다고 주장하는 시각도 있다.

---

86 대한민국 과학기술정보통신부, "[보도자료] 국가과학기술자문회의 제 57회 운영위원회 개최"(2024년 2월 29일)

중국은 '가성비 낮은 레드오션' 시장

중국이 수출 중심 경제를 유지하고 한국이 경쟁 우위에 있었을 때는 그런 관점이 타당했다. 그러나 중국 경제가 내수 시장 중심으로 돌아섰고, 자국 상품을 편애하는 애국愛國 소비가 상존하며, 경제 자립 성공으로 세계 1위에 오른 업종이 수두룩한 지금에는 흘러간 옛날 얘기일 뿐이다. 중국 시장에 깊이 빠져들수록, 한국의 대중 무역 적자가 커지고 중국의 공급망에 포획될 위험이 높다.

일례로 한국의 중국산 소재素材 의존도는 배터리 93%, 희토류 52%, 의약품 53%, 반도체 40%에 달한다.[87] 게다가 한국 기업 경쟁력은 제조업과 중간재 생산에 특화돼 있다. 중국 내수 시장 공략과 마케팅에 성공한 기업은 사실상 전무全無하고 앞으로도 뼈를 깎는 노력을 장기간 기울이지 않는 한 성공은 쉽지 않다. 한마디로 중국 시장은 한국 기업 입장에서 노력과 투자 대비 성과가 저조한 '가성비 낮은 레드오션Red Ocean'이 됐다.

1위에서 점유율 0~1%로 추락한 삼성전자

더욱이 중국이 자국 기업에 대한 보조금 지원과 한국 기업에 대한 차별 대우 등을 중단하지 않는 한, 한국 기업의 중국 비즈니스는 성장의 한계가 제한될 수밖에 없다. 2014년까지 3년 연속 중국 스마트폰 시장 점유율 1위이던 삼성전자가 중국 당국의 개입에 따른 애국 소비와 중국 기

---

87 한국무역협회, 〈중국 무역수지 적자 원인 진단과 평가〉(2024년 2월 16일)

업에 대한 특혜 등으로 2018년부터 현재까지 중국 시장 점유율 0~1% 대의 존재감 없는 기업으로 추락한 게 생생한 증거다.[88]

중국은 내수 소비 여력 약화로 재고가 급증하자 자국 내 생산품을 헐값에 해외에 파는 '밀어내기 수출'을 하고 있다. 실제로 2023년 7월부터 2024년 3월까지 중국의 총수출액은 전년 동기 대비 4.7% 감소했으나 총수출량은 6.2% 증가했다. 상위 15개 수출 품목 중 10개 품목이 중국과 겹치는 한국은 중국의 밀어내기로 가장 큰 피해를 입고 있는 나라다.[89]

반도체·자동차·배터리·철강·조선 제품의 중국산 단가單價가 한국산의 30~70%에 불과해서다. 중국발 해외 직구를 포함한 중국산의 한국 침투는 '경제 공습攻襲' 수준이다. 중국 경제와 엮이는 강도와 비례해 한국은 중국으로부터 이득보다 더 많은 피해를 입는 구조이다.

2024년 미국 대선이 '중국과의 디커플링'을 주창하는 트럼프의 압승으로 끝난 만큼, 한국의 국가 생존 전략을 '안미경미安美經美'(안보도 미국, 경제도 미국)로 바꾸는 것이 중장기 국가 이익에 더 부합한다. '안미경미'는 1948년 대한민국 정부 수립 후 원조援助 경제를 거쳐 2000년대 초반까지 한국의 일관된 생존 노선이었다. 이에 비해 '안미경중安美經中' (안보는 미국, 경제는 중국)은 미국이 2001년 중국의 WTO 가입을 허용해 자유시장 경제체제에 편입시키면서 생겨났다.

---

88 "[Special Report] 기업들 옥죄고 쫓아내는 '중국공산당 리스크'", 〈조선일보〉(2021년 7월 22일)

89 안미령, 〈중국의 밀어내기 수출, 소나기인가 장마인가?〉, 하나금융연구소(2024년 6월 7일)

한국 주권 존중 않고 복속시키려는 중국

미국의 세계 전략 변경으로 한국에 주어진 '안미경중'은 한국의 대중對中 수출 비중이 대미對美 수출을 처음 넘어선 2003년 7월부터 트럼프 대통령이 중국에 대한 무역전쟁을 선포한 2018년까지 15년 동안 지속됐다. 2023년 12월 한국의 대미 수출 규모가 대중 수출을 앞서면서 미국은 한국의 최대 교역 상대국이자 최대 무역 흑자국으로 복귀했다.

2024년 1~5월 한국의 대미 수출액(533억 달러)도 같은 기간 대중 수출액(527억 달러)을 능가했다. 이 추세가 연말까지 이어지면 2002년 이후 22년 만에 한국의 최대 수출 대상국이 미국으로 바뀐다. 반대로 한국은 2023년 한 해 중국과의 무역에서 180억 달러 적자를 기록했다.

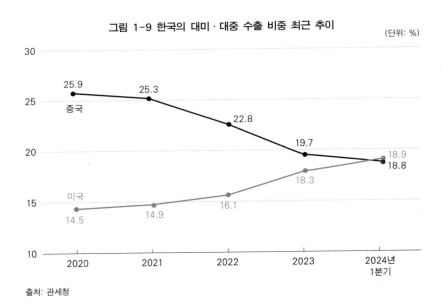

그림 1-9 한국의 대미·대중 수출 비중 최근 추이

(단위: %)

출처: 관세청

'중국 의존에서 완전 독립'을 공언하는 트럼프가 재집권할 경우, 우리나라의 '안미경중'으로 회귀는 원천적으로 불가능해진다. 경제를 국가안보와 동일시하는 미국이 초당超黨적으로 대중 봉쇄·통제 수위를 더 높일 게 확실하기 때문이다.

세계 2위 경제·군사 대국으로 덩치를 키운 중국은 한국을 포함한 주변국을 강압적으로 굴복·복속시키려는 행태를 바꾸지 않고 있다. 이래선 중국이 한국의 진정한 동반자가 되기 힘들다. 중국은 한국의 주권主權을 존중하기는커녕 중국 제국帝國의 플랫폼 안으로 흡수해 하류 국가로 종속시키려 하고 있다.[90]

한국의 전략적 가치 새롭게 부상

아쉬운 것은 한국보다 중국 쪽이다. 거대 시장을 무기로 한국을 겁박하던 중국이 미국의 경제 제재·봉쇄를 회피하고 완충해 줄 국가로 한국의 전략적 가치를 새롭게 깨달아서다. 한국으로 오는 중국 기업의 투자가 증가하고 중국 당국의 발언이 협박조에서 벗어난 것이 이를 보여 준다. 한국이 중국을 제외한 미국·유럽·아세안·아프리카·중동 등과 손잡고 대체 공급망 확보와 초격차 기술에 박차를 가하면, 불리한 것은 중국이다.

《The Next Decade》, 《The Next 100 Years》 등을 쓴 지정학 전략가 조지 프리드먼George Friedman '스트랫포Stratfor' CEO는 "향후 10년간 가장 활력 넘치는 경제권이 될 미국은 한국 경제에 필수적 기반이 될 것"이라며 이렇게 말했다.

---

90 "[이근의 텔레스코프] 中 세력권 구축, 대한민국엔 주권 빼앗길 위기", 〈신동아〉(2024년 2월호)

중국에서 내려와 미국 등에 올라타야

미국을 제외한 나머지 세계는 한국에 기회의 땅일 뿐, 한국이 의존할 곳은 아니다. 내 우려는 한국이 더 취약한 경제권(중국)을 번영의 '근본'으로 삼고 미국을 '옵션'으로 생각하는 것이다. 한국의 안보·경제적 핵심 이익은 앞으로도 미국과 함께 갈 것이다. 한중韓中 관계를 발전시키는 건 바람직하지만, 지정학적 비용을 치르면서까지 할 만한 것은 아니다.[91]

미국을 안보와 경제 양면에서 근원적 동반자fundamental partner로 함께 할 때 한국이 번영을 지속할 것이라는 조언이다. 실제로 중국 경제의 취약성은 확연하다. 2024년 대선에서 승리한 도널드 트럼프가 자신의 공약대로 모든 중국산 제품에 60% 관세를 부과할 경우, 중국의 연간 GDP 성장률은 2.5% 정도 하락해 반토막 날 것으로 분석된다.[92]

이처럼 몰락하는 중국 시장에 한국이 계속 매달리다가는 선진자본주의 시장을 모두 잃고 중국의 속방屬邦(법적으로만 독립국이며 정치·경제·군사 면에서 다른 나라에 지배당하는 나라)으로 전락할 수 있다. 반대로 한국은 중국 시장을 포기하는 대신, 중국 상품이 추방된 선진자본주의 시장에서 블루오션Blue Ocean을 만끽할 수도 있다.[93]

---

91 "조지 프리드먼 '中 패권주의 위험 … 이제는 안미경미 시대'", 〈매일경제신문〉(2020년 3월 25일)

92 스위스 투자은행인 UBS의 왕타오王濤 이코노미스트의 분석이다. "US Tariffs at 60% Would Halve China's Growth Rate, UBS Says", *Bloomberg*(July 16, 2024)

93 "[송의달 LIVE] 트럼프 2기가 하늘이 한국에 내려준 '큰 기회'일 수 있는 이유", 〈조선일보〉(2024년 7월 14일)

2017년부터 4년간 백악관 무역제조업정책국장을 지낸 트럼프의 경제 책사策士인 피터 나바로Peter Navarro는 트럼프 2기 행정부의 모습을 '뉴매가New MAGA'로 정의했다.[94] '미국을 다시 위대하게MAGA'라는 1기 때의 기조를 유지하면서 더 세고, 더 강하게 업그레이드될 것이라는 얘기이다.

이런 상황에서 트럼프 2기에 경제·안보 파트너로서 한국과 미국의 협력은 한국 경제에 새로운 활력과 도약을 촉발할 것이다. 한국의 미국과의 밀착密着은 일본·중국·러시아 등과의 관계에서도 유리해지는 효과를 낳는다. 미국을 움직여 중국을 견제함으로써 한국의 경제·산업 경쟁력을 유지·강화하는 한편 군사·안보적으로도 지렛대를 확보할 수 있어서다.

'신냉전'으로 불리는 미중 전략 대결 시대에 우리에게 유리하고 장기적으로 지속가능한 생존책은 '안미경미'이다. 한중 수교 후 잠시 올라탔던 중국의 등에서 내려와 미국 등에 올라타야 한다.

---

94   Peter Navarro, *The New MAGA Deal: The Unofficial Deplorables Guide to Donald Trump's 2024 Policy Platform*(New York : Winning Team Publishing, 2024)

7. 자유민주 국제진영 적극 참여로 '경제 대박' 터뜨려라

지금 세계는 미국과 유럽, 일본을 중심으로 한 자유민주 국제진영과 중국과 러시아 등을 주축으로 한 권위주의 진영으로 사실상 양분돼 있다. 2022년 2월 러시아·우크라이나 전쟁 이후 분열은 더 깊어지고 있다. 대한민국은 자유민주 국제진영의 도움 아래 탄생하고 성장·발전해 왔다. 일부 불평에도 불구하고 자유주의 국제질서를 대체할 더 좋은 선택지가 한국에는 없다.

한국이 중국이나 러시아를 선택해 그들의 안보·경제 지원을 받으려면 주권이나 영토 일부를 담보로 제공하고 수모까지 견뎌야 한다. 두 나라의 과거와 최근 행태가 유력한 근거이다. 미국은 그런 요구를 하지 않았고 앞으로도 그럴 가능성은 낮다. 자유민주 국제진영의 최대 수혜국인 한국은 이 질서를 수호·혁신하는 외교 전략을 펴는 게 현실적이며 이상理想에도 맞다.

동맹국 도움 바라는 트럼프

글로벌 역학 구조를 보면 세계 2위 군사력·경제력에 2010년부터 14년 연속 제조업 생산력 세계 1위인 중국의 기세가 만만찮다. 미국 입장에선 중국에 맞서는 동맹국들의 단합과 협조가 절실하다. '트럼프 싱크탱크'인 아메리카퍼스트정책연구소AFPI는 "아시아에서 아메리카 퍼스트는 미국 혼자만으로 될 수 없다"며 "적敵들에 맞서는 집단 억제에 기여하고 우리와 위험과 희생을 공유하는 좋은 믿음을 가진 미국의 동맹국들이야 말로 아메리카 퍼스트 외교정책의 심장心臟에 해당한다"고 밝혔다.[95]

AFPI는 "우리의 동맹국들의 힘은 군사적·경제적 또는 외교적 수단으로 중국공산당CCP에 대적할 수 있는 능력을 크게 높일 것"이라며 "미일동맹이 성공적인 아메리카 퍼스트 외교정책의 표준을 제시했다"고 강조했다.[96] 이는 일본이 2024년 4월 11일 미국 워싱턴 DC에서 미국·필리핀 대통령과 사상 처음 3국 정상회의를 갖고 인도·태평양 지역에서 중국에 맞서 공동해군 순찰 실시 등을 합의한 것을 가리킨다.

트럼프 2기는 한국에 '전략적 명료성' 요구

이는 트럼프 2기의 대중국 정책 노선에 동맹국들이 미국과 힘을 합쳐 대응하는 '전략적 명료성'을 요구하는 메시지이다. AFPI는 미국에 도움 되는 동맹국의 모범으로 일본을 꼽고 있다. 일본은 미국 편에 확실히 섰다. 그러나 문재인 정부 5년 동안 한국은 중국·북한 등 권위주의 진영에 더 가까운 모습을 종종 보였다. 한미일 3국 관계를 복원한 윤석열 정부도 미국과 중국, 양쪽에 애매한 태도를 보일 때가 많다.

더욱이 자유민주 국제진영에서 한국의 참여는 미미하다. 2024년 2월 초 미국의 예멘 후티 반군叛軍 공습에는 아시아·태평양 지역의 호주, 뉴질

---

95 "Good faith allies of the United States who share risks and costs and contribute to collective deterrence against adversaries are at the heart of America First foreign policy." Fred Fleitz(ed.), *An America First Approach to US National Security*(2024), p.105.

96 "[Exclusive] US, Japan, Philippines plan joint South China Sea naval patrols", *Politico* (March 29, 2024)

랜드, 캐나다까지 8개국이 연합국의 일원으로 동참했다. 해외 파병이 금지된 일본을 빼면 미국의 아태 지역 동맹국 중 한국만 유일하게 빠졌다. 한국은 미국이 전개하는 남중국해 '항행의 자유 작전'에도 10년째 불참하고 있다. 트럼프 2기에선 이런 전략적 모호성을 버려야 한다.

존 햄리John Hamre 미국 전략국제문제연구소CSIS 소장은 2021년 3월 22일 〈한미동맹 관계 제언 보고서〉 발표장에서 한국의 국제적 역할 확대를 주문하면서 이렇게 말했다.

> 한국은 스스로 변해야 한다. 한반도와 가까운 이웃의 일(북한)에만 사로잡혀 있어서는 안 된다. 한국은 세계에서 10번째로 큰 규모의 경제를 갖고 있다. 약한 국가처럼 행동해서는 안 된다. 한국의 취약성은 협소한 상상력에서 비롯된 것이다.[97]

자유주의 진영 기여 낮은 한국

같은 자유민주 진영 내 동맹국이면서 미국과 밀착해 미국을 견인하는 일본에 비해 한국의 존재감은 작다. 미국과의 경제·첨단산업 동맹을 뜻하는 '애치슨라인 2.0'에서 한국이 배제되고 있다는 진단이 나올 정도다.[98]

이렇게 되면 트럼프 재집권 시 한국은 미국의 2~3류 동맹국으로 전락할 것이다. 인공지능AI, 양자컴퓨터, 반도체, 6G 같은 첨단 미래기술

---

97 "CSIS Commission on the Korean Peninsula: Recommendations for the U.S.-Korea Alliance"(March 22, 2021), https://www.csis.org/analysis/csis-commission-korean-peninsula-recommendations-us-korea-alliance

98 유민호, "진화하는 미일동맹 '애치슨라인 2.0'을 긋다", 〈주간조선〉(2024년 4월 19일)

개발과 규범 질서 형성을 미국·일본이 주도하고, 한국은 논의에서 배제된 채 종속적으로 따라가야 한다.

이런 사태를 막으려면 한국은 자유주의 국제질서 수호·혁신을 위해 적극 참여하고 동맹국의 책임과 의무를 다해야 한다. 국제사회는 인간 사회와 마찬가지로 베푼 만큼 받는 사회이고, 계산과 거래에 밝은 트럼프의 집권 2기에는 이런 논리가 더욱 확실하게 적용될 것이다.

'좁은 한국이기주의' 넘어서야

한국 외교가 트럼프 시대의 격랑激浪을 헤쳐가려면 한국 국민의 세계관 깊은 곳에 자리 잡고 있는 '자국이기주의'를 극복하고 우리가 미국에 바라는 만큼의 상응하는 기여를 미국과 국제사회에 제공하는 것이 최선의 길일 수 있다.[99]

한국이 기여하는 방법은 합동 군사훈련 참여, 국제 외교에서 공동 보조 외에 여럿이다. 여기서 한국은 의무義務만 이행하는 게 아니라 경제 특수特需 같은 혜택을 누릴 수 있다. 크리스토퍼 밀러 전 미국 국방장관 대행의 아래 발언에서 힌트가 있다.

미국은 방위산업 기반을 확장하기 위한 전략적 파트너십이 필요하다. 전 세계에서 (미국의) 재무장을 지원할 역량을 갖춘 나라는 한국밖에 없다. 한국이 방위산업 협력 등에서 더 적극적으로 나서야 한다는 갈망渴望, hunger이 있다. 이는 한미 관계를 동등한 관계로 재설정하는 논의의 일부가 될 것이다.[100]

---

99 이용준, "[朝鮮칼럼] 트럼프의 '자국우선주의'를 극복하려면", 〈조선일보〉(2024년 2월 14일)

조선 · 방위산업 등 자유 진영 맹주로 도약

기술력과 높은 가성비, 짧은 리드타임, 정확한 납기 준수, 제조업 역량 등을 갖춘 신흥 방위산업 강국인 한국과의 협력을 미국이 바라고 있다는 얘기이다. 글로벌 안보 불안으로 세계 각국이 국방비를 늘리는 상황에서 트럼프 2기의 도래는 한국에 큰 기회가 될 수 있다. 한국은 '장기판의 졸卒'이 아니라 자유민주 국제진영에서 방위산업을 포괄한 제조업 맹주盟主로 도약할 수 있다.[101]

로버트 오브라이언 전 백악관 안보보좌관은 한국과의 협력 대상으로 조선 분야를 특정했다. 그는 "동맹국 해군 규모를 늘릴 수 있는 한 가지 방법은 군함 제조를 위해 한국 조선소와 긴밀히 협력하는 것이다. 한미 양국 조선소 간 합작투자가 될 수도 있다. 양국의 강점을 결합하면서 모두를 더 강하게 만들 수 있는 창의적인 방법을 찾고 있다"고 말했다.[102]

밀러 전 국방장관 대행은 〈프로젝트 2025〉에서 "미국 군함이 너무 부족하다. 최소 355척은 건조建造를 해야 한다. 비용이 너무 많이 드니 이제 동맹과 협력이 필요하다"고 말했다.[103] 한국은 그가 언급한 미국

100 "트럼프 재집권 시 美 국방장관 거론 크리스토퍼 밀러 인터뷰", 〈동아일보〉(2024년 3월 18일)

101 라몬 파체코 파르도 영국 킹스칼리지런던 교수, "트럼프 재선은 한국에 큰 기회 될 수 있어", 〈중앙일보〉(2024년 3월 4일)

102 "[단독] '트럼프 최측근' 로버트 오브라이언 인터뷰", 〈동아일보〉(2024년 2월 7일). 트럼프 대통령 당선자는 2024년 11월 7일 윤석열 대통령과의 통화에서 "미국 조선업은 한국 도움이 필요하다. 선박 수출뿐 아니라 보수·수리·정비 분야에서도 긴밀하게 한국과 협력할 필요가 있다"고 했다. "트럼프, 尹대통령에 '한국 조선업 도움 필요'", 〈조선일보〉(2024년 11월 8일)

103 Christopher Miller, *'Department of Defense' in Project 2025*(Washington DC: Heritage Foundation). pp.111~115

동맹국 중 최우선 순위에 있다.

바이든 행정부에서 미 해군과 해병대를 관할하는 카를로스 델 토로 Toro 해군성 장관은 이미 2024년 2월 말 HD현대중공업과 한화오션의 울산·거제사업장을 찾아 한국 조선소 현황과 실력을 직접 점검했다. 같은 해 5월 20일 한화그룹은 미국 펜실베이니아주에 있는 필리조선소 Philly Shipyard 지분 100%를 1억 달러에 인수하는 계약을 체결했다.

300조 원 규모 세계 군함 시장에 한국 진출

필리 조선소는 미국 본토 연안에서 운항하는 대형 상선 건조와 미국 해사청MARAD의 다목적 훈련함 건조, 미 해군 수송함의 유지·보수·정비 MRO 사업 등을 해왔다. 한국 조선·방산 기업이 성사시킨 사상 최초의 미국 조선소 인수를 통해 한국 기업은 미국 조선소 현대화 작업 참여와 미국 해군을 상대로 한 MRO 분야로 사업 확장을 정조준하고 있다.

2024년 기준 1,500억 달러(약 202조 원)인 세계 군함軍艦 시장 규모는 2029년 2,300억 달러(약 310조 원)로 늘어날 것이라고 군사전문지 〈제인스Jane's〉가 밝혔다. 같은 기간 글로벌 군함 유지·보수·정비 MRO 시장 규모는 577억 6천만 달러(약 78조 원)에서 636억 2천만 달러(약 86조 원)로 증가할 전망이다.

조선업은 해군 경쟁력은 물론 국가의 글로벌 해상 지배권으로 직결된다. 한국은 트럼프 2기 정부와 '주고받기'를 통해 미국 등 자유주의 진영의 해군력 강화에 주도적으로 기여하면서 경제적 대박을 터뜨리는 '두 마리 토끼'를 잡아야 한다. 한국은 다른 영역에서도 자유민주 국제진영의 역량과 결속을 높이는 중심 역할을 할 수 있다.

자유민주 국제진영에서 한국의 '경제 대박' 조짐은 미래성장 산업인 해상풍력 시장에서 무르익고 있다. 한국은 당초 중국을 포함한 80여 개 국가와 1,500개 기업이 회원사로 참여하는 세계풍력에너지협회 GWEC 에만 가입해 있었으나, 2024년 들어 중국을 배제한 글로벌해상풍력연합 GOWA에 전격 가입했다.

해상 풍력 강국인 덴마크와 미국·영국·아일랜드·호주·독일·일본·스페인 등 17개국을 포함해 6개 기업을 회원사로 둔 GOWA는 반反중국 풍력동맹이다. 당초 한국은 거대한 중국 시장을 놓칠 수 있다는 우려 때문에 GOWA 가입을 수년 동안 망설이며 꺼렸다. 하지만 미중 전략 경쟁이 신재생 에너지 분야로 확대되는 데다 '규모의 경제'와 가격경쟁력을 내세운 중국이 세계 시장을 장악하면서 판단이 달라졌다.

중국 주도 공급망 체계에서 2~3류로 지내는 것보다 탈脫중국 시장에서 뛰어난 해상풍력 파운드리 foundry(수탁생산) 경쟁력을 활용해 회원국 간 협력으로 세계 수주 시장에서 중국을 앞설 수 있다고 본 것이다.[104] 해상풍력 시장에서 한국의 선택은 앞으로 미중 신냉전新冷戰이 심화되는 가운데, 다른 산업 분야의 한국 기업과 정부에 의미 있는 기준점이 될 전망이다.

중국이 주도하는 산업망에서 하위 국가로 존재감 없이 있는 것보다 중국 없는 자유민주 국제진영에서 제조업 패권국가로 번영하는 것이 국가 이익에 훨씬 부합하기 때문이다.

---

104 "[단독] 中 해상풍력 파워 거세지자 ⋯ '한국이 생산 거점 돼달라' 러브콜", 〈한국경제신문〉 (2024년 7월 15일)

'퀸트', '환태평양 쿼드' 창설과 오커스 참여

한국은 자유민주 국제진영 안에서 미국, 인도, 호주, 일본 등과 '퀸트 QUINT(5자 대화) 협의체'를 결성하거나 미국·영국·호주 3국의 안보 동맹인 오커스AUKUS의 '필러 2 Pillar2'에 참여할 수 있다.[105] AUKUS는 미국과 영국이 호주에 핵추진 잠수함 기술을 제공하는 '필러 1'과 인공지능AI· 양자컴퓨팅·사이버 안보·극초음속 미사일 등 첨단 군사 기술을 공유하는 '필러 2'로 구성된다. '필러 2'는 회원국 간 국방·방위 산업 분야 자유무역협정FTA으로 발전할 수 있다.

지식재산권IP 도둑질과 경제 보복을 일삼는 중국에 공동 대응하기 위해 미국·일본·유럽과 북대서양조약기구NATO: North Atlantic Treaty Organization 같은 경제·기술 분야 연합체를 만들고 참여하는 것도 추진할 수 있다. 2026년 6월 26일 한국·미국·일본 산업장관이 첫 만남을 갖고 경제안보 협력을 위해 3국 산업장관 회의를 정례화하기로 한 것은 그 일환이다.

퀀텀 컴퓨팅과 AI 기술이 뛰어난 미국·일본·캐나다 등이 함께 참여하는 '환태평양 쿼드TPQ: Trans Pacific QUAD', 한국·미국·영국·일본 등 세계 4대 대중문화 강국의 문화연합체인 'CCCCultural & Creative Coalition' 창설도 유망하다.[106] 이들은 자유 진영의 혁신과 단합에 이바지하면서 한국의 주도권을 높일 수 있는 소규모 다자 협의체다.

---

105 Robert Peters & Wilson Beaver, "AUKUS Is a Good First Step, But It Needs to Go Further", Heritage Foundation(March 4, 2024)

106 "[송의달 LIVE] 이근 '삼성·SK 中 반도체 공장 문 닫더라도 對中 전선 적극 동참해야'", 〈조선일보〉(2023년 2월 28일)

어설픈 '양다리 걸치기'의 위험성

여기서 경계해야 할 것은 자유민주 국제진영과 권위주의 진영 간에 어설 픈 양다리 걸치기를 하다가 양 진영의 리더인 미국과 중국 모두로부터 외면당해 '외톨이'가 될 가능성이다. 한국이 중국을 상대할 때 '자유주의 국가들의 연대連帶'라는 뒷배가 있을 때와 혼자일 때는 차이가 크다.

미국의 신뢰가 약한 상태에서 한국 단독으로 상대하다가 중국에 휘 둘리고, 미국으로부터는 공급망과 핵심 기술에서 배제당하는 사태는 바람직하지 않다. 마키아벨리가 《군주론 The Prince》에서 지적한 "어중간한 중립보다 한 군주君主를 지지하는 게 항상 낫다"는 금언은 21세기 한국 에도 타당할 것이다.

그렇다고 중국과의 관계를 일부러 소원하게 몰거나 중국에 무관심할 필요는 없다. 그럴수록 중국의 강·약점을 더 깊이 있게 연구하고 중국 에 대한 한국의 확실한 우위 요소를 몇 개라도 만드는 자강自强에 최선 을 다해야 한다. 그러면서 트럼프 2기에 본격화할 미중 디커플링 틈바 구니에서 우리의 지렛대를 확보해 국가 이익을 챙겨야 한다. 한국은 첨 단 기술과 제조 역량, 무기 등으로 미국과 서방을 도우며 자유민주 진영 에서 최고 리더가 될 수 있는 유리한 위치에 있다.

8. 독자적 핵무장의 길을 확보하라

스웨덴 싱크탱크인 스톡홀름국제평화연구소^{SIPRI}는 2024년도 연감^{SIPRI} Yearbook에서 "북한은 올해 1월 기준으로 핵탄두^{nuclear military stockpile}를 50기 보유해 1년 전보다 20기 늘렸으며 총 90기의 핵탄두에 도달할 수 있는 충분한 핵분열 물질을 보유하고 있는 것으로 추정한다"고 밝혔다.[107] 핵탄두를 기준으로 할 때 북한의 핵무기 역량이 이스라엘 수준으로 발전하고 있다.

표 1-1 주요국 핵탄두 보유 현황(2024년 기준)

(단위: 개)

국가	핵탄두 보유량
러시아	4,380
미국	3,708
중국	500
프랑스	290
영국	225
인도	172
파키스탄	170
이스라엘	90
북한	50
합계	9,585

출처: SIPRI, January 2024

---

107 SIPRI, *SIPRI Yearbook 2024*, https://www.sipri.org/yearbook/2024

한국인 10명 중 7명 독자 핵무기 원해

이런 상황에서 한국인 10명 중 평균 7명 정도는 한국의 독자적인 핵무기 개발을 원하고 있다. 미국의 대다수 관료와 전문가들은 한국의 핵무장에 반대하지만, 트럼프 전 대통령의 입장은 다르다. 그는 대통령이 되기 전인 2016년 3월 〈뉴욕타임스〉와의 두 차례 총 100분간에 걸친 외교안보 이슈 관련 집중 인터뷰에서 "한국과 일본의 자체적 핵무장을 허용할 것이냐"는 질문에 이렇게 답했다.

> 어떤 시점이 되면 논의해야 하는 문제이다. 미국이 지금처럼 약한 모습을 계속 보인다면 한국과 일본은 (북한의 핵 위협 등으로부터) 매우 안전하다고 생각하지 않을 것이기 때문에 그들은 나와 토의하든 하지 않든 간에 핵무장을 하려 할 것이다.[108]

같은 해 3월 29일 위스콘신주 밀워키에서 열린 CNN 주최 타운홀 미팅에서는 "미국은 일본, 사우디아라비아 같은 나라를 지키느라 너무 많은 돈을 쓴다. 우리는 더 이상 그렇게 할 수 없다. 일본 같은 나라들의 핵무기 보유는 어떻게든 현실이 될 것"이라고 밝혔다.[109]

---

108 "Highlights From Our Interview With Donald Trump on Foreign Policy", *New York Times*(March 26, 2016)

109 "Donald Trump: Japan, South Korea might need nuclear weapons", *CBS News*(March 29, 2016)

표 1-2 한국의 독자적 핵무장에 관한 주요 기관 조사 결과

(단위: %)

기관	한국 핵무장 지지 비율	조사 시점
미국 시카고카운슬	71.0	2021년 12월
아산정책연구원	70.2	2022년 3월
미국 랜드연구소	74.9	2022년 6월
통일과나눔재단	68.1	2022년 11월
최종현학술원	76.6	2023년 1월
통일연구원	66.0	2024년 5월

출처: 각 기관

한국 핵무장에 열린 입장인 트럼프

이후에도 트럼프는 최근까지 한국과 일본의 핵무장을 명시적으로 반대한 적이 없다. 집권 1기 트럼프가 추진한 정책은 대부분 대선 공약이거나 유세 중에 한 말 또는 평소 생각이었다. 이 점을 감안하면, 트럼프 재집권 시 한국의 독자적 핵무기 개발·보유는 의외로 진척될 수 있다.

미국 내에도 한국의 자체 핵무장이 불가피하다는 의견이 커지고 있다. 트럼프 정부에서 백악관 국가안전보장회의NSC 아시아 담당 선임보좌관을 지낸 앨리슨 후커Allison Hooker는 2024년 6월 21일 아시아소사이어티 정책연구소 토론회에서 "한국이 자체 핵무장을 향해 계속 나아가고 있고 어쩌면 더 빠른 속도로 나아간다는 사실을 배제할 수 없다"고 말했다.[110] 러시아와 북한 간의 군사협력 심화·밀착이 한국의 핵무장을 앞당기고 있다는 지적이다.

---

110 "Deepening N.K.-Russia ties may drive S. Korea in direction of nuclear option: Ex-Trump official", *Yonhap News Agency*(June 22, 2024)

커지는 미국 내 한국 핵무장론

존 볼턴John Bolton 전 국가안보보좌관도 "트럼프가 재선될 경우 한국이 자체 핵능력을 갖추도록 할 가능성이 크다"고 말했다.[111] 빅터 차Victor Cha 미국 전략국제문제연구소CSIS 아시아 담당 부소장은 "트럼프 전 대통령의 경우, 만약 한국이 핵무장하길 원한다면, 그는 신경 쓰지 않을 것이라고 생각한다"고 밝혔다.[112]

핵무기 보유는 권위주의 국가들의 핵개발과 핵전력 강화가 계속되는 상황에서 자국을 지키는 최상의 자위自衛 방법이다. 한국의 핵무장은 미국의 핵우산에 대한 의존도를 줄이는 한편 북한과의 관계 개선에도 유용하다.

핵무장하면 북한과도 관계 개선

남북한이 각기 핵무기를 보유해서 상호 핵억제력을 갖고 있으면, 상호 공포감이 낮아져 평화공존과 상호주의 원칙에 따른 경제협력이 앞당겨진다. 1947년 인도 분단 때부터 적대敵對 관계로 대규모 전쟁을 세 차례 벌였던 인도와 파키스탄은 각자 핵무기를 보유한 뒤 대립이 크게 완화됐다.[113]

종합적으로 보면 트럼프 2기 임기 중에 한국이 핵무기 개발에 나선

111 "[단독] 트럼프 외교 참모였던 존 볼턴 인터뷰", 〈조선일보〉(2024년 4월 3일)
112 "빅터 차 '트럼프, 韓 핵무장 신경 안 쓸 것'", 〈연합뉴스〉(2024년 3월 19일)
113 안드레이 란코프, "트럼프 2.0은 한국에 천금의 기회가 될 수 있다", 〈주간조선〉(2024년 4월 7일)

다면, 트럼프 행정부는 이에 상대적으로 강하게 반대하지 않고 한국에 대한 경제 제재 조치도 그다지 세게 취하지 않을 가능성이 있다. 한국 입장에선 트럼프 2기가 핵보유국이 될 수 있는 절호의 기회가 될 수 있는 것이다. 중요한 것은 트럼프 4년 안에 한국의 독자적 핵무장을 수용할 수 있는 명분과 환경 외에 실질적인 진척을 이뤄 내는 일이다.

핵무장 명분과 관련해서는 북한 핵의 대응 개념으로 한국 핵무기 보유라는 단순 논리를 넘어야 한다. 중국·러시아·북한은 모두 핵으로 무장했으나 동아시아 민주주의 국가들은 모두 비핵보유국인 상황에서 '한국의 핵은 미국의 핵억제 부담을 덜어 주고 자유주의 국제질서를 지키기 위한 것'임을 알려야 한다.

미국 부담 덜어주고 자유 진영 수호

트럼프 정부를 상대로 "동맹국들의 손발을 묶어 놓고서는 중국의 팽창을 막을 수 없다. 중국 견제를 위해서는 동맹국의 행동력에 족쇄를 채우지 말라. 아시아 동맹국들의 핵능력을 키워 주고 이를 바탕으로 협력해야 한다"고 설득해야 한다.[114]

한국의 핵무장에 부정적인 국내 진보 진영도 생각을 바꾸어야 한다. 우리나라가 핵무기를 보유하고 있을 때, 오히려 북한과의 대화 창구가 열리고 일정 부분 교류가 활성화될 수 있다.

2021년 9월 미국과 영국이 호주의 핵잠수함 건조를 지원하는 AUKUS

---

114 "김태우 前 통일연구원장 '美가 韓 버릴 수도 … 핵무장 잠재력 갖춰야'", 〈신동아〉(2019년 3월호)

를 창설해 호주의 핵무장을 승인한 배경은 한국에 중요한 시사점을 준다. 호주가 미국으로부터 핵잠수함이란 큰 선물을 받은 데는 호주가 수년 동안 대중국 전선의 첨병으로 미국의 대중對中 전략에 기여한 사실이 높은 평가를 받았다.[115]

한미 원자력협정 개정 등 실질 진척 필요

한국이 핵무기 보유국이 되려면 미국과 자유민주 국제진영에 확실하고 일관된 행동으로 기여해야 한다. 트럼프 2기에 한국의 핵무장에 대한 공감대가 어느 정도 이루어진다면, 선언문 수준의 합의를 넘어 핵무기 제조에 필요한 핵물질 생산 및 확보, 핵잠수함 도입 같은 구체적인 결과를 만들어 내야 한다.

최소한 한미 원자력협력협정을 1988년 개정된 미일 원자력협정 수준으로 격상시켜야 한다. 일본은 최근까지 45.7t의 플루토늄과 1.8t의 농축우라늄을 비축해 농축우라늄 공급 문제를 해결했고, 경수로 사용후 연료봉 재처리로 확보한 플루토늄으로 5천 기의 핵무기를 단시일 내 양산할 수 있는 핵잠재력을 갖추었다.[116]

핵개발 로드맵과 타임 테이블, 미국의 글로벌 안보 전략에 도움 되는 우리의 핵전략 방안을 준비해 관철시켜야 한다. 일본과의 군사협력 및 공동 핵개발, 핵 프로그램 분업 같은 카드도 갖고 있어야 한다.[117]

---

115 "美 해군연맹 총재 '韓, 北핵잠과 SLBM에 맞설 전략 갖고 있나'", 〈조선일보〉(2023년 2월 23일)
116 박인국, "[글로벌 포커스] 독자 핵무장 논쟁의 허와 실", 〈매일경제신문〉(2024년 6월 19일)
117 "[이근의 텔레스코프] '트럼프, 너무나 예측 가능'해서 문제다", 〈신동아〉(2024년 3월호)

'자유의 확산' 비전 갖고 미북 협상 개입

트럼프와 김정은 간의 정상회담 같은 미북 직접 접촉에 대해서도 한국 정부와 국민은 조금 더 열린 자세로 임할 필요가 있다. 북한 최고 지도자와 직접 담판을 하겠다는 구상은 트럼프의 오랜 소신이자 숙원이다. 그는 2018~2019년 세 차례 김정은과의 만남에서 한미연합 군사훈련 중단 같은 '당근'을 주면서 북한의 핵무기 포기를 유도하고, 미북 관계 개선, 대규모 경제 지원 같은 유인책을 제시했다. 하노이 회담 결렬 후 새로운 큰 흥정a grand bargain 합의를 이루지 못한 트럼프는 재집권 시 김정은과의 정상회담 재개에 나설 것이다.

이에 대해 한국 정부와 일부 국민들이 무조건 반대한다면, 그것은 단견短見이며, 한국인들만을 위한 이기利己적인 대응이다. 트럼프의 대북 접근과 이를 통한 미북 관계 개선과 북한의 개방은 북한에 자유와 민주, 인권, 자본과 이윤利潤 관념이 흘러들어가는 결정적 분수령이 될 수 있다. 이로써 북한 주민들의 삶의 수준과 가치관, 외부에 대한 인식이 달라진다면, 한반도 통일의 날이 앞당겨질 수 있다.

이는 폭정暴政의 희생자로 무기한 방치돼 있는 북한 주민들을 해방하고 한반도의 남쪽에서만 넘칠 정도로 향유하는 부와 풍요를 일부라도 북한과 나누는 길이 열린다는 측면에서 담대한 도전이 될 수 있다.

'자유의 확산'이라는 전략적 비전을 갖고 한국이 트럼프의 대對 북한 협상 과정에 능동적으로 참여하고, 조언하며, 개입하는 것이 한 방법이다. 한미 양국의 긴밀한 협의와 공조 아래 추진되는 미북 대화만이 성공 가능성과 한반도의 중장기 미래에 도움 되는 가치를 창출할 수 있다.

9. 트럼프 공략 성공 사례에서 배우라

외국 국가 정상 가운데 트럼프 전 대통령과 가장 친밀하고 막역한 관계를 유지한 이는 고 아베 신조安倍晋三(1954~2022년) 일본 총리였다. 두 사람은 3년 8개월 동안 14차례 대면 정상회담과 37차례 공식 전화 통화를 했다.

'신조', '도널드'로 서로를 부르며 '브로맨스bromance'(남성들 간의 끈끈한 정)를 과시했다. 트럼프의 '영혼의 친구soul mate'로 불린 아베는 트럼프의 예측불가능성과 변덕을 매끄럽게 잘 헤쳐 가면서 최고 수준의 개인적 유대를 형성해 일본의 국가 이익을 챙겼다.[118]

'영혼의 친구' 사이 된 아베와 트럼프

아베의 '트럼프 다루기'는 같은 아시아 국가인 한국에도 유용한 참고가 된다. 2020년 8월 31일 오전 아베가 총리직 사임을 발표한 직후 30분간 통화한 트럼프는 트위터에 "신조는 일본 역사상 가장 위대한 총리로 곧 인정받게 될 것이다. 그는 '특별한 남자special man'!"라고 극찬했다.

트럼프는 아베의 64회 생일인 2018년 9월 21일, 뉴욕의 트럼프 타워로 UN 총회 참석차 미국을 찾은 그를 초청해 단독 만찬을 베푼 뒤 갑자

---

118 David Ignatius "[Opinion] Shinzo Abe was a better ally than we deserved", *Washington Post*(August 29, 2020)

기 방에 불을 끄고 촛불 켜진 케이크를 들고 와 생일 축하 노래를 불러주었다.[119] 62세와 70세에 교분을 튼 두 사람은 어떻게 세계 외교사에 찾기 힘든 '찰떡궁합'을 이루었을까?

아베 생일 축하 ··· 멜라니아 생일엔 미국 초청

물꼬를 튼 것은 아베 신조였다. 그는 2016년 11월 8일 미국 대선 당일 밤 외국 정상 가운데 첫 번째로 트럼프에게 당선 축하 전화를 했고, 9일 후엔 외국 국가 원수로는 처음 뉴욕 트럼프 타워로 트럼프를 찾아갔다. 첫 만남에서 그는 7천 달러(약 925만 원) 상당의 최고급 금장金裝 혼마 골프채를 선물하면서 트럼프의 마음을 사로잡았다.

아베는 "2016년 11월 17일 트럼프와의 첫 번째 회동의 목적은 안보, 경제 관계 그리고 골프 약속 잡기 등 세 가지였다"고 회고했다.[120] 처음부터 트럼프와의 사적私的 교유 구축에 승부수를 던진 것이다. 그는 2019년 4월 26일 트럼프 당시 대통령의 부인인 멜라니아 여사의 49번째 생일을 축하하고 트럼프와 골프 라운딩을 하기 위해 36시간 일정으로 워싱턴 DC를 부부 동반 방문했다.

미국 대통령이 부인 생일을 외국 정상 부부와 함께 보낸 것은 극히 이례적이다. 트럼프 대통령은 아베 총리와 회담 시작 전에 "'이 부부(아베 총리 부부) 정도로 내가 (멜라니아 생일을) 함께 보내고 싶은 사람은

119 安倍晋三 回顧錄, 《아베 신조 회고록》(2024), p.372
120 위의 책, p.250

없다"고 말했다.[121] 트럼프를 상대로 2년 5개월에 걸친 아베의 '러브 콜'이 절정의 효과를 낸 순간이었다.

극진한 환대로 트럼프 감동시켜

이런 결실은 그냥 얻어진 것이 아니었다. 아베는 트럼프에게 극진極盡의 정성을 다하는 '오모테나시おもてなし' 접대를 했다. 화려한 황금색과 스펙터클spectacle, 壯觀을 좋아하며 최상급 황제 대우를 좋아하는 트럼프의 심리를 겨냥해 상상 이상의 대접을 쏟았다.[122]

그는 2018년 9월 뉴욕 트럼프 타워에서 생일 축하를 받은 자리에서 2019년 5월 나루히토 일본 천황天皇 즉위식 후 최초 접견 외국 정상으로 트럼프를 낙점하고 초청했다. 그러면서 "일본 천황 즉위식은 매년 열리는 미국 슈퍼볼 결승전보다 100배 중요한 행사"라며 트럼프의 허영심과 에고를 부풀렸다.

2019년 5월 25일부터 3박 4일 일정으로 일본을 국빈 방문한 트럼프를 위해 당일 도쿄시에서 열린 스모 대회 나츠바쇼夏場所의 결승전 센슈라쿠千秋樂를 함께 관전하고 우승자에게 표창장을 낭독 후 특별 주문 제작한 황금색 대형 미국 대통령컵을 우승 선수에게 전달하는 장면을 연출했다. 트럼프는 미국 대통령컵 시상 직전까지 대기실에서 우승자 이름인 '아사노야마 히로키 레이와 원년'이라는 발음을 반복 연습했다.[123]

"아베·트럼프 '1시간45분' 부부 동반 만찬", 〈연합뉴스〉(2019년 4월 27일)

"Gold-plated golf clubs and birthday bashes: How Abe courts Trump", *Politico*(April 17, 2019)

식사와 골프비로만 4억 원 넘게 지출

당시 아베는 관용 시설에서 만찬을 베푸는 관례를 깨고 도쿄 시내 고급 음식점으로 초대해 비공식 만찬을 했는데 식사와 골프 경비로만 4,022만 엔(약 4억 1천만 원)을 썼다. 도쿄 미나토구 롯폰기六本木의 화로구이 전문점에서 양국 정상 부부 4인 식사 비용에 206만 엔(약 2,100만 원), 장소를 통째로 빌리는 데 100만 엔(약 1,020만 원), 가림막 설치 등에 52만 엔(약 530만 원), 레드카펫을 까는 데 30만 엔(약 300만 원)이 들었다. 아베 총리는 2019년 3월 북한 핵위기를 해결한 공로로 트럼프 대통령을 노벨평화상 후보로 추천했다.

총리실과 외무성을 중심으로 한 관료들이 트럼프팀을 구성해 '트럼프 연구자Trumpologist'로 불릴 정도로, 그의 전모全貌를 면밀히 조사·분석한 것도 큰 힘이 됐다. 아베는 트럼프와 만나기 전에 항상 참모들을 트럼프 대역으로 쓰면서 모의模擬 연습을 수차례 했다.[124] 트럼프의 저작물과 각종 소셜미디어SNS 포스팅, 언어 습관과 특징을 분석한 이들은 트럼프 가족들의 동향까지 추적했다.

'트럼프팀'의 치밀한 트럼프 연구

백악관의 '막후 실세'였던 트럼프의 장녀 이방카Ivanka Trump 부부를 우군友軍으로 만든 것도 '트럼프팀'의 작품이었다. 2016년 11월 17일 첫

123 安倍晋三 回顧錄, 《아베 신조 회고록》(2024), p.375
124 David Ignatius, *Washington Post*(August 29, 2020)

방문 시 트럼프 타워 입구에 마중 나온 이방카 부부와 엘리베이터를 타고 회담장인 68층 펜트하우스로 올라가면서 아베는 이방카 부부의 딸 아라벨라Arabella를 화제로 꺼냈다.

"아라벨라가 피코타로Pikotaro의 노래와 춤을 잘 따라하던데요"라고 그가 말을 건네자, 이방카 부부는 활짝 미소를 지으며 기뻐했다. 피코타로는 45초짜리 유튜브 동영상 'PPAPPen Pineapple Apple Pen'를 발표해 세계적 인기를 얻은 일본 코미디언 고사카 가즈히토의 예명藝名이다.

이방카는 2016년 11월 초 딸이 피코타로의 PPAP 노래를 따라하는 모습을 영상으로 찍어서 인스타그램에 올렸다. 회담장에 들어서자마자 이방카는 트럼프에게 "이분(아베)이 제가 그저께 인스타그램에 올린 아라벨라의 피코타로 춤을 보셨대요"라고 말했고, 그 순간 트럼프의 얼굴이 확 펴졌다. 당초 45분 예정이던 이날 회동은 90분 동안 이어졌다.

촘촘한 트럼프 인맥 · 워싱턴 네트워크 관리

이방카가 포스팅한 동영상을 입수한 트럼프팀이 아베에게 "'중요 정보'이니 잘 활용하라"고 보고했고, 아베는 현장에서 적절한 타이밍에 얘기함으로써 트럼프와의 생애 첫 만남을 대성공으로 만들었다. 아베는 "덕분에 나중에 트럼프로부터 '이방카는 사람에 대한 평가가 까다로운데 아베 총리에 대한 평가가 가장 높다'는 말을 들었다"고 했다.[125]

미국 핵심 인맥 관리와 전략적 판단도 한몫했다. 2016년 11월 8일 대

---

125 安倍晋三 回顧錄,《아베 신조 회고록》(2024), p.252

선 결과가 트럼프 승리로 나오자, 외무성은 사사에 겐이치로^{佐々江 賢一郎} 주미 대사에게 트럼프 당선인과 아베 총리의 직접 만남인 '플랜 B' 가동을 지시하는 긴급 전문을 보냈다.

사사에 대사는 트럼프의 맏사위인 재러드 쿠슈너를 만나 아베와 트럼프와의 회동을 부탁했고, 며칠 후 회동 날짜와 장소를 통보받았다. 이는 평소 트럼프 주변과 워싱턴 DC 네트워크를 확실히 다져 놓은 결과였다.

알맹이 있는 의제 준비

아베 총리를 비롯한 일본 정부 팀이 도널드 트럼프 당시 대통령을 움직인 힘은 그를 극진히 환대하고 비위를 잘 맞췄기 때문만은 아니다. 회담에 앞서 알맹이substance 있는 의제議題를 준비하고 상대방 설득을 위한 지혜를 총동원한 노력이 있었다. 사사에 겐이치로 주미 대사의 후임으로 2018년부터 트럼프 정부 마지막까지 주미 대사로 근무한 스기야마 신스케杉山晋輔 전 일본 외무성 사무차관은 성공 비결을 이렇게 밝혔다.

트럼프는 큰 전략과 큰 그림을 그리는 것을 선호한다. 회담에서 이쪽이 세세한 사실 관계나 숫자에 집착하면 그의 머릿속에 남지 않는다. 유럽의 강대국 정상들은 도중에 종종 트럼프의 발언을 가로막고 숫자 등의 오류를 바로잡으려다 관계가 험악해져 실패한 적도 있다.[126]

---

126 杉山晋輔, "[トランプ2.0への備え] 米導く構想同志國と描け", 日本經濟新聞(2024年 7 月 22日)

그는 "대일 무역적자를 문제 삼는 트럼프에게 대미 직접투자 수치를 자세히 설명해도 그의 귀에 들어오지 않는다"면서 아베 총리 사례를 전했다.

아베 총리는 일본이 미국 경제에 얼마나 기여하고 있는지를 그림으로 설명했다. (일본 기업이) 미국인의 일자리 창출에 그치지 않고 어떻게 미국 지역 사회의 일원이 되어 경제를 지탱하는 존재로 자리 잡았는지 이해시키려고 노력했다.[127]

숫자보다 큰 전략 그리는 게 효과적

스기야마 대사는 "아베는 종종 'Let's make a deal'(거래를 하자)이라는 표현을 사용했다"면서 "(트럼프에게는) '이렇게 거래를 정리하면 미국도 부자가 되고, 다른 나라에도 도움이 된다'는 제안提案을 가져가야 한다"고 강조했다.

이를 응용한다면 한국은 미국에 끌려다니는 나라가 아니라 미국에 건네줄 전략이나 방책, 기여할 항목 같은 건설적인 의제agenda를 준비해 만나 설득하는 노력을 벌여야 한다. 미국과 뜻을 같이하는 '동지同志 국가'로서 세계와 동북아 문제를 논의하고 구상할 때, 미국도 한국을 환영하고 신뢰하게 될 것이다. 이는 트럼프 시대뿐만 아니라 다른 미국 행정부에도 적용될 수 있는 대한민국의 전략적 접근법이다.

---

127 앞의 글

'트럼프의 푸들'이란 조롱 … 국익이 더 중요

아베의 트럼프팀은 "트럼프가 어떠한 말과 행동을 하더라도 그에게 싫은 표정이나 말을 하지 말고 칭찬하라"고 건의했다. 아베는 이를 충실히 따라 "나는 당신을 항상 믿고 의지한다. 당신이 어디로 가든 나는 당신과 함께 있을 것"이라며 트럼프에게 무한 긍정과 편안함, 용기를 주었다. 아베는 언론과 국제사회에서 '트럼프의 푸들'이라는 조롱을 받았지만, 두 사람의 관계는 세계 각국이 시샘할 정도로 최고조에 달했다.

2019년 5월 트럼프의 도쿄 방문 때, 아베는 외국 정상으로는 최초로 미국 대통령 전용 의전 방탄 리무진 '비스트Beast'에 동승했다. 2017년 2월 그는 미국 대통령 전용기 '에어포스 원' 조종석에 트럼프와 동승해 워싱턴 DC에서 플로리다의 마라라고 리조트로 갔다. 동반 골프라운딩을 하기 위해서였다. 트럼프는 이런 환대를 다른 나라 정상에게는 베풀지 않았다.

북한 핵미사일 발사와 관련해 트럼프 대통령은 당사자인 문재인 한국 대통령보다 아베 총리와 더 자주, 더 오래 통화하며 대책을 논의했다. 아베는 트럼프의 주한미군 철수 결행을 막았고 '자유롭고 개방된 인도·태평양Free and Open Indo-Pacific' 개념을 창안해 트럼프에게 제안했다. 트럼프는 이를 미국의 새 국가안보 전략으로 채택했고, 바이든 민주당 정부도 이를 계승해 쓰고 있다.

"트럼프 상대하려면 반복과 끈기 중요"

존 볼턴 전 국가안보보좌관은 "(한국 정부에) 아베 신조 전 일본 총리, 보리스 존슨 전 영국 총리의 모델을 따르라고 권하고 싶다"며 이렇게 말했다.

> 아베는 기회 있을 때마다 (트럼프와) 전화 통화를 하고 함께 골프를 쳤다. 그 결과 트럼프는 아베의 말을 경청하기 시작했다. 트럼프를 상대하는 일엔 반복과 끈기가 중요하다. 혹시라도 트럼프가 당선되면 망설이지 말고 대선 다음 날 바로 전화하고 틈날 때마다 전화로 그의 의견을 묻는 게 중요하다. 트럼프는 자신의 의견을 말하기를 즐기기 때문이다.[128]

윤석열 대통령은 2024년 11월 7일 오전 7시 59분부터 약 12분 동안 도널드 트럼프 대통령 당선인과 전화 통화를 했다. 두 사람의 첫 접촉은 트럼프의 대선 승리 연설 victory speech로부터 14시간쯤 경과한 비교적 빠른 시점에 이뤄졌다.

일본 국정國政 지도층은 트럼프 1기에 부드러움과 겸손으로 트럼프의 강함과 독단, 변덕스러움을 효과적으로 통제하며 국익을 지키고 극대화했다. 한국은 이웃 일본의 지혜와 용기에서 교훈을 얻는 한편 더 창의적인 방법으로 실질적인 성과를 내야 할 것이다.

---

128 "[단독] 트럼프 외교 참모였던 존 볼턴 인터뷰", 〈조선일보〉(2024년 4월 3일)

트럼프에 대한 아베의 회고록 서술   DIVINE INTERVENTION MINI BOX

1. 내가 그의 상담 상대가 된 것은 트럼프가 미국 대선에서 이긴 2016년 가을, 내가 외국 정상 중 가장 먼저 승리를 축하하는 전화를 하고 곧바로 만나러 간 것이 컸다고 생각한다.

2. 정상끼리 신뢰 관계를 구축하는 데 중요한 것은 서로 마음을 열도록 하는 것이다. (트럼프 타워에서) 첫 번째 회담이 신뢰 관계의 기초가 된 것이 틀림없다. (트럼프) 대통령 취임 후 전화 통화에서 '우리 국무장관을 어떻게 생각하느냐'고 물어온 적도 있다.

3. 미국 대통령은 바쁘기 때문에 (전화 통화에) 긴 시간을 낼 수 없을 것이라고 생각했지만 트럼프는 달랐다. 꽤 시간을 내주었다. 트럼프는 아무렇게나 1시간 동안 얘기한다. 길면 1시간 반도 되고. 중간에 이쪽이 지칠 정도였다. 무엇을 이야기하느냐 하면 본론은 전반 15분 만에 끝나고 나머지 70~80%는 골프 이야기나 다른 나라 정상의 비판 등이었다.

4. 〈뉴욕타임스〉로부터 '아베는 트럼프에게 아부만 하니 한심하다'고 꽤 얻어맞았다. 하지만 '당신 참 대단하다'고 구두로 칭찬함으로써 모든 것이 잘된다면 그보다 더 좋을 수 없다. '미국의 정책은 잘못됐다'고 불평해 미일美日 관계가 어려워지면 일본에 어떤 이익도 되지 않는다.[129]

---

129 安倍晋三 回顧錄,《아베 신조 회고록》(2024), pp.191; 252; 264; 265

2부

도널드 트럼프에 대한
오해와 이해

조지 W. 부시 George Walker Bush 대통령의 연설문 작성자이면서 진성 공화당원으로 '악의 축 Axis of Evil'이란 표현을 처음 쓴 데이비드 프럼 David Frum은 "도널드 트럼프가 대통령 재임 중 통치의 은밀한 마비와 민간의 폭력을 조장했다"며 그의 통치 스타일을 '트럼포크라시 Trumpocracy'라 명명했다.

전략보다 본능으로 움직이는 트럼프는 정적들의 취약점을 파고드는 데 탁월하다. 그는 미국 정치 체계와 정치 문화의 취약한 부분을 찾아내 미국 국민이 공유하고 있는 민주주의를 소중히 여기기보다 서로 다름에 더 분개하라는 쪽으로 선동하고 있다.[1]

마틴 울프 Martin Wolf 영국 〈파이낸셜타임스〉 수석칼럼니스트는 "불법이민자들을 '동물들 animals'이라 경멸하고, 2021년 1월 6일 미국 연방의사당에 난입한 군중들을 '대단한 애국주의자들 unbelievable patriots'이라고 극찬하는 트럼프는 법 위에 군림하는 파시스트 fascist와 다름없다"고 했다.[2]

파시스트 vs 존경받는 미국인

두 사람의 지적은 2024년 11월 대통령 선거에서 트럼프가 승리했을 경우 미국의 민주주의가 끝장날 것이라는 경고警告였다. 그러나 그해 11월 6일 새벽, 50%가 넘는 미국 국민들의 지지를 받은 트럼프 대선 승리자로서 연설을 했다. 그보다 1년 4개월여 앞선 2023년 7월 10~16일 미국 퓨리서치센터가 성인

---

1   David Frum, *Trumpocracy: The Corruption of the American Republic*(New York: Harper-Collins, 2018), p.xi
2   Martin Wolf, "Fascism has changed, but it is not dead", *Financial Times*(March 26, 2024)

1만 2,950명을 상대로 실시한 '최근 40년 동안 가장 성공적으로 업무를 수행한 대통령' 조사에서 도널드 트럼프(19%)는 버락 오바마(32%)와 로널드 레이건Ronald Reagan(23%)에 이은 3위였다. 공화당 지지 성향 층에서는 레이건(41%)에 이은 2위(37%)였다.[3] 이 조사는 성추문 입막음, 대통령 재임 중 비밀문서 밀반출 등으로 그가 기소된 뒤 실시됐다.

2020년 12월 실시된 갤럽Gallup 여론조사에서도 트럼프는 '가장 존경받는 미국인 남성' 1위에 올랐다. 갤럽은 "1946년부터 매년 미국 성인들을 대상으로 한 이 조사에서 재선에 실패한 대통령이 1위가 된 것은 74년 만에 처음"이라며 "18% 지지 응답률은 역대 최고인 드와이트 아이젠하워 전 대통령과 똑같다"고 밝혔다.[4]

이는 지식인·엘리트층의 냉소와 달리 일반 미국인들이 트럼프에게 높은 호감을 갖고 있음을 증명한다. 동시에 '절대 트럼프는 안 된다'는 '네버 트럼프Never Trump'들의 '또라이 트럼프', '정신병자 트럼프' 주장의 타당성에 의문을 던진다. 2부에서는 트럼프의 진면목을 10가지로 정리해 본다.

---

3 "Republicans view Reagan, Trump as best recent presidents", Pew Research Center (August 22, 2023)
4 "Donald Trump, Michelle Obama Most Admired in 2020", Gallup(December 29, 2020)

1. 트럼프 2기는 왜, 무엇이 위험한가?

도널드 트럼프 미국 공화당 대통령 후보는 2024년 11월 5일 실시된 대선에서 312명의 선거인단을 확보해 카멀라 해리스 민주당 후보(226명)를 압도하며 승리했다. 미국 대통령 선거 역사상 가장 많은 7,422만 3,755표를 얻고도 2020년 대선에 낙선해 미국 헌정사상 10번째로 재선에 실패한 현역 대통령이었던 그가 완벽하게 복귀한 것이다.

"트럼프 재선은 세계에 최대 위험"

이로써 트럼프는 그로버 클리블랜드Grover Cleveland(1837~1908년)에 이어 132년 만에 미국 역사상 두 번째 징검다리 대통령(재선 실패 후 4년 쉬었다가 당선된 대통령)이 됐다.

트럼프의 재림에 대해 세계 각국은 불편·불안해하는 기색이 역력하다. "트럼프의 복귀가 2024년 세계의 가장 큰 위험이다"[5]라는 지적이 나왔고 2024년 1~5월 34개국 성인 4만 566명을 상대로 한 여론조사에서 트럼프를 신뢰하는 응답자는 28%에 그쳤다.[6] 한국갤럽이 2023년 9월 12~14일 한국 국민을 대상으로 실시한 조사에서 트럼프 선호도는 23%에 불과했다. 트럼프 2기는 왜, 무엇이 위험한 것일까?

---

5 "Donald Trump poses the biggest danger to the world in 2024", *Economist*(November 16, 2023)

6 "Globally, Biden receives higher ratings than Trump", Pew Research Center(June 11, 2024)

견제받지 않는 트럼프 충성파 세상

트럼프는 2017년 1월 20일 새벽 4시 31분 "It all begins today!"로 시작하는 트윗으로 그날 자신의 미국 대통령 취임을 세계에 알렸다. 그는 환태평양경제동반자협정 TPP: Trans-Pacific Strategic Economic Partnership 탈퇴를 시작으로 취임 첫 100일 동안 멕시코 국경 장벽 건설, 반反이민 등 30여 개 행정명령 executive order에 서명했다. 연방 상하원의 법안 통과를 기다리지 않고 '트럼프표 정책'을 신속하게 밀어붙인 것이다.

그는 환경오염을 우려해 오바마 행정부 시절 보류해온 송유관 건설사업을 재추진했다. 파리기후협약 Paris Climate Agreement 탈퇴(2017년 6월), 이란 핵협정 탈퇴(2018년 5월), 탈레반과 평화협정(2020년 2월), 이스라엘-아랍에미리트 국교 정상화 협정 서명(2020년 9월)을 연이어 진행했다. 독일 주둔 미군 3만 4,500명 중 1만 1,900명을 철수시켰고, 한국·멕시코·캐나다 등을 상대로 자유무역협정 FTA 재협상을 벌여 개정했다. 김정은 북한 국무위원장과는 세 차례 만났다.

이런 정책들은 제임스 매티스 국방장관, 존 켈리 John Kelly 국토안보부 장관, 엑슨모빌 Exxon Mobil 회장을 지낸 렉스 틸러슨 국무장관 같은 '어른들의 축 Axis of Adults'으로 불리는 경험 많은 인사들이 트럼프의 충동과 변덕을 제어하면서 이뤄졌다. 트럼프 재집권 시 이런 모습은 보기 힘들 전망이다. 트럼프 진영은 2기 초부터 MAGA Make America Great Again 의제를 밀어붙일 강경 충성파 die-hard loyalist로 요직을 채운다는 방침을 분명히 하고 있다.[7]

---

7 "Why a second Trump presidency may be more radical than his first", *New York Times* (December 4, 2023)

그림 2-1 트럼프 대통령의 취임 첫날 트윗

'어른들' 사라질 트럼프 2기

플로리다에 있는 트럼프 선거본부와 아메리카퍼스트정책연구소AFPI, 헤리티지재단 등은 차기 정부에서 일할 후보자 명단을 데이터베이스DB 화하고 있다. 헤리티지재단은 연방정부 각 부서에 있는 9천여 개의 정치적 임명직을 목록별로 명시해 놓고 '프로젝트 2025' 홈페이지를 통해 지원서를 접수하고 있다. 세부 집권 계획은 고사하고 백악관과 정부 각료를 맡을 인력조차 확보하지 못했던 4년 전과 판이한 모습이다.

인재 선발에서 트럼프 진영이 가장 중시하는 기준은 충성심이다. '트럼프 싱크탱크'들은 대선 승리 직후 수천 명의 공직 후보자 명단을 정권 인수팀에 넘겼다. 트럼프 측은 이와 별도로 백악관이 갖고 있는 정책 아이디어를 법적 문제 없이 매끄럽게 추진할 수 있는 역량과 충성심을 가진 변호사들을 상당수 모아 왔다.[8]

헤리티지재단 외에 AFPI, 미국재건센터 Center for Renewing America, 아메

---

8   "If Trump wins in 2024, he has a dangerous tool for wrecking the government", *MSNBC*(November 15, 2023)

리카퍼스트리걸America First Legal, 보수주의파트너십연구소CPI: Conservative Partnership Institute 같은 트럼프주의 싱크탱크가 대거 등장한 점도 과거와 다르다. 이들은 어느 정권보다 일사불란하고 치밀하게 준비해서 트럼프 2기를 열어 간다는 계획이다.[9]

표 2-1 트럼프 2기 정부 고위직 주요 후보

직위	후보
국무장관	마코 루비오 연방상원의원(유력) 빌 해거티 연방상원의원
국방장관	크리스토퍼 밀러 전 국방장관 대행 로버트 오브라이언 전 백악관 안보보좌관
재무장관	스콧 베센트 키스퀘어캐피털매니지먼트 CEO 제이 클레이튼 전 증권거래위원회SEC 위원장
상무장관	린다 맥마흔 전 중소기업청장 피터 나바로 전 백악관 무역제조 · 정책국장
법무장관	제프리 클락 전 법무부 차관보 켄 팩스턴 텍사스주 검찰총장
국가안보보좌관	마이클 왈츠 연방하원의원(유력) 리처드 그레넬 전 국가정보국DNI 국장 대행 엘브리지 콜비 전 국방부 부차관보
무역대표부USTR 대표	로버트 라이트하이저 전 USTR 대표
연방준비제도이사회Fed 의장	스티븐 므누신 전 재무장관 스티븐 무어 헤리티지재단 선임고문

출처: *Financial Times · BBC*

---

9   "Steps from the Capitol, Trump allies buy up properties to build MAGA campus", *Washington Post*(March 15, 2023)

보복과 응징의 새 4년?

트럼프 진영은 2기 정부의 키워드로 복수revenge와 응징retribution을 제시한다. 도널드 트럼프 후보 본인부터 각종 집회와 연설에서 자신에게 방해되는 기관이나 제도, 인물에 대한 전쟁을 예고하고 있다. 2023년 3월 4일 워싱턴 DC에서 열린 미국 보수주의자들의 연례집회인 보수정치행동회의CPAC에서 그는 이렇게 말했다.

> 2016년에 나는 여러분의 목소리voice라고 선언했다. 오늘 여기에다 하나를 더 보태겠다. 나는 여러분의 전사warrior다. 나는 여러분의 정의justice다. 여러분을 배신하고 여러분에게 해를 끼친 사람들에게 나는 여러분의 응징膺懲, retribution이다. 이런 일이 다시 일어나지 않도록 나는 딥 스테이트를 완전히 제거하겠다totally obliterate the deep state.10

내부의 적 '살생부 명단' 작성

트럼프는 '어젠다 47Agenda 47'이라는 2024 대선 공약 온라인 플랫폼에서 연방정부 교육부 폐지와 법무부·검찰·연방수사국FBI 등의 개혁, 주요 부처의 워싱턴 DC 바깥으로 이전移轉 등을 공약했다. 그는 지난번 집권 때 연방정부 내무부의 토지관리국을 워싱턴 DC에서 콜로라도주로 이전시켰다. 이와 함께 트럼프 측이 1기 정부에서 저항하고 반대한, 손봐야 할

---

10 "Trump speaks at CPAC 2023 transcript", *Rev.*(March 6, 2023)
　　https://www.rev.com/blog/transcripts/trump-speaks-at-cpac-2023-transcript

연방정부 관료들에 대한 살생부 명단을 작성한다는 소문도 나돌고 있다.

이들은 1970년대 워터게이트 사건 이후 독립성을 인정해온 법무부를 대통령의 직접 지휘 부서로 바꿀 계획이다. 각 부처에서 주요 정책 기획과 결정·실행에 관여하는 직업 공무원들을 '스케줄 F Schedule F'라는 새 직렬로 분류해 정치직·임명직 공무원처럼 대통령이 해임권을 행사한다는 방침이다.

2020년 말 30세의 존 매켄티John McEntee 백악관 인사국장은 2021년 1월 19일까지 모든 연방 부처에 '스케줄 F'로 재분류되는 직책 예비명단 제출을 지시했으나, 바이든 정부가 취임 3일 만인 2021년 1월 22일 관련 행정명령을 취소해 없던 일이 됐었다.

FBI 등 트럼프에 협조 거부

이는 트럼프가 1기 정부 시절 법무부와 FBI 등에게 당한 아픈 경험에서 연원한다. 트럼프는 취임 후 존 케리John Kerry 전 국무장관, 제임스 코미 James Comey 전 FBI 국장 같은 정적들에 대한 범죄 혐의를 수사하도록 법무부를 압박했으나, 이들은 기소 반대 의견을 내며 거부했다. 오히려 법무부 산하 FBI는 2016년 대선에서 트럼프 당선에 러시아가 도움을 줬다는 이른바 '러시아 커넥션' 내사를 계속 벌였다.

그러면서 트럼프 백악관의 첫 국가안보보좌관인 마이클 플린Michael Flynn과 세르게이 키슬야크Sergei Kislyak 주미 러시아 대사와의 2015년 12월 통화 내용을 언론에 흘렸다. 이 통화 자료는 FBI 방첩 요원과 백악관의 극소수만 아는 비밀 정보로, FBI는 백악관에도 알려 주지 않았다.

이를 계기로 2017년 5월부터 러시아 스캔들 특검을 벌인 로버트 뮬러 Robert Muller 특별검사는 2019년 3월 "트럼프 측과 러시아가 공모했다는 증거가 없다"고 결론 내렸다.[11] 트럼프 측은 "근거 없는 러시아 대선 개입 의혹 때문에 2년 동안 시달렸다"면서 이를 '워싱턴 기존 기득권층의 음모'라고 주장한다.

공화당 지지자의 53%, "트럼프가 진짜 대통령"

트럼프는 2018년 중반부터 자기 방식대로 국정을 운영하려 했으나 러시아 스캔들 의혹으로 어려움을 겪었다. 국방부와 군부, 국무부가 해외 주둔 미군 철수에 반발한 것도 부담이 됐다. 2019년 12월 트럼프의 첫 번째 하원 탄핵소추는 젤렌스키 우크라이나 대통령과 트럼프의 극비 통화 내용을 정부 기밀 부서의 '내부 고발자'가 언론에 유출하지 않았다면 불가능했다.

트럼프는 민주당과 결탁해 자기를 두 차례 탄핵소추로 몰아넣은 정부 내 세력을 '딥 스테이트 deep state'라고 부르면서 "외부에서 오는 적敵보다 내부의 적들이 더 위험하다. 기생충 같은 공산주의자, 마르크스주의자, 급진 좌파 깡패를 뿌리 뽑자"고 외치고 있다.[12] 연방정부 안에 백악관과

---

11 "Report on the Investigation into Russian Interference in the 2016 Presidential Election", U.S. Department of Justice, Washington DC(March, 2019), https://www.justice.gov/archives/sco/file/1373816/dl

12 Agenda 47: President Trump's Plan to Dismantle the Deep State and Return Power to the American People(March 21, 2023); "In Veterans Day Speech, Trump Promises to Root out the Left", *New York Times*(November 11, 2023)

표 2-2 도널드 트럼프 후보가 보유한 기록

내용	기타
미국 전·현직 대통령 가운데 최초로 형사 기소	2023년 3월
미국 대통령 최초로 재임 중 두 차례 하원 탄핵소추안 통과	우크라이나 스캔들(2019년 12월) 연방의사당 난입 선동 혐의(2021년 1월)
미국 역사상 최고 부자로 대통령 당선	2016년 기준 개인 재산 45억 달러 (미국 〈포브스〉)[13]
대통령 출마 전 공직·선출직·군 복무 경험 전무	-
1900년 이후 재선에 실패한 6번째 미국 대통령	트럼프에 앞서 재선 실패한 대통령은 윌리엄 하워드 태프트, 허버트 후버, 제럴드 포드, 지미 카터, 조지 H. W. 부시

다른 생각을 갖고 움직이는 부서나 관료를 없애겠다는 것이다.

그가 복수와 응징을 벼르는 또 다른 이유는 2020년 대통령 선거 때문이다. 트럼프는 "부정 선거로 조작된 대통령 선거에서 승리를 도둑맞았다"고 주장하고 있다. 2021년 5월 17~19일 실시된 여론조사를 보면 미국 내 공화당 지지자들의 53%는 '트럼프가 진짜 대통령'이라고 생각하고 있다. '바이든이 선거 부정으로 당선됐다'고 여기는 이는 전체 미국인의 25%에 달했다.[14]

〈워싱턴포스트〉와 메릴랜드대학이 2023년 12월 14~18일 실시한 여론조사 결과를 보면, 2021년 1월 6일 연방의회 난입 사태 가담자에 대한 동조 여론이 높아지고, 트럼프에 대한 부정적 평가가 완화됐다. 2021년 12월 같은 두 기관의 조사에서 '트럼프가 1·6 사건에 책임 있

---

13 "Forbes 2016 World's Billionaires", https://www.forbes.com/billionaires/#2bdd52af251c

14 "Most Republicans still believe 2020 election was stolen from Trump", *Guardian*(May 24, 2021)

다'는 대답은 43%였으나 2년 만에 37%로 하락한 반면, '시위 참가자들에 대한 처벌이 너무 심했다^{too harsh}'는 응답은 19%에서 26%로 높아졌다. 오히려 미국인 10명 중 2.5명 정도는 'FBI에 의해 1·6 연방의사당 난입 사건 조작됐다'는 인식을 갖고 있는 것으로 밝혀졌다.[15]

'트럼프 정당' 된 공화당

공화당과 연방대법원도 트럼프에 우호적인 원군援軍 세력이 됐다. 2021년 1월 6일 워싱턴 DC 연방의사당 난입 사건이 발발한 지 1년 1개월 만인 2022년 2월 공화당 전국위원회^{RNC}는 트럼프의 1·6 사건 개입에 대해 면죄免罪 판정을 내렸다. 이듬해 9월 트럼프는 본격 정치 활동 재개를 목표로 'MAGA Inc.'이라는 슈퍼팩^{Super PAC}(자금 모금과 지출에 제한이 없는 민간 정치 조직)을 세웠다.[16]

케빈 매카시^{Kevin McCarthy}(캘리포니아주) 하원 원내대표 겸 연방하원의장이 플로리다주에 있는 트럼프의 사저私邸인 마라라고 리조트를 찾아가 향후 공화당의 진로를 협의했다. 연방의사당 난입 사건 직후 실시된 트럼프 당시 대통령에 대한 두 번째 탄핵소추안에 찬성표를 던진 10명의 공화당 하원의원 가운데 현역은 2명만 남았다. 4명은 정계에서 은퇴했고 골수 반反트럼프주의자인 리즈 체니^{Liz Cheney}(와이오밍주)를 비롯한 4명

---

15 "A quarter of Americans believe FBI instigated Jan. 6, Post-UMD poll finds", *Washington Post*(January 4, 2024)

16 "Make America Great Again Inc.-committee overview"
    https://www.fec. gov/data/committee/C00825851/

은 2022년 중간선거 당내 경선에서 패배해 퇴출됐다.

당시 연방상원에서 열린 트럼프 탄핵 심판에 찬성한 7명의 공화당 의원 중 3명은 은퇴했고 밋 롬니 Mitt Romney(유타주)와 미치 매코널 Mitch McConnell(켄터키주)은 2024년 말 정계에서 은퇴했다. 트럼프에 대해 이견을 내거나 반발하는 공화당 연방의원이 거의 모두 퇴장한 것이다.

트럼프 며느리가 공화당 전국위원장

이런 분위기는 2023년 10월 당내 친親트럼프 의원들 주도로 케빈 매카시 하원의장이 쫓겨나면서 더 굳어졌다. 그의 후임인 마이크 존슨 Mike Johnson (루이지애나주) 하원의장은 낙태와 동성애 권리 강화에 반대하는 자타가 인정하는 트럼프 추종자이다.[17]

공화당은 2024년 3월 전국위원회 Republican National Committee를 마이클 와틀리 Michael Whatley와 라라 트럼프 Lara Trump 2명 공동위원장 체제로 개편했다. 라라 트럼프는 트럼프 전 대통령의 차남(에릭 트럼프 Eric Trump)의 아내이다. 이는 공화당이 완벽한 트럼프 정당으로 재탄생했음을 의미한다.

연방대법원도 트럼프에 유리하게 재편됐다. 트럼프는 대통령 재임 기간 중 닐 고서치, 브렛 캐버노, 에이미 코니 배럿 등 3명의 연방 대법관을 임명했다. 이들은 모두 연방주의자협회 소속으로 확실한 보수우파 성향이다.

---

17 "Mike Johnson, the first proudly Trumpian speaker", *New Yorker*(March 15, 2024)

연방대법원도 친親트럼프 체제

현재 총 9명의 연방대법관은 빌 클린턴 Bill Clinton 대통령이 임명한 1명과 조지 W. 부시가 임명한 3명, 버락 오바마가 임명한 2명, 트럼프가 임명한 3명으로 구성돼서 보수파(6명)가 진보파(3명)를 압도한다.

트럼프는 항고법원 54명, 지방법원 174명, 연방관할 법원 30명 등 모두 261명의 법관을 임명했다. 공화당 우파와 복음주의 개신교 같은 트럼프 지지 세력은, 법원의 보수화를 완성시킨 트럼프의 공로를 높게 평가한다.[18] 최후의 심판관을 우군友軍 우위로 둠으로써 우파 정책을 거리낌 없이 펼칠 수 있게 돼서다.

그런 점에서 트럼프 2기는 조직적이고 체계적으로 트럼프주의를 실현하는 본격 무대가 될 전망이다. 트럼프가 2024 대선에서 예상보다 큰 격차로 승리했기 때문에 트럼프주의는 1기 때보다 훨씬 강도 높고 거침없이 행동에 옮겨질 것이다. 외국을 상대로 방위비 분담금 대폭 증액 요구, 중국과의 전면적 디커플링, 관세 대폭 인상, 보호무역조치 신설 강화 같은 '매가MAGA' 어젠다를 거칠게 밀어붙이면서 각국과의 마찰도 불거질 수밖에 없다.

---

18 "How did the Republican Party become the party of Trump?", *NPR*(Feb. 8, 2022)

트럼프 2기와 아시아

"트럼프 2기에 대해 안온한 낙관론에 빠진 아시아 국가들이 자국의 트럼프 대응 능력을 과대평가하고 있다."

제임스 크랩트리James Crabtree 전 영국 국제전략문제연구소IISS 사무총장은 "트럼프의 야심과 계획이 아시아 안보에 미칠 충격을 아시아 지역 정치인들이 오독誤讀하고 있다"며 이렇게 말했다.

트럼프 전 대통령과 막역한 사이였던 아베 신조 일본 총리나 스콧 모리슨Scott Morrison 호주 총리 같은 지도자가 지금 아시아에 없다. 트럼프 2기에는 지금보다 훨씬 크고 많은 혼란과 단절이 벌어질 것이다. 바이든이 구축한 한미일 3각 동맹과 오커스AUKUS, 인도·태평양경제프레임워크IPEF가 유지될지 의문이다. 이런 구도가 흔들리는 본질적 변화에 대비해 있어야 한다.

미중 관계가 트럼프 집권 직후인 2017년 초보다 악화돼 전쟁으로 비화될 위험도 배제할 수 없다. 가능성은 낮지만 미국이 아시아·태평양의 상당 부분을 베이징에 넘기는 순수한 고립주의pure isolationism를 채택할 경우도 상정해야 한다. 이런 사태는 도쿄와 서울의 관리들에게 상황 분석과 대책 마련을 위해 밤을 지새야 하는 악몽이 될 것이다.[19]

빅터 차 미국 전략국제문제연구소CSIS 부소장도 "트럼프가 내각과 국가안보팀을 경험과 전문성보다 충성심 위주로 채울 것인데, 이렇게 되면 트럼프 2기가 1기보다 대처하기 더 어려울 것"이라며 "오랫동안 자비로운 후원자였던 미국이 트럼프 아래에서 이기적인 플레이어가 될 수 있음을 한국·일본·호주 등 아시아 동맹국들이 깨달아야 한다"고 했다.[20]

---

19 James Crabtree, "[Analysis] Why Asia Should Sound the Trump Alarm", *Foreign Policy*(March 20, 2024)

20 Victor Cha, "America's Asian Partners Are Not Worried Enough about Trump: How His Return Could Destabilize the Region", *Foreign Affairs*(June 26, 2024)

2. 트럼프 2기는 세계에 진짜 재앙일까?

트럼프 2기는 전 세계와 미국에 대재앙이 될 것이라는 예상이 많다. '큰형'처럼 여유 있고 인자한 세계의 경찰관으로서 미국의 모습이 사라지고 트럼프 1기 때보다 더 충동적이고 파괴적인 변화와 단절이 줄 이을 것이라는 이유에서다.

그도 그럴 것이 대통령 재임 시절 두 차례 탄핵소추 당한 트럼프는 진실 여부를 떠나서 2020년 대통령 선거 승리를 빼앗겼다는 주장을 줄기차게 해왔다. 트럼프 측은 2024년 대선을 '우리 대 그들^{Us-versus-Them}의 대결'로 규정하고 정치 보복을 공언했다.[21]

"2024년 11월 대선에서 내가 패한다면 미국 전체가 피바다^{bloodbath}가 될 것"이라고 목소리를 높인 게 대표적이다.[22] 트럼프 1기 정부 전복 음모를 꾸미고 실행한 민주당과 좌파, 연방정부 내 협력자들에 대한 처벌과 척결 의지도 표출하고 있다.

---

21 "Trump, Vowing 'Retribution', Foretells a Second Term of Spite", *New York Times* (March 7, 2023)

22 "Trump warns of 'bloodbath' if he isn't reelected at Ohio rally for Senate candidate Moreno", *PBS News*(Mar 17, 2024)

피바다 같은 준^準내전

트럼프는 2021년 1·6 연방의사당 난입 사건을 조사한 연방하원 특별 위원회 House Special Committee 소속 의원들에 대한 기소를 요구하고, 조 바이든 대통령과 그 가족에 대한 특별검사 special prosecutor 임명을 통한 수사 방침을 천명했다.[23]

대다수 공화당 의원들까지 이에 동조하는 만큼, 재집권 시 트럼프는 마음만 먹으면 전방위 보복 수사와 처벌을 가할 수 있다. 대외 관계에서 트럼프는 푸틴·시진핑 같은 독재자들에게 유화책을 내놓고, 기존 동맹국들에겐 '거래적 transactional 관계'라는 잣대를 적용할 전망이다. 북대서양조약기구 NATO와 갈등을 빚고 아시아에서 동맹국들과 소원해져 고립무원 孤立無援 처지가 된다면, 미국이 글로벌 루저 global loser로 전락할 것이라는 비관론도 제기된다.[24]

트럼프에 충성하는 인사들 가운데 'MAGA 강경파'가 2기 정부 외교안보 요직을 독점할 경우, 이런 시나리오의 현실화 가능성은 매우 높다. 이들은 대서양과 태평양에 둘러싸인 미국이 유럽과 아시아에 많은 안보 비용을 지출할 필요가 없다고 본다.

이들은 동맹과 국제기구에 구속되지 않고 언제 어디서든 미국의 이익을 최고 기준 삼아 행동하는 '성채 미국'을 모델로 본다. NATO 회원국 확대, 러시아·우크라이나 전쟁 장기화 등에 부정적이다.

---

23 "Trump talk turns to revenge post-conviction", *Hill*(June 8, 2024)

24 Jacob Heilbrunn, "The Real Danger if Trump Is Re-elected", *New York Times*(May 21, 2024)

재집권 시 하루 만에 러시아·우크라이나 전쟁을 끝낼 것이라고 호언한 트럼프는 중국의 대만 침공 시 대만을 방어하겠다는 의지를 확언한 바 없다. 보편적 기본관세 universal baseline tariff 부과 같은 자국 중심주의 정책이 인플레이션과 무역전쟁 같은 역풍을 초래할 것이라는 분석도 있다.[25]

트럼프 2기는 국내적으로는 내전 civil war에 버금가는 혼란이,[26] 국제적으로는 자유주의 국제질서에 훼손이 벌어질 수 있다. 이렇게 보면, 트럼프 2기는 절대로 이뤄지면 안 될 최악의 체제다.

의외로 합리적이었던 트럼프 1기

할 브랜즈 Hal Brands 미국 존스홉킨스대 국제정치학 교수는 "트럼프 2기에는 각자 방위를 책임지는 탈세계화된 국방 de-globalized defence이 확산되고, 대륙 또는 지역 단위로 생존을 도모하는 대륙주의 continentalism와 지역주의 regionalism 생존 전략이 유행할 것"이라고 했다.[27]

하지만 트럼프의 집권 1기 4년을 복기해 보면, 이런 시각은 기우杞憂(과도한 걱정)일 공산이 크다. 외교와 무역, 헬스케어, 낙태, 성전환 같은 분야에서 그가 집행한 정책은 의외로 중도 middle-of-the-road 노선이었기 때문이다. 일례로 2019년 이란이 미군의 드론을 격추하자, 마이크 폼페이오 국

---

25 Alan Wm. Wolff, "Trump's proposed blanket tariffs would risk a global trade warm", Peterson Institute for International Economics(Washington DC: May 29, 2024)

26 Ross Douthat, "[Opinion] The Real Path to an American Civil War", *New York Times* (April 17, 2024)

27 Hal Brands, "An 'America First' World-What Trump's Return Might Mean for Global Order", *Foreign Affairs*(May 27, 2024)

무장관과 존 볼턴 국가안보보좌관은 미사일 보복 공격을 건의했으나 트럼프는 이를 거부하고 낮은 수준의 대응으로 확전을 막는 신중함prudence을 보였다.

트럼프는 "미국 외교정책은 이상주의와 고립주의라는 양극단을 왔다 갔다 한다는 헨리 키신저Henry Kissinger 박사의 지적에 전적으로 공감한다"면서 "나는 실용적인 상식practical good sense과 이상주의idealism 간에 적절한 균형, 즉 신중함이 열쇠the key is prudence라고 생각한다"고 밝혔다.[28]

대통령이 되기 전 선거 유세에서 오바마케어Obama-care를 비판했던 트럼프는 집권 후엔 공화당과 민주당 안案을 모두 배척하고 오바마케어의 장점을 결합한 법안을 연방의회에서 관철·통과시켰다. 이 과정에서 트럼프는 폴 라이언Paul Ryan 연방하원의장을 비롯한 공화당 주류 의원들과 충돌했다.

반대파도 인정한 트럼프 정책

그는 공화·민주당 엘리트들이 선호하는 자유시장·개방에 입각한 무역통상 정책을 폐기하고 '아메리카 퍼스트'에 입각한 보호주의 노선을 정립했다. 그의 대對중국 무역전쟁과 대중 견제·봉쇄 정책, TPP 탈퇴 결정을 바이든 민주당 정부가 그대로 계승한 것은 트럼프 정책의 타당성을 반대파도 인정했다는 방증이다.

낙태와 성전환 문제에서도 트럼프는 극우파보다는 중도中道에 가깝

---

28 Donald Trump, *The America We Deserve*(2000), pp.115~116

다. 임신 6주 후 낙태 금지 법안에 서명한 론 디샌티스Ron DeSantis 플로리다 주지사에 대해 트럼프는 "비타협적인 보수주의와 온라인 우파의 생각을 추종하고 있다"고 비판했다. 이런 사례들을 근거로 미국 온라인 매체 〈콤팩트Compact〉의 매슈 슈미츠Matthew Schmitz 편집장은 "트럼프는 예측할 수 없는 종류의 온건한 실용주의자"라면서 "흑인과 히스패닉 유권자들이 트럼프로 돌아서는 것은 트럼프의 백인 우월주의나 그의 강권주의에 굴복해서가 아니라 트럼프 정책의 매력 때문"이라고 했다.[29]

예측할 수 없는 온건한 실용주의자

'스트롱맨strong man'으로 불리는 독재자들을 전쟁범죄자나 테러리스트 같은 악당으로 낙인찍는 데 계속 반대하는 이유에 대해 트럼프는 "푸틴 러시아 대통령을 전쟁범죄자로 단죄斷罪하면 (그와의) 평화 협상이 불가능해진다"고 했다. 상대방을 악마화하면 협상이 불가능하고 독재자들을 구슬리고 달래는 게 효과적이라는 얘기이다.

그는 4년 대통령 재임 동안 아첨flattery과 공포fear를 적절히 섞어 독재 지도자들을 자기 의도대로 통제했다. 푸틴, 시진핑, 김정은과 친한 것은 국제질서를 전쟁 없이 관리하려는 의도에서였다.

전쟁을 어떻게 정의하느냐에 따라 그의 주장을 반박할 수 있지만, 트럼프가 대규모 군사작전을 감행한 적이 없는 것은 사실이다. 그는 지미 카터, 제럴드 포드 대통령과 함께 전쟁에서 가장 멀리 있던 대통령임이

---

29 Matthew Schmitz, "The Secret of Trump's Appeal Isn't Authoritarianism", *New York Times*(December 18, 2023)

분명하다.

이는 인권과 가치를 중시하는 바이든 정부 시절에 러시아·우크라이나 전쟁(2022년 2월)과 이스라엘·하마스 전쟁(2023년 10월) 같은 새로운 전쟁이 벌어져, 미국의 군사적 개입과 천문학적 전비戰費 투입이 이뤄진 것과 대비된다.[30]

악역 맡아 미국 국익 챙긴 트럼프

트럼프가 백악관에 복귀하면 특유의 위협적이고 공포스런 언사言辭를 자주 듣겠지만, 바이든의 '약한 외교weak diplomacy'와 다른 양태가 펼쳐질 것이다. 미국·NATO 관계가 건재한 가운데 NATO 회원국들의 GDP 대비 국방비 지출은 계속 늘고 미국의 부담은 줄고 있다.

옌스 스톨텐베르그 NATO 사무총장은 2019년 11월 29일 "2019년 한해 동안 유럽연합EU의 동맹국들과 캐나다의 국방비 지출이 실질 기준으로 4.6% 늘어 5년 연속 증가했다"고 말했다. 그는 2019년 12월 3일 공식 보도자료를 통해 "2016년부터 2020년까지 NATO 회원국들의 국방비 증액 규모가 1,300억 달러(약 176조 원)에 달할 것이다. 이런 유례없는 진전으로 NATO는 더 강해질 것"이라고 밝혔다.[31]

NATO 회원국들의 국방비 증액 결정에는 "동맹 관계를 유지하려면 회원국들이 합당한 분담금fair share을 더 많이 내야 한다"고 대놓고 압박한

---

30 "How to predict Donald Trump's foreign policy", *Economist*(March 27, 2024)

31 "Statement by NATO Secretary General Jens Stoltenberg with US President Donald Trump"(December 3, 2019), https://www.nato.int/cps/ru/natohq/opinions_171542.htm

표 2-3 NATO 유럽 회원국들의 총 GDP 대비 국방비 지출 비율 추이

연도	2014년	2016년	2018년	2020년	2022년
비율(%)	1.47	1.46	1.53	1.75	1.86

출처: NATO

트럼프의 공功이 가장 컸다. 미국 국민 입장에선 자기들을 위해 '악당' 역할을 맡아 국익을 챙긴 트럼프가 고마운 존재이다.

1기 정부에서 트럼프가 고율의 대중국 관세 부과를 결정하며 무역전쟁을 선포하자 미국 안팎에서 "자유무역 체제를 무너뜨린다"는 비판이 쏟아졌다. 그러나 중국과의 무역전쟁 중에도 미국의 연간 관세율은 2019년 기준 평균 2.85%로 EU(3.0%)보다 낮았다. 대중對中 관세를 제외한 미국 평균 관세(1.3%)는 오바마 정부(1.5%) 수준을 밑돌았다.[32] 비판론자들의 일방적 주장과 달리 트럼프는 자유무역 국제질서를 파괴하지 않았다.

정치 보복 발언을 전면 부정

대통령 선거 유세 기간 중 발언을 번복하거나 전면 부정하는 그의 특성도 감안해야 한다.

일례로 2024년 4월 시사주간지 〈타임TIME〉과의 단독 인터뷰에서 '(재선에 성공할 경우) 조 바이든과 바이든 가족의 비리를 추적하는 진짜 특별검사a real special prosecutor를 임명할 것인가?'라는 질문을 받고, 그는 "그것은 연방대법원에서 무슨 일이 일어나는지에 달려 있다"고 했다.[33] 연방대

---

32 Robert Lighthizer, *No Trade is Free*(2023), p.21

33 "The Full Transcripts of Donald Trump's Interviews", *TIME*(April 30, 2024)

법원이 대통령 재임 중 사면권 immunity을 인정하면, 자신에 대해서와 마찬가지로서 바이든도 처벌할 수 없으며 하지 않겠다는 방침으로 풀이된다.

'(자신을 기소한) 앨빈 브래그 Alvin Bragg, 패니 윌리스 Fani Willis 등 두 명의 검사장을 (재선에 성공하면) 처벌할 것인가?'라는 물음에 대해, 트럼프는 "아니다. 우리의 응징은 우리나라의 성공을 통해 이루어질 것 No. Our retribution is going to be through success of our country"이라고 분명하게 부인했다.

그는 '당신의 지시를 법무장관이 이행하지 않는다면 그를 해고할 것인가?'라는 의문에 대해, "정직하게 말해 그것은 상황에 달려 있다"고 했다.

'다시 대통령이 되면 미국 헌법 준수를 유예하고 하루 동안 독재자 dictator for a day가 되겠다'고 한 과거 발언과 관련, 그는 "풍자적으로 말한 농담이다. 나는 '하루 동안 국경을 폐쇄하고 (석유와 가스 등을) 채굴 또 채굴하고 싶다'고 했을 뿐이다"라고 말했다.[34]

이런 답변을 근거로 분석해 보면, 재집권 시 정치 보복과 형사처벌을 하겠다는 그의 기존 발언은 지지자 결집과 선거 승리를 겨냥한 엄포일 가능성이 있어 보인다.

핵심 현안도 상황 따라 다른 입장

그는 주요 핵심 현안에 대해서도 상황에 따라 입장을 바꾸었다. 낙태권 abortion rights에 대해 1999년 NBC 방송에선 찬성 pro-choice 입장을 보였다가[35] 이후 강경한 반대론을 폈다가 지금은 "각 주의 판단에 맡겨야 한다.

---

34 위의 글.

35 Donald J. Trump, 〈Meet the Press〉, NBC News(1999)

여성들의 자기 결정권을 존중해야 한다"며 중도 노선으로 돌아섰다.[36]

동성同性결혼 문제도 한동안 지지했으나 성전환자trans-gender의 문제점을 비판하며 반대하고 있다. 총기 규제 역시 과거에는 적극 찬성했으나 지금은 반대하는 입장이다. 정치 입문 전 부자 세금 부과를 주장하던 그는 대통령 선거 출마를 계기로 부자 감세減稅로 돌아섰다. 이런 모습은 트럼프가 앞으로도 기존 발언에 구애받지 않고 유연한 입장과 정책을 취할 수 있음을 강하게 시사한다.

트럼프는 2024년 대통령 선거를 앞두고 성숙한 모습으로 달라졌다. 2024년 6월 13일 대통령 퇴임 후 처음 연방의회를 방문해 공화당 의원들과 만난 자리에서 그는 2021년 1·6 연방의사당 난입 사건 당시 자신의 탄핵소추안에 찬성표를 던진 공화당 의원들을 언급하며 "지나간 일은 다 잊어버리기로 했다"며 화해하고 포용했다.

대선 '승리 연설'에서 치유와 통합 강조해

트럼프의 '2020 대선 부정 선거' 주장에 쓴소리를 해 대통령 퇴임 후 4년간 전화 통화 한 번 않던 앙숙 미치 매코널 공화당 연방상원 원내대표와 만나 '주먹 인사'와 여러 차례 악수를 하면서 "공화당엔 엄청난 단결력이 있다"며 우호 관계를 회복했다.[37] 2024년 6월 27일 저녁에 열린 대선 1차 TV토론에서 트럼프 전 대통령은 맞수인 바이든 대통령보다 절

---

36 "Trump warns Republicans to talk about abortion 'correctly'", *Axios*(Jun 13, 2024)

37 "'He's earned the nomination': McConnell stands by Trump endorsement as Hill visit looms", *Politico*(June 12, 2014)

제되고 안정된 모습을 보였다.[38] 이는 쉽게 흥분하고 선동성 발언을 일삼던 과거와 달라진 면모였다.

트럼프는 2024년 대선 승리가 확정된 뒤 11월 6일 새벽에 한 승리 연설에서 복수·보복·비난·원한이 담긴 거친 단어를 한마디도 하지 않았다. 대신 연설에서 "(분열된) 미국을 치유治癒하겠다"며 통합을 강조했다.[39] 이런 점을 감안하면 집권 2기에 트럼프가 미국 내정과 세계 문제를 진지하게 고민하며 행동하는 성숙한 지도자로 순항할 가능성은 상당하다.[40]

한편, 트럼프는 1990년부터 "소련 해체를 막지 못한 고르바초프는 약한 지도자, 천안문 시위 사태를 힘으로 진압한 덩샤오핑은 훌륭한 지도자"라며 강권 통치를 하는 독재국가 지도자들을 칭찬했다.[41] 하지만 외교적 발언을 한 것을 제외하면 트럼프가 최근 30여 년 동안 독재국가 정상들과 비밀 거래나 야합野合을 했다는 증거는 없다. 자신의 의도와 속도대로 전체주의 국가들을 관리하는 수단으로 사용했을 뿐이다.

---

38 "Takeaways from CNN's presidential debate with Biden and Trump", *CNN* (June 28, 2024), https://edition.cnn.com/2024/06/27/politics/takeaways-biden-trump-debate/index.html

39 "Donald Trump's Victory Speech in Full: Transcript", *Newsweek*(November 6, 2024)

40 "Donald Trump's victory was resounding. His second term will be, too." *Economist* (November 7, 2024)

41 "Playboy Interview: Donald Trump", *Playboy*(March, 1990), https://www.playboy.com/magazine/articles/1990/03/playboy-interview-donald-trump

도널드 트럼프의 지지자들　　　DIVINE INTERVENTION MINI BOX

〈워싱턴포스트〉와 에디슨 리서치Edison Research가 2020년 11월 3일 미국 대선 투표일 당일에 2만 5천여 명의 유권자를 상대로 실시한 출구조사에서,[42] 트럼프는 백인 남성층에선 61% 지지를 받았다. 종교별로는 백인 복음주의 개신교도들의 트럼프 지지율(76%)이 바이든(24%)의 세 배가 넘었다. 대졸 이하 층에서 트럼프 지지율(50%)이 바이든(48%)보다 높았으나, 대졸 이상 층에선 트럼프(43%)가 뒤졌다.

　가구 총소득의 경우, 5만 달러 미만과 5만~10만 달러 계층에서 트럼프의 지지율은 44%, 42%였으나 10만 달러 이상 고소득층(54%)에서는 바이든(42%)을 제쳤다. 트럼프 지지자들의 평균 소득은 전체 유권자의 평균 소득을 웃돌았다. 트럼프 지지자들 가운데는 부자가 많다.[43]

　아베 신조 일본 총리는 회고록에서 "트럼프가 무리하다고 여겨진 대선 공약까지 대부분 실현해 낸 것은 이에 호응하는 사람이 꽤 많기 때문이라 생각한다"며 "나는 엘리트층에도 상당한 트럼프 지지자가 있지 않았나 생각한다. 그렇지 않았다면 그렇게 강하게 밀어붙이지 못했을 것"이라고 밝혔다.[44]

표 2-4 소득별 트럼프 vs 바이든 지지 비율

(단위: %)

연간 가족 소득	바이든	트럼프
3만~5만 달러 미만	56	44
5만~10만 달러 미만	57	42
10만~20만 달러 미만	41	58
20만 달러 이상	44	54

출처: "Exit poll results and analysis for the 2020 presidential election", *Washington Post*(December 14, 2020)

42　"Exit poll results and analysis for the 2020 presidential election", *Washington Post* (December 14, 2020)

43　"[Analysis] White Trump voters are richer than they appear", *Washington Post* (November 12, 2019)

44　安倍晉三 回顧錄,《아베 신조 회고록》(2024), pp.253~254

3. 트럼프의 백악관 4년 무엇이 달랐나?

2017년부터 백악관에서 4년 동안 지낸 트럼프는 대통령직 업무 수행 방식에 관한 새로운 정의定義를 세웠다. 그는 미국 대통령의 전통적 행동 양식과 단절했다. 매일 오전 5시 30분쯤 기상한 뒤 첫 일정부터 남달랐다.

그가 침실master bedroom에서 맨 먼저 하는 일은 TV 리모컨 스위치를 켜는 일이었다. 이어 CNN 뉴스와 폭스뉴스의 〈폭스 앤 프렌즈Fox & Friends〉, MSNBC의 〈모닝 조Morning Joe〉를 주로 시청했다.[45] 트럼프 자신과 기술직원 외에 어느 누구도 그가 쓰는 TV 리모컨에 손을 댈 수 없었다.

기상 후 맨 먼저 TV 리모컨 켜

전통적으로 미국 대통령은 백악관 내 집무 공간인 웨스트윙West Wing의 오벌 오피스Oval Office(타원형 집무실)에서 15분 단위로 이어지는 회의를 주재하거나 참석했다. 직전 대통령인 버락 오바마는 오벌 오피스를 성소聖所처럼 다루며 제한된 경우에만 개방했다.

하지만 트럼프는 오벌 오피스에서 조금 떨어진 지하의 작은 다이닝룸dining room에서 업무 시간의 상당 부분을 보냈다. 이곳에서 매일 5~6개의 신문을 쌓아 놓고 점심 식사도 했다.

트럼프는 다이닝룸 벽에 60인치 크기의 대형 TV를 설치해 놓고 여

---

45 "Inside Trump's Hour-by-Hour Battle for Self-Preservation", *New York Times* (December 9, 2017)

러 TV 프로그램을 동시 녹화할 수 있는 슈퍼 티보Super TiVo 시스템을 장착했다. 일종의 미디어 벙커media bunker로 꾸민 이곳에서 그는 하루 평균 4시간, 많을 때는 8시간을 보냈다고 미국 언론과 측근들은 전한다.

다이닝룸에서 매일 4~8시간 보내

트럼프는 보수 매체 외에 자신에 비판적인 방송 프로그램 화면 자막字幕까지 유심히 모니터링했다. 시사 프로그램과 연방의회 청문회 장면 등을 녹화했다가 소수의 참모와 보면서 대응 방향을 논의하고 출연자들을 촌평하기도 했다.

그는 TV를 수동적으로 시청하지 않았다. 매일 새벽부터 오전 10시 이전에 트위터twitter로 주요 현안에 대한 자신의 생각과 방침을 올리고 이에 대한 반응을 확인하는 통로로 활용했다. 'TV 시청 → 트윗 메시지 → TV 재확인 → 트윗 메시지 재발신' 방식으로 국민과 언론을 상대로 민주주의 역사상 전례 없는 '트위터 정치'를 했다. 〈뉴욕타임스〉 워싱턴지국의 피터 베이커Peter Baker 백악관 취재팀장은 이런 에피소드를 공개했다.

헬스케어 문제를 놓고 폴 라이언 연방하원의장 등과 회의를 하다가 너무 지겨워한 트럼프는 말없이 일어나 다이닝룸으로 가서 TV를 켰다. 라이언은 그 사실을 모르고 계속 떠들고 있었다. 트럼프가 한동안 돌아오지 않을 것이라고 생각한 마이크 펜스 부통령이 다이닝룸으로 와서 트럼프를 설득해 겨우 데려갔다.[46]

'마법의 검'인 트위터 정치

트럼프의 '트위터 정치'는 불가피한 측면이 있었다. 폭스뉴스 등 자신에게 우호적인 극소수 보수 매체를 제외한 워싱턴의 주류 언론 매체들은 하나같이 트럼프에 비판을 퍼부었다. 백악관과 행정부 안에는 자신과 이념과 정책을 마음 놓고 공유하며 상의할 수 있는 충성심과 능력을 갖춘 참모가 손에 꼽을 정도로 드물었다.

자신이 생각하는 의제議題를 밀어붙일수록, 내부 회의에서부터 그에게 자제하라는 압력과 반대하는 의견이 쏟아졌다. 이런 분위기에서 미국민과 전 세계에 즉각 전달되는 트위터는 고립된 트럼프가 대통령으로서 파워를 행사하고 여론을 움직이는 유일한 '마법魔法의 검劍'이었다. 트위터로 그는 전국적 의제를 통제했고, 분노를 표출했고, 자신을 칭찬하거나 과시했으며, 새로운 메시지를 시험하고, 음모론을 퍼뜨리며, 장관급 고위 각료를 해고했다.

대부분 혼자 트윗 작성 ⋯ 강도 세계

대부분의 트윗 내용을 트럼프는 상의 없이 혼자 작성했다. 극히 일부는 댄 스카비노Dan Scavino 백악관 소셜미디어 담당 국장에게 초안을 맡겼다. 스카비노가 큰 글자로 초안을 만들어 톤tone을 각각 '세게hot' '중간 medium' '부드럽게mild'로 단계별 의견을 곁들여 제시하면, 트럼프는 항상

---

46 Peter Bake & Susan Glasser, *The Divider*(2022), p.12

'세계'를 선택했다.[47] 매일 오전 10시 전에 하루 전체 트윗의 절반 정도를 올렸다.

그는 참모들이나 방문객들 앞에서 "이것 봐" 하면서 자신이 트위터에 몇 마디 쓰면 1~2분 만에 TV 화면에 뜨고 전 세계가 요동치는 걸 보여 주면서 트위터의 위력을 자랑했다. 트위터는 '성과를 내려면 국민의 이해와 지지를 얻을 수 있도록 메시지를 퍼트리는 법을 알아야 한다. 언론의 좌파적 편견을 이겨 내고 국민에게 직접 호소하겠견'는 평소 생각을 실현하는 창구였다.

백악관 생활 초기에 트럼프는 자신의 가족 소유 기업인 트럼프 기업 The Trump Organization을 경영한 것처럼 백악관을 운영하려 했다. 대통령직 업무를 차근차근 배우기보다 자신의 직관直觀과 감感, 순발력으로 해결하려 한 것이다. 그는 1쪽이 넘는 브리핑 자료는 거의 읽지 않았고 "대부분의 정보를 TV를 통해 얻는다"고 얘기했다.

직관과 감, 순발력으로 대응

역대 대통령들은 매일 주요 국가안보 이슈에 관한 일일 보고서PDB: President's Daily Brief와 브리핑을 받고 주말에도 정보기관이 취합하여 정리해 준 국내외 비밀 정보를 담은 보고서를 읽었다. 그러나 트럼프는 백악관 생활 초기 5주일 동안 매주 2.5일만 국가안보 브리핑을 접했다. 태블릿 컴퓨터로 매일 밤 대통령 일일 보고서PDB를 미리 읽고 공부한

---

47 Peter Bake & Susan Glasser, *The Divider*(2022), p.13

오바마와 달리 트럼프는 회의 전에 이 자료를 읽은 적이 거의 없었다. 그나마 종이 인쇄본을 잠깐 봤다.

전문가들은 이런 일탈과 파격에 경악했지만, 트럼프는 "PDB 내용이 너무 반복적이어서 시간 낭비다"라며 새로운 진전 상황에 대해서만 브리핑 받기를 원했다.[48] 세 권의 트럼프 연구서를 냈고 트럼프와 흉금을 터놓고 지내는 뉴트 깅리치 Newt Gingrich 전 연방하원의장은 이와 관련해 "트럼프는 불필요한 디테일에 빠지는 것을 거부했다. 그가 기존 관행대로 했다면 대통령직을 제대로 수행하지 못했을 것"이라며 이렇게 말했다.

'디테일' 빠지지 않고 큰 그림에 집중

대통령은 사자 lion가 되어야 한다. 사자는 다람쥐 chipmunk를 사냥해 먹고 살 수 없다. 아주 힘들게 다람쥐를 잡는다고 해도 사자는 굶어 죽는다. 대신 사자는 영양 antelope 같은 큰 동물을 잡아먹어야 한다. 레이건 대통령이 사자 같은 리더였다. 그는 소련, 미국 경제 증대, 미국 정신 부활이라는 세 가지에 초점을 맞추고 다람쥐 잡는 일은 짐 베이커 비서실장에게 맡겼다. 트럼프도 레이건처럼 영양을 잡는 것 같은 큰 그림에 집중했다.[49]

대통령 당선 후 트럼프는 자신을 미국이 기다려온 영웅이자 난세의 스트롱맨으로 규정했다. 백악관과 연방정부에 수십 년 넘게 적용되어 온 규칙과 관습 준수를 거부하고 외국 정부와 로비스트들에게 많은 비

---

48 Newt Gingrich, *Understanding Trump*(New York: Center Street, 2017), p.36
49 위의 책, pp.37~38

용을 청구하려 했다. 참모와 각료들의 조언에도 트럼프는 요지부동이었다. 그는 세밀한 주의와 거리가 멀었고 디테일을 무시했으며 모순된 행동과, 진실이 아닌 사실에 불편해하지 않았다.[50]

대통령이 되기 전 공적인 자리에 하루도 몸담은 적 없었던 트럼프는 2016년 대선 승리를 확신하지 못했다. 따라서 세부 정책과 백악관과 내각을 채울 믿을 만한 고위 인사 명단도 준비하지 못했다. 통치 행위와 국정 운영에 관한 한 가장 덜 준비되고 경험 없는 미국 대통령이었다. 그는 푸에르토리코가 미국 영토인지 몰랐고, 콜롬비아가 북미 또는 남미 어디에 있는지 헷갈려 했다. 제1차 세계대전 발발 원인을 혼동했고, 핀란드가 러시아의 일부라고 생각했다.

그는 참모들에게 "대통령은 어떻게 전쟁을 선포하지?"라고 물었다. "전쟁 선포권은 연방의회에 있다"는 미국 헌법 조항을 몰랐기 때문이다. 트럼프는 국정 운영과 국제 문제 등에 대해 교육받는 것을 회피했다. 30분 동안 파워포인트 16장으로 주요 사항을 설명하겠다는 참모의 제안을 트럼프는 "필요 없다"며 물리쳤다.

자연스런 대화 통해 학습

대신 그는 비행기 옆자리에 앉아서 또는 같이 걸어가면서 자연스런 대화 casual chat 나누는 것을 즐겼다. 이때 트럼프는 궁금한 사항을 묻고 대답을 주의 깊게 들으며 의문을 해소하고 온전히 자신의 지식과 관점, 아이디

---

50 "Inside Trump's Hour-by-Hour Battle for Self-Preservation", *New York Times* (December 9, 2017)

어로 만들었다. 지식 자체를 중시하기보다 목표 달성 수단으로 지식과 정보를 이용하는 기업가entrepreneur 같은 접근이었다.[51]

백악관에서 트럼프는 엄청난 자신감supreme confidence으로 가득 차 있었다. 많은 전문가와 조사기관의 예상을 모두 깨고 자기 방식으로 단번에 대통령이 됐기 때문이다. '내 방식이 옳고 내 방식대로 하면 성공한다'고 믿었다. 실제로 2016년 대통령 선거에서 그는 정치 컨설턴트 고용, TV 광고 같은 판에 박힌 선거 방식을 거부하고, 소수의 참모와 함께 본능과 개인기로 돌파해 대통령이 됐다.

그는 백악관에서도 이런 방식을 지속했다. 4성 장군 출신의 존 켈리 비서실장 등이 오전 9시 또는 9시 30분까지 출근해서 회의해 달라고 요청했지만, 그가 참석하는 오벌 오피스 회의는 보통 11시나 11시 30분에 시작했다.[52]

"내 방식 옳다"는 자신감

그러면서 트럼프는 항상 누구보다 건강해 쉬지 않고 일하며, 총기 있고, 최고의 교육을 받은 슈퍼맨으로 비쳐지길 원했다. 어느 날 비서실 직원 한 명이 호프 힉스Hope Hicks 백악관 공보국장communication director(우리나라의 대통령 홍보수석)에게 "트럼프가 지쳐 보인다"라고 하자, 힉스는 "트럼프는 지치지 않는다. 그는 절대로 병들지 않는다"라고 정정해 주었다.[53]

---

51 Newt Gingrich, *Understanding Trump*(2017), p.7
52 Peter Baker & Susan Glasser, *The Divider*(2022), p.12

그는 2016년 대선에서 주요 도시 가운데 가장 낮은 4% 득표에 그친 워싱턴DC와 4년 내내 사실상 담을 쌓고 살았다. 백악관 밖으로 외출할 경우, 그는 네 블록 거리의 트럼프 호텔이나 25마일 떨어져 있는 버지니아주 트럼프 내셔널 골프클럽Trump National Golf Club을 이용했다. 트럼프 가족 기업 소유가 아닌 워싱턴DC 내 레스토랑이나 호텔은 한 번도 이용하지 않았다. 여름과 겨울 휴가철에는 뉴저지주 배드민스터에 있는 트럼프 내셔널 골프클럽이나 플로리다의 마라라고 리조트로 갔다.

형식보다 실질 중시

워싱턴DC 최고의 공연예술장인 케네디센터Kennedy Center에 마련된 대통령 좌석에 앉아 관람하거나 행사에 참석한 적도 없다. 딱 한 번 워싱턴내셔널팀이 주최하는 프로야구 메이저리그 월드시리즈 게임에 참관했다가 관중들의 야유를 받았다.[54] 다른 대통령과 달리 그는 '후려치기' 같은 가격 흥정을 했다.

당선자 신분이던 2016년 12월 초 무렵, 그는 "보잉사의 차세대 대통령 전용기인 보잉 747-8의 가격이 대당 40억 달러라는 것은 말이 안된다. 가격을 내리지 않으면 주문을 취소하겠다"고 트윗을 날렸다.[55]

53 Peter Bake & Susan Glasser, *The Divider*(2022), p.3

54 "Trump draws boos when introduced to crowd at World Series", *AP News*(October 28, 2019)

55 "Trump slams Boeing deal for new Air Force One", *USA Today*(December 6, 2016)

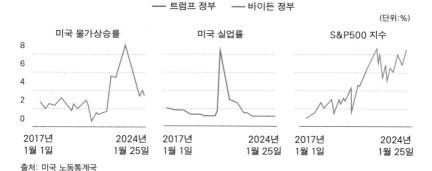

그림 2-2 트럼프 정부와 바이든 정부의 경제 지표 비교

── 트럼프 정부   ── 바이든 정부

(단위:%)

미국 물가상승률　　　　　미국 실업률　　　　　S&P500 지수

2017년　　　　2024년　　2017년　　　　2024년　　2017년　　　　2024년
1월 1일　　　1월 25일　1월 1일　　　1월 25일　1월 1일　　　1월 25일

출처: 미국 노동통계국

미국 대통령이 물건 값을 흥정하는 초유의 사건이었다. 보잉사는 18개월간의 밀고 당기기 끝에 10억 달러 이상 값을 낮춰 계약을 맺었다. 트럼프는 한 대당 9,800만 달러에 달하는 최고가 비행기인 F-35 폭격기 90대 구매 가격을 9,100만 달러로 약 7% 깎았다.

취임 직후 애플 CEO인 팀 쿡Tim Cook으로 하여금 미국에 제조 공장 세 개를 짓도록 한 트럼프는 백악관 초청 만찬과 공장 현지 방문으로 임기 내내 그를 압박했다. 이런 모습은 트럼프가 회의 참석 같은 형식보다 손에 잡히는 성과를 중시하는 실용주의자임을 증명한다. 4년간 공백기를 가진 그가 백악관에 복귀해서 과거 방식을 되풀이할지 또는 달라진 모습을 보일지 주목된다.

트럼프 1기의 성과

도널드 트럼프는 2021년 1월 대통령 임기를 마치고 백악관을 떠나면서 〈트럼프 행정부 성취〉라는 문서를 발표했다. 17개 분야에 걸쳐 4년 동안 그가 거둔 업적들을 나열했다. 이 가운데 1~3번은 '전례 없는 경제 호황Unprecedented Economic Boom', '중산층을 위한 세금 감면Tax Relief for the Middle Class', '막대한 규제 완화Massive Deregulation' 등 모두 경제와 관련 있다. 공정한 무역, 에너지 독립, 헬스케어, 코로나19 대응, 노동자 및 가족에 투자, 연방사법부 재구축, 이민 통제, 안전한 지역 공동체, 종교 자유, 교육 기회 확대 등도 있었다.

표 2-5 트럼프 1기의 주요 업적

분야	주요 업적 내용
경제 호황	코로나19 발발 전까지 700만 개 신규 일자리 창출, 중산층 가구 소득 6천 달러 증가, 50년 만에 가장 낮은 실업률(3.5%) 달성, 실업보험 청구 숫자 사상 최저 기록
중산층 감세	7만 5천 달러 버는 4인 가족 가구에 최소 2천 달러 이상 세금 감면, 법인세율 35%에서 21%로 하향, 기업들 해외에서 미국으로 1조 5천억 달러 송금, 총 3조 2천억 달러 세금 감면
규제 완화	신규 규제 1개당 8개의 옛 규제 철폐, 매년 미국 가구에 평균 3,100달러 지급, 규제 규정 대폭 철폐로 5천억 달러 비용 절감, 규제 철폐로 역대 대통령 중 가장 많은 2만 5천 쪽 분량 관보Federal Register 삭제
미국 리더십	NATO 회원국들 2024년까지 4천억 달러 방위비 증대 약속, 국제연합UN 개혁으로 13억 달러 비용 절감, 한국·일본의 방위비 분담금 증액, 24개국의 억류·구금된 미국인 56명 본국 송환
국방력 재건	1947년 이후 최초로 우주방위Space Force사령부 신설, 4년간 2조 2천억 달러 방위비로 군 재건, 미군 및 군 가족에게 10년 만에 최고 임금 인상, 전 세계 테러리스트 및 지도자들 제거, 사이버 방어 역량 강화

출처: "Trump Administration Accomplishments"(January, 2021)
https://trumpwhitehouse.archives.gov/trump-administration-accomplishments/

4. 트럼프의 가족은 무엇이 특이한가?

트럼프는 뉴욕 퀸스Queens의 자메이카 이스테이트Jamaica Estates에서 유소년 시절을 보냈다. 그곳은 유색 인종 없이 백인만 사는 동네였다. 트럼프 부모의 집은 방 23개, 화장실 9개의 저택이었다. 아버지 프레드는 파란 캐딜락 리무진으로 출퇴근하고, 트럼프는 어머니와 빨간 컨버터블 스포츠카로 등하교할 정도로 부유했다.

아르바이트하며 엄격한 규칙 준수

하지만 트럼프는 교회 예배 참석 같은 신앙생활, 근검절약, 귀가 시간 엄수 같은 규칙을 지켜야 했다. 집 안에서 욕설과 군것질도 금지됐다. 그는 형제들과 같이 빈병 팔기, 신문배달 같은 아르바이트로 용돈을 벌었다.[56] 그는 5세부터 교복 차림에 찬송가를 부르며 수업을 시작하는 사립학교를 다녔다. 여름방학에는 캠프에 입소해 스스로 침구 정리와 야간 보초 등을 했다.

하지만 초등학교 2학년 때, 교실에서 선생에게 주먹질로 얼굴에 멍이 들게 해 근신 처분을 받을 정도로 반항아였다. 그는 "음악 선생이 '음악에 대해 아무것도 모른다'고 꾸짖어서 주먹을 휘둘렀다"고 했다.[57]

---

56 Gwenda Blair, *Donald Trump, Master Apprentice*(2005), 《도널드 트럼프의 부와 명예 그리고 거짓》(서울: 미래와 경영, 2009), pp.18~19

57 Donald Trump, 《거래의 기술》(2016), p.99

폭력 난무하는 군사학교에서 5년

13세이던 1959년부터 5년간 트럼프는 뉴욕시에서 북쪽으로 100km 떨어진 곳에 있는 뉴욕군사학교NYMA: New York Military Academy에서 중고교 과정을 마쳤다. 반항하고 문제를 일으키는 그의 성격을 다스리기 위해 부모가 입학시켰다. 가혹한 신고식과 폭력이 난무하는 거친 NYMA에 트럼프는 의외로 잘 적응했다.[58] 그는 여러 스포츠를 두루 잘했고, 야구에 소질을 보여 학교 야구부 주장 겸 투수로 시속 80마일(약 128km)의 공을 던졌다.

그는 "내가 스포츠에서 배운 교훈은 정확성, 본능, 박자에 대한 중요성이다. 사업에서도 이 세 가지를 갖춰야만 승자가 될 수 있다"고 말했다.[59] 지는 걸 못 참고 반드시 승리하려는 트럼프의 투지는 이때부터 형성됐다.

독일계 미국인인 아버지 프레드 트럼프Fred Trump는 매일 아침 6시에 공사장으로 출근하는 일중독자로, 성공을 위해서라면 거짓말과 보복도 괜찮다는 냉혈한冷血漢에 가까웠다.

작은 못 하나도 아끼는 구두쇠에 술을 마시지 않았던 트럼프의 아버지는 자녀들에게 "강한 인간이 돼라"고 다그쳤다. 어머니 메리 앤Mary Anne은 아파 누워 있을 때도 가족 행사를 열어 다른 식구들로부터 관심을 받고 싶어 하는 '관심종자' 기질이 강했다. 트럼프는 어머니에 대해 이렇게 말했다.

---

58 Marc Shapiro, *Trump This! The Life and Times of Donald Trump: An Unauthorized Biography* (New York: Riverdale Avenue Books, 2016), pp.23~31

59 Michael D'Antonio, *The Truth about Trump*(2016), p.46

나는 어머니로부터 쇼맨십을 물려받은 듯하다. 어머니는 극적이고 위대한 것에 대한 육감六感을 갖고 있었다. (중략) 어머니는 엘리자베스여왕의 대관식을 TV를 통해 온종일 꼼짝 않고 시청한 적이 있다. 어머니는 화려한 광경에 매료되었고 충성심·영광 등의 느낌에 푹 빠진 듯했다.[60]

어렸을 때부터 아버지의 수제자

트럼프가 청년 시절부터 미친 듯 일하고, 쉬지 않고 경쟁자와 싸우며, 반드시 승리하려고 집착해온 것은 아버지 영향이 크다. 트럼프 전기傳記를 쓴 그웬다 블레어 Gwenda Blair 컬럼비아대학 저널리즘스쿨 교수는 "트럼프는 어렸을 때부터 아버지의 수제자였다"며 이렇게 말했다.

그는 건설현장에서 아버지가 무슨 말을 하고 어떻게 관리하는지를 보고 배웠다. 건설 공구들을 직접 기름칠하며 고쳤고, 수백 명의 인부들을 어떻게 배치해야 일이 원활하게 돌아가게 되는지를 경험했다. 차를 타고 가는 중에도, 커피를 마시면서도 하루 종일 메모장과 서류 뭉치를 들고 아버지 옆에서 일을 보고 배웠다.[61]

집에서 가까운 뉴욕 브롱크스 소재 포드햄대학Fordham University 경영학부에 입학한 트럼프는 대다수 학생들과 달리 술·담배를 하지 않았다. 2년 후 트럼프는 아이비리그에 속한 펜실베이니아대학 와튼스쿨에 편입했다.

---

60 Donald Trump, 《거래의 기술》(2016), p.107
61 Gwenda Blair, 《도널드 트럼프의 부와 명예 그리고 거짓》(2009), pp.28~29

대학 때부터 "뉴욕 부동산 업계 왕이 되겠다"

부동산 개발 과목 첫 시간에 교수가 "왜 이 과목을 수강하는가?"라고 묻자, 트럼프는 "저는 뉴욕 부동산 업계의 왕이 되고 싶습니다"라고 했다.[62] 대학 시절 친구들이 신문의 만화나 스포츠 기사를 읽고 있을 때, 트럼프는 정부에서 융자를 받았다가 저당권을 잃은 건물의 목록을 살펴봤다.

그는 "많은 사람이 나를 타고난 사업가로 생각하지만, 사업은 극도의 훈련과 고도의 집중력을 요하는 후천적인 기술이다. 와튼스쿨 입학을 결심한 뒤로 나는 매우 진지하고 열성적인 경영학도가 됐다"고 말했다.[63] 트럼프의 유일한 조카이자 임상심리학자인 메리 트럼프 Mary Trump는 가족사의 비화를 바탕으로 다른 견해를 제시한다.

"트럼프는 평생 '겁에 질린 소년'"

트럼프의 어머니는 다섯 번째 자녀를 출산하면서 과다 출혈로 비상 자궁절제술을 한 후 건강 악화로 어머니로서 역할을 못하고 자기중심적으로 살았다. 폭압적이며 군림하는 성격의 아버지로 말미암아 "트럼프는 아동기 이래로 사실상 어머니 없이 mother-less 사랑받지 못하고 겁에 질린 소년 a terrified little boy 으로 살아왔다"는 것이다.[64] 메리 트럼프는 이렇게 말했다.

---

62 Michael D'Antonio, *The Truth about Trump*(2016), pp.68~69

63 Donald Trump, 《최선을 다한다 하지 말고 반드시 해내겠다 말하라》(2010), p.63

64 "He Is and Always Will Be a Terrified Little Boy", *POLITICO Magazine*(July 13, 2020)

트럼프의 아버지는 장남 프레디가 자신의 사업을 물려받기를 원했다. 하지만 프레디가 아버지의 기대를 충족시키지 못해 학대를 받으면서 알코올 중독에 빠져 사망하는 것을 본 도널드 트럼프는 형과 같은 운명을 피하기 위해 아버지를 닮기로 했다. 항상 승리했고 위대하다고 주장하며 상대를 겁박하는 트럼프의 성격은 숨겨진 공포와 고통, 애정결핍에서 비롯됐다.[65]

'세상에는 승자勝者와 패자敗者 두 종류만 있다. 패자는 세상에서 중요하지 않고 아무것도 아닌 존재'라는 아버지의 세계관에 압도된 트럼프가 이를 추종했다는 것이다. 그는 아버지와 똑같이 항상 승자가 되려 했다. '술은 사람을 망치므로 입에 대지 않아야 한다'는 생각까지 물려받았다.

모범적인 3남 2녀 … 교육 잘 시켜

트럼프는 세 차례 결혼으로 5명의 자녀를 두었다. 이들 3남 2녀는 모두 마약이나 술, 이성 문제로 소란을 피우지 않고 모범적인 삶을 살고 있다. 2016년 대통령 선거에서 맞붙은 힐러리 클린턴Hillary Clinton 민주당 후보는 "트럼프 자녀들은 다 능력 있고 헌신적able and devoted이다"라며 공개 칭찬했다.[66]

젊은 시절 트럼프는 아이들과 체육대회에 자주 참가했다. 트럼프가 차남 에릭과 함께 전미全美 테니스 대회를 참관하거나 장녀 이방카와 야구대회에 참가한 과거 사진들을 디지털 공간에서 쉽게 찾아볼 수 있다.

---

65 Mary Trump, *Too Much and Never Enough*(New York: Simon & Schuster, 2020)
66 "Clinton calls Trump's children 'able and devoted'"(October 10, 2016)
    https://www.youtube.com/watch?app=desktop&v=tnSIn9UxnVo

장녀인 이방카는 2004년 한 인터뷰에서 "매일 아침 등교하기 전에 우리는 모두 1층에 내려가 아버지와 포옹하며 키스를 하곤 했다. 어릴 때부터 아버지는 우리더러 '이렇게 해봐!' 하며 격려해 주었다"고 말했다.[67] 작은딸 티파니도 "아빠처럼 지혜롭고 근면하며 또 품이 넓은 분과 같이 산다는 데 대해 정말 감사해요", "아빠의 변함없는 사랑과 지도 그리고 신뢰에 감사해요"라는 글[68]을 인스타그램에 올렸다.

손주들도 술·담배·마약 금지 가훈 지켜

트럼프는 "아이들이 성장하는 과정에서 아직 '음주'가 무엇인지 잘 모를 때부터 '술을 마시거나 담배를 피워선 안 되고 마약을 흡입해서도 안 된다'고 강조했다"고 밝혔다. 아이들이 학교에 가기 전에 '예방주사를 놓듯' 술·담배·마약의 해로움을 훈계하며 3개 금지를 가훈家訓으로 삼았다. 이방카와 에릭은 "아버지가 매일 등교 전에 엄격한 훈계를 반복하곤 했다"고 했다.

첫 번째 부인 이바나Ivana와의 사이에서 태어난 트럼프 주니어, 이방카, 에릭 등 3명은 어머니와 외할머니 손에서 자랐다. 이바나는 자녀들이 술·담배와 방탕한 생활을 멀리하도록 가르쳤고 에이즈의 위험을 다룬 기사를 수십 번 소리 내 읽도록 했다.[69]

67 "Did Their Father Really Know Best?", *New York Magazine*(December 3, 2004)
68 https://www.instagram.com/tiffanytrump/p/CBtoa7zBVJ7/?img_index=1(June 22, 2020)
69 "Eric and Don have the Trump name, the money, the genes. Here's what makes them different", *Washington Post*(May 18, 2016)

트럼프의 결혼한 네 자녀는 모두 겸손하고 금욕적인데, 예외 없이 아버지의 정치 성향에 동의하면서 그를 돕고 있다. 6명의 손자와 3명의 손녀 등 9명의 손주들도 "술·담배와 마약은 모두 입에 대지 않는다"는 가훈을 따르고 있다. 트럼프의 맏손녀인 카이 트럼프Kai Trump(17세)는 2024년 7월 17일 미국 공화당 전당대회에서 트럼프 지지 연설을 했다.

트럼프와 그의 가족　　　　　　　　　　DIVINE INTERVENTION MINI BOX

트럼프 전 대통령과 그의 아버지, 그리고 그의 장남은 각각 3남 2녀를 두었다. 3대가 약속한 듯 똑같다.[70] 트럼프는 뉴욕 브루클린과 퀸스 일대에 중산층 아파트 건설로 큰돈을 번 아버지와 어머니의 넷째였다. 5남매 가운데 체이스은행 임원을 지낸 둘째 누나 엘리자베스가 유일하게 생존해 있다. 큰형인 프레드 주니어는 1981년 알코올 중독으로 사망했고, 미국 연방법원 판사를 지낸 큰누나 마리안은 2023년 세상을 떠났다. 트럼프의 강력한 지지자였던 동생 로버트는 2020년 71세로 사망했다.

트럼프는 첫 번째 부인인 체코 출신 패션모델 이바나 젤니치코바와의 사이에서 2남 1녀를 두었다. 장남 트럼프 주니어는 '트럼프 기업' 부회장으로 2024 대선에서 JD 밴스를 부통령 후보로 추천한 사실상의 '킹메이커'이다. 트럼프 1기 때 백악관 선임고문으로 일한 여동생 이방카 부부를 대신해 2기의 핵심 실세로 유력하다. 장녀인 이방카는 사업가 겸 패션디자이너로 남편 재러드 쿠슈너와 함께 백악관에서 활동했다. 트럼프 주니어와 이방카 두 사람 모두 와튼스쿨을 졸업해 아버지와 동문이다.

조지타운대학에서 재무경영학을 전공한 차남 에릭은 트럼프 기업의 부사장이자 자선사업가이다. 두 번째 부인인 말라 메이플스와의 사이에서 난 딸 티파니는 펜실베이니아대학을 거쳐 조지타운대학 로스쿨을 졸업했다. 모델 활동을 거친 변호사이다. 세 번째 부인인 슬로베니아 출신 모델인 멜라니아가 낳은 막내아들 배런은 14살 때 키 200cm가 됐다. 트럼프와 멜리니아의 신장은 각각 190cm, 180cm이다.

---

70 "An unusual first family", *Washington Post*(January 13, 2017)

5. 트럼프는 어떻게 '불사신 정치인' 됐나?

정치 입문 전인 1991년부터 2009년까지 도널드 트럼프가 운영하는 부동산과 카지노 사업체는 여섯 차례 파산했다.[71] 대통령이 된 후 그는 연방의회에서 두 차례 탄핵소추 당했고 퇴임한 뒤에는 미국 헌정사상 처음으로 형사 사건에 기소돼 유죄 판결을 받았다. 이혼도 두 차례 했다. 하지만 그때마다 오뚝이처럼 일어났다.

테플론처럼 끈질긴 트럼프

그래서 '테플론 돈Teflon Don'(테플론은 먼지가 붙지 않는 특수섬유 상표)[72]으로 불리는 그는 21세기 최고의 '불사조不死鳥 정치인'이다. 위기와 곤경에도 살아나는 그를 가리켜 만든 "누구도 트럼프를 쩔쩔매게 할 수 없다You can't stump the Trump"라는 슬로건과 트럼프 이름을 새긴 티셔츠, 골프공, 인터넷 밈meme(유행 콘텐츠) 등이 인기를 모으고 있다. 그가 불사조 정치인이 된 원동력은 무엇일까?

트럼프는 소년 시절 아버지 프레드 트럼프로부터 "세상에서 승자winner, 즉 킬러killer가 돼라"는 가르침을 들으며 자랐다. '킬러가 돼라'는

---

71 "Trump Bankruptcy Math Doesn't Add Up", *NBC News*(June 24, 2016); "Business career of Donald Trump", https://en.wikipedia.org/wiki/Business_career_of_Donald_Trump

72 "Teflon Don", *Poiitico*(August 21, 2015); "Rep. Anna Paulina Luna: Trump really is 'Teflon Don'", *Fox News*(March 22, 2024); "Many GOP insiders fear that Teflon Don is back", *Politico*(May 28, 2023)

156

말은 트럼프의 인생을 관통하는 불변의 지침이 됐다. 그에게 약함weakness이란 단어는 경쟁자를 공격하고 비난할 때에만 쓸 뿐 자기 삶에선 떠올려도 안 되는 금기어禁忌語였다. 약함은 취약성을 인정해 패배로 이어진다고 믿는 트럼프는 자신이 저지른 실수나 실패, 잘못을 사과는 커녕 인정하지도 않는다.[73]

윈윈보다 내 승리가 중요

청소년 시절부터 트럼프에게 세상은 제로섬zero-sum 게임의 무대이며, 상대방이 잘하면 그것은 곧 나의 패배였다. 그는 그래서 "나는 '윈윈win-win'을 믿지 않고 내가 이기는 것을 믿는다I believe that I will win"고 말한다. 이는 곧 남의 시선을 의식하는 감정이나 배려, 겸손함이 없는 나르시시스트narcissist 같은 정신 상태를 의미한다.

악조건에서도 승리하기 위해 그는 의식적으로 자기 안에 생기는 공포와 연약함을 쫓아내고 상대방은 가혹할 정도로 조롱하고 깎아내린다. 그러면서 트럼프는 "나는 대단한 일을 한 사람이다. … 나는 늘 이긴다. … 내가 하는 일이 그거다. 남들을 이긴다"고 되뇐다.[74]

그는 사회생활 멘토였던 로이 콘Roy Cohn(1927~1986년)의 영향을 받았다. 로이 콘은 트럼프 관련 소송에서 여러 차례 승소한 변호사로 트럼

---

73 "'Weakness Was the Greatest Sin of All': How a Lifelong Need to Seem Strong Made Trump Vulnerable", *POLITICO Magazine*(October 2, 2020)

74 "Is Donald Trump A Narcissist … Or A Bully? Here's What Psychologists Say", *Huffpost*(September 17, 2015)

프가 두 번 이혼하면서도 재산을 지키는 데 결정적 도움을 줬다. 그는 트럼프에게 "절대 포기하지 말고 쉽게 합의해 주지 말라. 즉각 반대 소송을 제기하라. 절대 패배를 인정하지 말고 무조건 이겼다고 우겨라"는 세 가지를 주문했다.[75]

승리에 목숨 거는 나르시시스트

심리학자들은 "도널드 트럼프 같은 나르시시스트는 언제나 자신이 이 세상의 '승리자'라는 것을 증명해야 한다고 느끼고 경쟁자들을 '패배자'로 폄하하는 경향을 보인다"고 지적한다. 실제로 그는 경쟁자들의 약점을 부각하며 승리자로서 자신의 우위를 반복 선언한다. 이런 행태가 정상적인 것만은 아니다. 성장기에 잘못 형성된 두려움과 애정결핍, 수치감을 숨기려는 무의식적인 감정에 이끌리는 경우가 많기 때문이다.

수차례 파산과 몰락 위기에서 트럼프가 복귀한 데는 이런 '멈출 수 없는 승리 의지 unstoppable will to win'가 작동했다.[76] 카지노 사업에서만 세 차례 파산해 수십억 달러의 빚을 진 그는 한 번도 '포기'라는 단어를 떠올리지 않았다고 했다.[77] 1991년 봄 가까운 컨설턴트에게 트럼프는 "조만간 〈타임〉 머리기사에 등장해 세기의 복귀 comeback of the century를 하겠다"는 결의를 보였다.

---

75 "Through all Trump's legal wars and woes, one lawyer's influence still holds sway", *NPR*(July 17, 2022)

76 Newt Gingrich, *Understanding Trump*(2017), pp.19~21

77 "Donald Trump's Lifelong Obsession with Comebacks", *POLITICO Magazine*(May 10, 2020)

세계적 유명 인사로 '세기의 복귀'

이듬해인 1992년 그는 〈뉴욕 매거진〉과 〈워싱턴포스트〉 커버스토리에 등장했다. 2004년부터는 NBC 방송의 〈어프렌티스The Apprentice〉(견습생)[78] 진행을 10년 넘게 맡아 세계적 유명 명사가 됐다. 〈어프렌티스〉는 미국 전역에서 뽑힌 견습생 참가자들이 트럼프의 회사 중 하나를 연봉 25만 달러에 1년 계약으로 경영하는 자격을 따기 위해 경쟁하는 프로그램이었다.

매주 트럼프가 1명씩 해고를 하며, 최후에 살아남은 1인이 승자가 된다. 이 방송에서 트럼프가 매번 사용한 "넌 해고야You're fired"라는 말은 세계적 유행어가 됐다. 트럼프는 14시즌 동안 방송 출연료로만 2억 달러 넘게 벌었다. 2004년 1월 8일 시작된 방송의 매주 평균 시청자 수는 2천만 명에 달했다. 이렇게 살아남은 트럼프에게 패배는 여러 승리 사이에 있는 거쳐 가는 잠깐의 상태a transitional state between wins일 뿐이다.

부富의 대명사 · 선망대상 된 'TRUMP' 브랜드

트럼프는 아버지가 하던 부동산 사업체 이름을 1971년 '트럼프 기업The Trump Organization'으로 변경한 후 자신의 이름을 딴 호텔과 골프장, 카지노 등을 인수하거나 새로 세웠다. 그는 1996년 미스 유니버스Miss Universe 조직을 인수해 매년 미스 유니버스, 미스 USA, 미스 틴 USA를 2015년까지

---

78 "Donald Trump Was the Real Winner of 'The Apprentice'", *New York Times*(September 28, 2020)

열었다. 영리목적 교육기관인 트럼프대학Trump University과 트럼프 모델 매니지먼트Trump Model Management, 트럼프 재단Trump Foundation, 유럽 개최 사이클링 대회인 '투르 드 트럼프Tour de Trump'도 운영했다.

호텔과 골프장, 주거시설, 카지노, 항공기 외에 스테이크, 생수병, 와인, 넥타이에 이르기까지 자신이 하는 거의 모든 일에 '트럼프TRUMP' 브랜드를 붙였다.[79] 시계, 향수, 잡지, 보드카, 남성의류, 남성 액세서리, 부정기선, 외식업체 등 각종 기업과 기구에 트럼프 상표商標 사용 계약을 맺어 수입을 올렸다.

불패·불멸·최고라는 트럼프 이미지

'트럼프' 브랜드는 대중들에게 '부의 대명사'이자 선망의 대상으로 자리 잡았다. 평판을 유지하려는 노력도 상당했다. 그가 보유한 호화 전용기의 내부 마스터 베드룸은 24캐럿 금金으로 치장했고 좌석의 안전벨트 버클까지 금으로 도금했다. 뉴욕 트럼프 타워 맨 꼭대기에 자신이 살고 있는 펜트하우스는 크리스털 샹들리에와 천장 그림부터 화장실 변기와 컵, 쓰레기통까지 온통 금으로 장식했다.

트럼프는 2005년 1월 24살 연하의 현 부인인 멜라니아와 결혼식 경비로만 4,200만 달러(약 530억 원)를 썼고, 그녀에게 15캐럿짜리 다이아몬드 반지(약 150만 달러, 약 21억 원)를 선물했다. 이런 행동은 '트럼프'는 남다르고 불멸不滅이라는 이미지로 이어졌다.

---

79 "From Manila to Hawaii, Meet the Licensing Partners Who Paid Trump the Most", *Forbes*(March 20, 2017)

자기 홍보와 브랜딩에 관한 한 천재 수준인 그는 "내 브랜드 가치는 100억 달러(약 13조 5천억 원)에 달한다. 나는 브랜드 덕분에 대통령이 됐다"고 말했다.[80] 트럼프는 무너져도 망하지 않고 다시 일어선다는 불패不敗 신화가 생긴 것이다.[81]

"싸워야 살아남는다"

2017년 5월 8일 오후 트럼프는 미국 시사주간지 〈타임〉 기자 3명을 백악관으로 초청해 내부 투어를 마친 뒤 가진 만찬에서 "살아남는 유일한 방법은 싸우는 것이다The only way you survive is to be combative"라고 말했다. 백악관의 한 고위 인사는 트럼프에게 세 가지 원칙이 있다고 털어놓았다.

> 옳다고 생각할 때는 싸워라. 논쟁이 벌어져야 메시지가 분명해진다. 절대 잘 못했다고 사과하지 마라.[82]

트럼프는 난관에 처하거나 공격받을수록 더 강한 모습을 보였고 실제로 더 강해졌다. 이런 행태는 그가 청소년 시절 5년 동안 뉴욕군사학

---

80 "A look inside Donald Trump's deposition: Defiance, deflection and the 'hottest brand in the world'", *AP News*(September 1, 2023)

81 "How Trump has made millions by selling his name", *Washington Post*(January 25, 2017)

82 "When you're right, you fight. Controversy elevates message. And never apologize." "Trump After Hours", *TIME*(May 11, 2017)

교에 보낼 때부터 몸에 밴 DNA에 가깝다. 이 과정에서 그는 '진실된 과장Truthful Hyperbole'을 구사한다. 자신이 살아남고 경쟁자를 물리치려면 허풍과 속임수, 공격적 언사도 거리낌 없이 사용해야 한다고 확신한다.

트럼프는 대통령 퇴임 이후 자신에게 가해지는 사법적 위험에 대한 대응도 남다르다. 2023년 8월 24일 그는 전직 미국 대통령으로는 최초로 감옥에 출두해 머그샷mug shot을 찍었다. 바로 다음 날 머그샷 사진을 담은 머그컵과 티셔츠 같은 기념품을 팔아 이틀 만에 710만 달러(약 94억 원)를 모았다. 사진을 활용한 NFT(대체 불가능한 토큰)도 만들었다.

머그샷은 "트럼프에 대한 검찰의 기소가 별일 아니다"라며 희화화하는 효과를 낳았다. 동시에 자신의 선거법 위반 혐의를 조사하고 재판하는 모든 절차가 민주당 등 정치적 반대파의 부당한 공격이며 정치 탄압이라는 메시지를 전했다. 그러면서 그는 "내가 여러분을 위해 고통을 겪는다. 나는 여러분의 목소리이고, 여러분의 응징이며, 여러분의 정의이다"라며 지지자들에게 호소했다.

분노정치의 대가

트럼프와 지지자들은 동일한 감정을 공유하는 한 몸통이 된다. 그는 이들에게 정치 지도자를 넘어 종교 지도자이자 구세주와 같은 존재로 격상한다. 대중 집회에서 'Trump is my president, Jesus is my savior', 'I stand for the flag I kneel for the cross' 같은 구호를 새긴 T셔츠, 모자가 잘 팔리는 게 증거이다.[83] 공통의 적에 대한 반감反感을 이용해

그림 2-3 트럼프 지지 구호가 새겨진 T셔츠

더 단합하고 세력을 확장하는 트럼프는[84] '분노정치 grievance politics'의 대가大家이다.

이 과정에서 트럼프는 막말을 가리지 않고 쏟아낸다. 대중이 듣고 싶어 하는 얌전한 말만 하는 기성 정치인들과 달리 트럼프가 선사하는 통쾌함과 담대함은 큰 매력이다. 지지자들은 미디어에서 논란이 되는 트럼프의 막말과 부정확한 사실事實에 개의치 않는다. 상황 변화에 따른 기민하고 순발력 있는 대응과 뛰어난 그의 지적知的 능력은 효과를 배가시키고 있다.

83 "Jesus is their savior, Trump is their candidate. Ex-president's backers say he shares faith, values", *AP News*(May 18, 2024)

84 "Donald Trump Is a Man Without a Past", *POLITICO Magazine*(October 4, 2023)

임기응변과 프레임 대응력

트럼프 백악관에서 부속실장으로 일한 롭 포터 Rob Porter는 "트럼프는 그때그때 본능적인 감으로 일하는 것을 좋아했다. 그는 미리 준비하면 임기응변 능력을 발휘할 기회가 없어지는 것처럼 행동했다. 계획을 하면 육감이 무뎌진다고 여기는 듯했다"고 말했다.[85] 자신을 형사처벌하려는 시도에 대해 트럼프는 "정적政敵 제거를 위해 스탈린 같은 공포 쇼를 벌이는 바이든 진영이 우리 전체를 공격하고 있다"는 프레임으로 반격했다.

이 프레임 덕분에 새로운 혐의가 추가되거나 재판이 벌어질 때마다, 수백만 달러의 후원금이 모였고 지지층은 더 결집했다. 킹스칼리지런던의 성격신경생리학자 아담 퍼킨스 Adam Perkins는 "트럼프는 호감 가는 사람은 아닐 수 있어도 결코 멍청하지 않다. 그는 아주 지적이고, 그의 성격 프로파일이 설정하는 목표를 달성하기 위한 문제해결능력도 뛰어나다"고 했다.[86]

표 2-6 트럼프의 4가지 형사 사건과 혐의

사건	혐의	진행 상황
2016 대선 캠페인 회계 조작 (성관계 입막음 돈 관련)	포르노 배우 스토미 대니얼스Stormy Daniels에게 지급한 13만 달러를 개인이 아닌 회사 경비로 처리	• 2024년 4월 15일 재판 개시 • 2024년 5월 30일 배심원 유죄 평결 • 2024년 7월 11일 판결
미국 조지아주 2020 대선 결과 전복 시도	조지아주 국무장관에게 대선 결과를 뒤집을 수 있는 부족한 표 찾으라고 전화	• 트럼프 기소한 조지아주 지방 검사장 패니 윌리스 자격정지 문제로 공전 중
2020 대선 결과 전복 기도	2021년 1월 6일 연방의사당 난입 사주使嗾	• 변호인단 '대통령 재임 중 면책' 주장 • 현재 연방대법원 판결 대기 중
백악관 재임 시 기밀문서 불법 유출	대통령 퇴임 시 백악관 기밀문서를 불법 반출하고, FBI 압수수색에 비협조	• 재판 일정 논의 중 • 2023년 2월 8일 조 바이든도 비밀문서 유출 드러남

85 Bob Woodward, *Fear*(2018), p.231

86 *Huffpost*(September 17, 2015)

6. 트럼프는 왜 항상 막말과 거짓말을 일삼나?

미국의 유명 심리학자들과 정신과 의사들 가운데는 트럼프를 '병적 나르시시스트', '억제되지 않는 극단적 쾌락주의자', '인지 장애자'라고 혹평하는 이가 많다.[87] 무엇보다 그의 발언에 거칠고 끔찍하고 민망한 내용이 많기 때문이다. 미국으로 오는 불법입국자들을 '동물 animal'이라 부르며 '미국의 피를 오염 poisoning blood of our country', '국경 피바다 border bloodbath' 같은 잔인한 표현을 쓰는 것부터 그렇다.[88]

경쟁자인 바이든 대통령은 '졸린 sleepy 바이든' '베이징 Beijing 조' '비뚤어진 crooked 바이든' 같은 10개 넘는 별명으로, 니키 헤일리 전 UN 대사는 '새대가리 birdbrain', 낸시 펠로시 전 연방하원의장은 '미친 crazy 낸시로 깎아내렸다.

거칠게 말할수록 확실한 위력

트럼프는 왜 거칠고 상스러운 막말을 입에 달고 살까? 가장 큰 이유는 자극적이고 거친 말이 힘을 발휘한다는 경험과 확신에서다. 그는 "점잖게 말했더니 듣는 척도 안 하던 사람들이 거칠게 나갔더니 태도가 확 달

---

87 Bandy X. Lee et al(eds.), *The Dangerous Case of Donald Trump: 27 Psychiatrists and Mental Health Experts Assess a President*(2017), 《도널드 트럼프라는 위험한 사례》(서울: 푸른숲, 2017)

88 "Trump Again Invokes 'Blood Bath' and Dehumanizes Migrants in Border Remarks", *New York Times*(April 2, 2024)

라져 고분고분해지더라"면서 "사람이란 거칠게 나갈 필요가 있을 때는 그렇게 해야 한다"고 했다.[89]

그는 대통령 재임 시절 자기가 올린 트위터 메시지 중 '좋아요[likes]'가 20만 개 넘게 달린 것들을 모아 큰 호응을 받은 원인을 주제, 타이밍, 사용 언어로 나누어 분석했다. 그 결과 '가장 충격적인 메시지가 가장 효과적'이라는 결론을 얻었다.[90]그래서 '어쩌다 거친 말'이 아닌 '항상 거칠게 하다가 아주 가끔 부드럽게 하는 말'이 그의 트레이드마크가 됐다. 그웬다 블레어 교수는 트럼프의 행동 특징으로 다섯 가지를 꼽았다.

'무슨 일이든 반드시 이겨라', '뻔뻔해지는 것에 인색하지 마라', '언제나 최상급 표현을 써라', '어떤 일이든 자기 자신을 홍보 수단으로 삼아라', '결과에 상관없이 이겼다고 우겨라'.[91]

막말과 비방할수록 언론 크게 실려

막말과 비방을 할수록 언론이 크게 다뤄 주는 것도 이유다. 트럼프는 어느 정치인보다 언론의 중요성을 잘 알고 기사화되는 것을 좋아한다. 그는 "18세 때인 1964년 뉴욕군사학교[NYMA]와 콘월[Cornwall]고교 간 야구시합에서 내가 홈런을 쳐 이긴 소식이 작은 지역 신문에 실린 일을 절대 못 잊는다. 신문에 소개된 게 그날 홈런을 친 것보다 훨씬 좋았다"

89　Donald Trump, 《거래의 기술》(2016), p.22
90　Bob Woodward, *Fear*(2018), pp.206~207
91　Gwenda Blair, 《도널드 트럼프의 부와 명예 그리고 거짓》(2009), pp.4~5

고 말했다.[92]

대통령 재임 시절 공화당 전국위원회 대변인 출신의 숀 스파이서Sean Spicer를 백악관 첫 공보국장으로 임명한 후 퇴임 때까지 모두 8번 바꾸었다. 비판적인 언론 매체들과 싸우면서도 언론의 사랑과 칭찬을 받고싶어 한 트럼프는 자신이 터득한 언론의 속성을 이렇게 얘기했다.

언론은 항상 좋은 기삿거리에 굶주려 있고, 소재가 좋을수록 대서특필하게 된다. 당신이 조금 색다르거나 용기가 뛰어나거나 무언가 대담하고 논쟁거리가 되는 일을 하면 신문은 당신의 기사를 쓰게 된다. 따라서 나는 일을 조금 색다르게 처리했으며, 논쟁이 빚어지는 것을 두려워하지 않았다. 그 때문에 신문이 나를 주목해 내 기사를 쓰지 못해 안달을 하게 됐다.[93]

허세와 과장의 중요성

그는 또 "사업적인 관점에서 보면, 기사가 나가면 항상 손해보다는 이득이 많기 마련이다. 〈뉴욕타임스〉에 1쪽짜리 전면광고를 하려면 4만 달러가 든다. 그래도 독자들은 광고 내용을 의심하는 경향을 보인다. 그러나 〈뉴욕타임스〉가 내 사업에 관해 다소 호의적인 기사를 한 줄이라도 쓰면 돈 한 푼 들지 않았지만 효과는 4만 달러 이상 나타난다"고 했다.[94]

개인적으로 피해를 입는 부정적인 내용이라도 언론에 소개되면 도움

92　"Was Donald Trump Good at Baseball?", *Slate*(May 5, 2020)
93　Donald Trump, 《거래의 기술》(2016), p.82
94　위의 책, p.82

이 된다고 그는 믿었다. 트럼프는 언론 홍보 효과를 극대화하기 위해 '허세'와 '과장'을 즐겨 사용했다.

> 일을 성공시키는 마지막 열쇠는 약간의 허세虛勢다. 사람들은 남들이 부추겨 주면 괜히 우쭐하기 마련이다. 약간의 과장은 아무런 손해도 가져오지 않는다. 사람들은 가장 크고 위대하며 특별한 대상을 신뢰하는 경향이 있는데, 나는 그런 속성을 '건전한 과장誇張'이라고 부른다. 그것은 과대망상의 순수한 형태로서 아주 효과적인 선전 수단이 될 수 있다.[95]

예측 가능한 패 보이면 안 돼

수치와 사실을 부풀리고 자극적인 막말을 하는 그의 행태는 이런 관점에서 이해해야 한다. 경쟁자들에게 막말과 조롱, 경멸적 표현을 퍼붓는데 대해, 그는 죄책감이나 미안함을 느끼지 않는다. 마키아벨리의 충고대로 이들에게 얕잡아 보이는 것보다 공포의 대상이 되는 게 유리하다는 확신도 한몫한다.[96]

외교에서도 그는 막말과 말바꾸기를 종종 구사한다. 중국을 겨냥한 무역전쟁을 벌이던 2019년 8월 23일, 트럼프는 시진핑 중국공산당 총서기를 '적enemy'이라고 공개적으로 불렀다.

---

95 앞의 책, p.84

96 "One should wish to be both, but because it's difficult to unite them in one person, it is much safer to be feared than loved", Niccolo Machiavelli, *The Prince*(New Haven: Yale University Press, 1997), Chapter 17

사흘 후인 8월 26일엔 그를 '위대한 지도자a great leader', '훌륭한 사람 brilliant man'이라고 높여 줬다. "오락가락하는 발언이 위험하고 대통령답지 않다"는 비판에 대해, 그는 "이것이 내가 협상하는 방식이다"라고 반박했다. 그는 자신의 협상 방식을 이렇게 밝혔다.

나는 예측 가능한 패턴을 드러내지 않는다. 나는 무슨 행동을 할지, 혹은 어떤 생각을 하는지 드러내고 싶지 않다. 나는 예측하기 어려운 사람이 되는 것이 좋다. (중략) 나에 대한 많은 비판자들은 모두 기존의 규칙을 따르고, 예측할 수 있는 단계를 밟으며, 통념에 맞추려고 노력하면서 온순하게 경기를 하느라 바쁘다. 나는 그런 식으로 행동하지 않는다. 싸움에서 패具를 드러내는 것은 저지르지 말아야 하는 아주 멍청한 실수다.[97]

상대방 뒤흔들고 초조감 유발

그의 막말과 말바꾸기는 고도로 계산된 행동이라는 말이다. 막말을 퍼부어 나의 공격 내용이 언론에 크게 보도되도록 하고, 적이 평정심을 잃도록 해 대결에서 승리를 따내려는 '미치광이 전략Madman Strategy'인 셈이다.

그는 협상에서 성공하는 방법으로 ● 상대의 관심을 불러일으켜 동요動搖를 일으킨다, ● '사건'을 일으켜 상대를 시험한다, ● 상대방의 초조감을 이용해 거래를 성립시킨다 등을 꼽았다.[98]

---

97 Donald Trump,《불구가 된 미국》(2016), p.52
98 Donald Trump,《거래의 기술》(2016), p.81, 100, 266

이는 "군사들에게서는 사기士氣를, 장군에게는 평정심을 빼앗는다"
는 《손자병법》 '군쟁軍爭 편' 구절과 동일하다.

트럼프는 '거짓 또는 잘못된 주장false or misleading claims과 오류'도 상습
적으로 한다. 그는 대통령으로 4년 재임하면서 총 3만 573개, 하루 평
균 21건의 거짓 또는 잘못된 주장을 했으며 이 중 절반은 임기 마지막
해에 했다.[99] 이는 지도층의 정직과 성실을 중시하는 미국 엘리트층에
게는 받아들이기 힘든 행태이다.

77개 트럼프 발언 중 76%가 거짓

트럼프에게는 "부도덕하고 신뢰할 수 없는 저급 정치인"이라는 꼬리표
가 따라다닌다. 그는 대통령이 되기 전부터 거짓말을 자주 했다. 미국
의 유명 사실 검증 사이트인 '폴리티팩트Politifact'는 2015년 12월 21일
"트럼프가 한 77개 발언을 검증한 결과, 76%가 '거의 거짓' 또는 '거짓'
으로 판명 났다"고 밝혔다.[100]

트럼프는 이 사이트가 선정한 '올해의 거짓말Lie of the Year' 1위로
2015년, 2017년, 2019년 세 차례 선정됐다. 대통령 취임 후 첫 1년 7개
월 동안 하루 평균 7.6건이던 '거짓 또는 잘못된 주장'은 1년 4개월 후
14.8건, 임기 마지막 해에는 21건으로 늘었다.[101] 2024년 4월 12일과

---

99 "Trump Made 30,573 False or Misleading Claims as President. Nearly Half Came in
    His Final Year", *Washington Post*(January 23, 2021)

100 https://www.politifact.com/personalities/donald-trump/

101 "[Fact Checker] In 1,095 days, President Trump has made 16,241 false or misleading
    claims", *Washington Post*(Jan. 19, 2020)

그림 2-4 트럼프의 거짓말 횟수(2017~2021년)

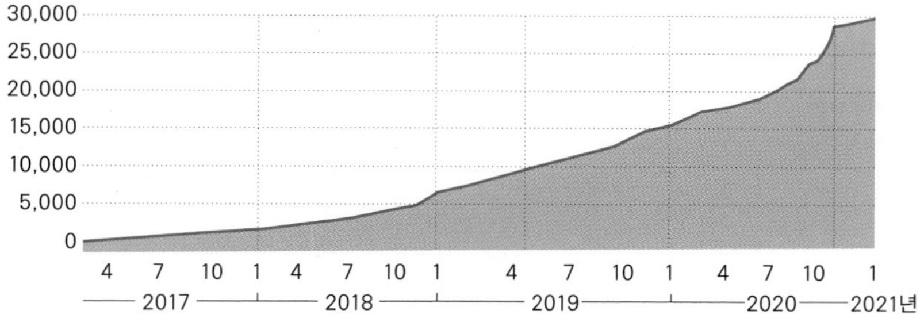

출처: *Washington Post*

같은 달 27일 두 차례에 걸친 시사주간지 〈타임〉과의 인터뷰에서 그는 32건의 부정확한 발언을 했다.[102]

그렇다면 다른 정치인들은 어떨까? '폴리티팩트'는 진실성 평가를 '진실 true', '대체로 진실 mostly true', '절반만 진실 half true', '대체로 거짓 mostly false', '거짓 false', '새빨간 거짓말 pants on fire' 등 6단계로 평가한다. 폴리티팩트의 2024년 11월 분석 결과를 확인한 결과, 도널드 트럼프 후보의 '진실'과 '대체로 진실' 합계는 11%, 카멀라 해리스 후보는 42% 였다. '대체로 거짓'과 '거짓', '새빨간 거짓말' 등 세 지표 합계는 트럼프 76%, 해리스 42%였다.[103]

---

102 "Fact-Checking What Donald Trump Said in His 2024 Interviews with *TIME*", *TIME*(April 30, 2024)

103 https://www.politifact.com/personalities/donald-trump/
https://www.politifact.com/personalities/kamala-harrisbiden/(2024년 11월 9일 검색)

표 2-7 해리스와 트럼프의 거짓말 비교

표 2-7 해리스와 트럼프의 거짓말 비교

(단위: %)

	진실	대체로 진실	절반만 진실	대체로 거짓	거짓	새빨간 거짓말
해리스	12	30	13	24	18	0
트럼프	3	8	11	19	38	19

출처: *Politifact*

해리스도 10개 발언 중 4.2개 거짓

트럼프는 10개 중 7.6개, 해리스는 10개 중 4.2개꼴로 '거짓말'을 한다
는 통계인 것이다. 바이든은 2024년 5월 8일 CNN 〈에린 버넷Erin Burnett
쇼〉에 출연해서 17분 동안 "내가 대통령에 취임할 때 미국의 평균 인플
레이션율이 9%였다", "재임 중 일자리 1,500만 개를 만들었다"를 포함
해 1분에 1개꼴인 총 15개의 거짓말을 했다.[104] 정도의 차이가 있을 뿐
해리스와 바이든도 거짓말을 하고 있다.

'거짓 또는 잘못된 주장'을 트럼프만의 악행으로 단죄하는 것은 잘못
이다. 이에 대해 벤저민 슈프만Benjamin Schupmann 예일대학 교수는 "트럼
프의 의도는 진실에 대한 기준을 흐리고 자신의 의도에 대한 상대방의
예측을 차단하기 위함"이라고 했다.[105] 스티븐 월트 하버드대학 교수는
"우리가 숨 쉬는 것처럼 트럼프는 거짓말을 한다. 그가 거짓말을 한다
는 사실이 중요한가?"라며 이렇게 말했다.

---

104 "Biden tells a lie a minute during CNN interview", *New York Post*(May 9, 2024)

105 Benjamin A Schupmann, "[Commentary] Why is former US president Donald Trump
still so influential?", *Channel News Asia*(November 20, 2021)

조지 W. 부시 대통령과 딕 체니 부통령, 도널드 럼스펠드 국방장관 등도 사담 후세인과 그 일당이 대량살상무기를 개발·은닉했다는 거짓말을 했다. 트럼프의 거짓말을 잘 알고 있는 외국 정상들은 그의 발언을 액면대로 믿지 않는다. 트럼프가 '나는 정직하며 원칙대로 행동한다'고 떠벌려도 마찬가지다. 외국 정상들은 그의 말보다 행동을 더 주목한다.[106]

거짓말은 트럼프의 정치적 비밀 소스

스티븐 월트 교수는 "트럼프의 거짓말이 외교정책 수행에 결정적인 타격이 된다고 보기는 힘들다. 다만 세계인에게 미국이 바보처럼 보이고, 미국의 도덕적 우위가 약화되는 게 위험하다"고 덧붙였다.

트럼프가 기만술을 통해 가스라이팅 gaslighting(타인의 심리나 상황을 교묘하게 조작해 타인에 대한 지배력을 강화하는 행위) 기법을 쓴다는 분석도 나온다. 그의 거짓말은 자신의 정치 활동을 지속시키는 비밀 소스secret sauce이자, 정치적 정체성의 일부라는 지적이다.[107]

정치 무대는 누가 얼마나 올바른 언행을 하는지 경쟁하는 도덕 경연장競演場이 아니다. 트럼프는 권력 싸움에서 자신을 지키고 승리하기 위해 거짓말과 잘못된 주장을 도구로 사용하고 있다.

---

106 Stephen Walt, "Does it matter that Trump is a liar", *Foreign Policy*(September 17, 2018)
107 Susan Glasser, "It's True: Trump Is Lying More, and He's Doing It on Purpose", *New Yorker*(August 3, 2018)

트럼프와 술, 담배, 도박

DIVINE INTERVENTION MINI BOX

2017년 11월 7일 서울 청와대 영빈관에서 열린 한미 정상회담 만찬장에서 문재인 대통령은 도널드 트럼프 대통령에게 한국 전통주인 풍정사계楓井四季의 '춘春'을 만찬주로 내놓았다. 그러나 트럼프는 술은 입에 대지 않고 와인잔에 콜라를 채워 마셨다. 트럼프의 금주禁酒는 8살 위 친형 프레디Freddy 트럼프 영향 때문이다.

프레디는 1958년 대학 졸업과 동시에 아버지 회사에 들어가 후계자 수업을 받았으나 적성이 맞지 않아 고등학교 때 시작한 담배와 술 모두 심각한 중독 상태가 됐다. 결국 알코올 중독으로 시달리다 1981년 43세에 세상을 떠났다. 트럼프는 "우유부단하고 약한 모습의 형이 술 · 담배로 고생하는 것을 보면서 금주를 결심했다"며 이렇게 말했다.

> 형은 불행하게도 사업과는 거리가 멀었다. 형은 마지못해 아버지와 함께 일을 했지만 부동산에 아무 관심이 없었다. 형은 강요된 일을 하면서 의기소침해졌고 술을 마시기 시작했으며 쇠약해진 것으로 보인다.[108]

그는 백악관 재임 중 집무실 전용 책상인 '결단의 책상Resolute Desk'에 있는 빨간색 단추를 눌러 하루 평균 12캔 정도의 다이어트 코크를 마셨다. 그는 "사람들은 내가 도박꾼이라고 생각하지만, 나는 도박이라곤 해본 적이 없다. 나는 슬롯머신을 즐기기보다 소유하는 것을 좋아한다"고 말했다.[109]

---

108 Donald Trump, 《거래의 기술》(2016), pp.98~99
109 위의 책, p.74

7. 대중은 왜 트럼프에게 열광하나?

트럼프가 연사演士로 나오는 대중 집회에는 최소 수천 명, 대개 수만 명이 모인다. 8만~10만 명 모이는 집회도 종종 열린다. 2023년 1월 28일 사우스캐롤라이나에서는 고교 강당을 빌려 200여 명이 모이는 소규모 정치 집회를 열었다. 그곳 외에 다른 먼 곳에서 자동차나 비행기로 오는 참석자들도 많다.[110] 트럼프의 얼굴을 직접 보면서 음악에 맞춰 춤추고 구호를 외치며 동화同化하기 위해서다.

수만 명 모이는 트럼프 집회

뜨거운 반응은 정치 후원금 모금으로 드러난다. 2016년 대선 캠페인 회계 조작 혐의로 2024년 5월 30일 트럼프 전 대통령이 배심원단으로부터 유죄 평결을 받은 지 24시간 만에 5,800만 달러(약 800억 원)에 육박하는 후원금이 모였다. 2024년 5월 한 달 동안 트럼프 캠프의 정치 모금액은 1억 4,100만 달러로 한 달 기준 최대치를 기록했다.[111] 트럼프는 "민주주의 파괴자", "21세기 파시스트"라고 비난받지만, 대중은 정작 그에게 환호하고 있다.

　뉴트 깅리치 전 미국 연방하원의장은 "이런 현상을 이해하려면 트럼

---

110 "Trump Tries a New Campaign Tack: Small-Scale", *New York Times*(Jan. 28, 2023)

111 "Team Trump Claims Guilty Conviction Led to $141 Million Fundraising Bonanza in May", *Vanity Fair*(June 4, 2024)

프가 뉴욕의 맨해튼이 아닌 퀸스 출신이라는 데 주목해야 한다"고 말한다.[112] 트럼프는 호화로운 트럼프 타워에서 자란 세련되고 이기적인 뉴요커가 아니라 벽돌집에서 자란 평민이라는 이유에서다. 트럼프는 귀족적이고 학비가 비싼 사립고교 대신 군인 예비학교에서 5년간 중고교 과정을 마쳤다.

'평민' 트럼프 … 노동자들과 친숙

그래서 트럼프는 초호화 저택과 값비싼 취향에도 익숙하지만, 블루칼라 노동자와 중산층 시민과도 친숙하게 잘 어울린다. 트럼프가 저서 《거래의 기술》에서 밝힌 어렸을 때 그의 가족은 전형적인 미국 중산층 모습이다.

> 우리 집안은 매우 보수적이었다. 아버지는 엄격하셨으며 생계를 책임지셨고, 어머니는 완전한 가정주부였다. 우리 형제는 다섯이었는데, 어머니는 우리를 돌보는 외에 요리, 빨래, 양말 수선을 하셨고 병원에서 자선 활동도 하셨다. 우리는 커다란 집에서 살았지만 부잣집 아이들이라고는 생각하지 않았다. 우리는 단 1달러의 가치도 소중히 하도록 가르침을 받았으며, 열심히 일하는 것의 중요성을 인식하게끔 교육받았다.[113]

---

112 Newt Gingrich, *Understanding Trump*(2017), p.3
113 Donald Trump, 《거래의 기술》(2016), p.97

그림 2-5 트럼프의 저서 《거래의 기술》

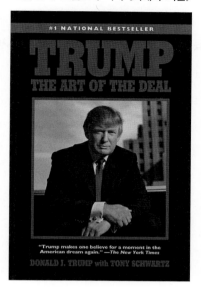

트럼프가 벌인 부동산과 골프장 사업은 고급 부자들을 겨냥했지만, 트럼프 브랜드의 넥타이·와인·스테이크와 저서, 방송 활동의 주요 타깃은 중산층이었다. 트럼프 넥타이는 한때 미국에서 가장 많이 팔렸고 저서 《거래의 기술》은 500만 권 넘게 팔렸다. 그가 진행한 방송 〈어프렌티스〉는 10년 넘게 시청률 1위를 달렸다.

현장에서 직원들과 격의 없는 소통

장녀 이방카 트럼프는 2016년 공화당 전당대회 연설에서 이렇게 말했다.

> 사업가로서 아버지가 성공한 이유는 그가 사람들의 말을 잘 듣기 때문이다.
> 수십억 달러 재산을 가진 거부들은 다른 사람의 의견을 듣지 않는 편이지만,
> 아버지는 예외이다. 모든 프로젝트에서 그는 직접 엔지니어, 전기공, 미장이
> 에게 가서 의견을 묻고 피드백을 받는다. 어떻게 하면 더 잘하고 달라질 수
> 있는지를. 그가 일을 할 때 중시하는 것은 출신 학교나 가족이 아니라 능력과
> 노력 그리고 탁월함이다.[114]

현장을 중시하는 트럼프가 신분이나 학벌에 얽매이지 않고 말단 직
원들과도 격의 없이 소통하고 어울린다는 것이다. 이런 식으로 노동자
들은 트럼프의 친구이자 이웃이며, 고객, 사업 파트너였다. 평범한 미
국인들과의 친숙함은 그가 정치인으로 성공하는 밑거름이 됐다.

대중 심리를 읽고 이들과 가까워지는 감각과 쇼맨십도 상당하다. 일
례로 트럼프는 2007년 미국 프로레슬링 엔터테인먼트WWE의 빈스 맥마
흔Vince McMahon 회장과 '승부 내기' 대결을 벌여 실제 무대 링에 올라 맥
마흔에게 주먹을 날렸다.

---

114 Read Ivanka Trump's Speech at the Republican Convention(July 21, 2016)
　　https://time.com/4417579/republican-convention-ivanka-trump-transcript/

연예인 뺨치는 쇼맨십과 화법

승리한 트럼프는 맥마흔의 머리카락을 삭발하는 이벤트를 벌여 화제가 되었다. 당시 상황은 유료 방송 역대 최고 시청률을 기록했고, 트럼프는 2013년 WWE 명예의 전당Hall of Fame에 헌액됐다.115 이는 기성 워싱턴 정치인들에게선 도저히 볼 수 없는 면모였다. 뉴욕과 워싱턴 DC의 미국 주류 엘리트 미디어들은 트럼프의 기행奇行이라 혹평했지만, 대중들은 트럼프에게 더욱 매혹돼 열광했다.

오랫동안 트럼프의 정치적 조언자인 샘 넌버그Sam Nunberg는 "트럼프가 좋은 사람이냐? 머리가 좋은가? 능력이 있는가? 잘 모른다. 그러나 내가 분명히 알고 있는 한 가지 사실이 있다. 트럼프는 스타star다"라고 말했다.116 트럼프에 적대적이었다가 자주 전화하고 상의하는 사이가 된 린지 그레이엄 Lindsey Graham(사우스캐롤라이나주) 연방상원의원은 "트럼프는 재미있는 사람이다. 유머 감각이 있고 한 방 먹어도 끄떡하지 않을 사람"이라고 했다.117

2004년부터 2008년까지 짧은 라디오 대담 프로그램을 만들어 진행하고 2011~2015년에는 매주 한 차례 〈폭스뉴스〉에 출연했던 트럼프는 방송 프로그램 출연과 진행으로 효과적인 화법, 보디랭귀지 등을 익혔다. 정치 집회에선 춤과 제스처, 팬터마임pantomime(무언극), 경쟁자들의 걸음걸이와 성대聲帶모사까지 한다. 노동자들도 이해하는 쉬운 단어로

---

115 "Trump's obsession with Wrestlemania and fake drama", *Politico*(January 16, 2017)
116 Michael Wolff, *Fire and Fury*(2018), p.22
117 "Sen. Graham takes a call with Trump: He's a 'funny' guy", *Politico*(May 12, 2016)

짧고 강력한 구호를[118] 외친다. 머리와 입만 쓰는 정치인들과 달리 유머 감각도 돋보인다.

유머와 농담으로 경쟁자들 일축

예를 들어 그는 농담 삼아 경쟁자들을 별명으로 부르면서 이들에 대한 대중의 신뢰와 경외감을 무너뜨린다. 트럼프의 집회에는 웃음소리와 고성高聲이 끊이지 않는다. 그의 농담을 듣고 집회 참가자들이 터뜨리는 웃음소리는 공감과 충성심 표시로 간주된다.[119]

2024년 2월 23일 사우스캐롤라이나주 록힐Rock Hill에서 열린 공화당 예비후보 경선 집회에서 정장 차림의 트럼프는 단상에 올라 이렇게 말했다.

> 나는 (미국 시카고의 마피아 조직 두목이었던) 알 카포네Al Capone(1899~1947년) 보다 더 많이 기소됐다. 그것은 사실이다. 나의 아버지와 어머니가 하늘에서 내려다보고 있다. 그들은 "내 아들에게 이런 일이 일어나리라곤 생각도 못 했다"라고 말한다. 그가 기소당하다니![120]

---

118 "I'm with you", "I'm a political prisoner!", "NEVER SURRENDER!", "Look her up", "Make America Great Again", "I'm your warrior".

119 "In on the Joke: The Comedic Trick Trump Uses to Normalize His Behavior", *POLITICO Magazine*(March 17, 2024)

120 "Donald Trump Holds Rally in Rock Hill, South Carolina"(February 23, 2024) https://www.c-span.org/video/?533736-1/donald-trump-holds-rally- rock-hill-south-carolina

손을 뻗치고 머리를 앞뒤로 움직이며 그는 참석자들의 박수와 웃음, 동정을 자아냈다. 91가지 혐의로 형사 기소된 상태의 자신을 마피아 두목인 알 카포네와 반半농담조로 비유함으로써 그는 자신의 범죄가 별로 대수롭지 않고 어려움을 반드시 이겨 낼 것이라는 메시지를 던졌다.

'아주 재미있는 정치인'이란 이미지

그는 중간중간 조 바이든 대통령을 겨냥해 "1% 바이든One Percent Biden"(지지율이 1%라는 뜻)이라며 깔아뭉갰다. 1시간 30여 분 동안 물 한 모금 마시지 않고 단상에서 분위기를 주도한 트럼프는 연설 후 10분 넘게 청중들과 악수하고 사진 찍고 사인했다. 특유의 개성과 흥미, 호소력과 에너지로 트럼프는 "정치인은 재미없다"는 고정관념을 깼다.[121]

식자識者들은 트럼프가 저질이고 몰상식하다고 눈살을 찌푸리지만, 대중은 트럼프의 말과 문장을 진지하게 따지거나 비난하지 않는다. 오히려 "우리와 같은 사람이고 내 심정을 잘 아네"라며 친근감을 느낀다. 트럼프의 정책보다 익살스럽고 재미있는 그의 유머를 들으려 집회에 올 정도다.

"아주 재미있는super funny 정치인"이란 면모는 트럼프의 카리스마와 대중적 인기를 형성하는 핵심이다.[122] 농담과 유머를 빌려 정치적 공격을 가하다가 그 말이 문제가 되면, "내가 언제 그런 말을 했어?", "나는 그런 뜻으로 말한 게 아니야"라고 웃으며 부인한다.

---

121 Jemina Kelly "Irresistible comedic value of Trump", *Financial Times*(June 29, 2023)
122 "In MAGA world, Trump's jokes always land", *Politico*(October 19, 2018)

대중 집회 통해 정치적 동력 얻어

집회 현장에서 트럼프는 엄지손가락을 치켜세우고 입 양옆으로 활짝 미소짓고 소리치면서 청중들로 하여금 진짜 교감하고 있다는 생각이 들게 만든다. 그와 대화하거나 악수하는 청중은 극소수이지만, 마치 나도 악수한 것 같은 분위기를 연출한다.[123] 이런 친숙함으로 트럼프는 노동자와 시민들이 무엇을 원하는지를 직관적으로 알아내고 그들을 대변한다.

미국 주류 매체들이 트럼프에 대한 부정적인 보도를 쏟아 내도, 트럼프가 참석하는 집회에 매년 수만 명이 모인다는 것은 그의 매가MAGA 구호가 공감을 얻고 있음을 보여 준다. 트럼프는 집회를 통해 정신과 사기士氣를 유지하면서 정치적 에너지와 동력, 자신감을 얻고 있다.[124] 동시에 그들의 이익과 요구를 관철하는 투사鬪士가 됨으로써 워싱턴 정치인·관료들이 갖지 못한 도덕적 권위까지 확보했다.

뉴욕 엘리트들의 견제와 질시를 이겨 내고 돈 많은 부자와 유명 인사가 됐다가 정치적 성공까지 거둔 트럼프의 자수성가自手成家 스토리도 매력 덩어리이다.

---

123 Newt Gingrich, *Understanding Trump*(2017), pp.4~5
124 "What Is Trump Without His Crowds?", *POLITICO Magazine*(March 13, 2020), "'That Is What I Want': Why Trump Needs a Packed Convention", *POLITICO Magazine* (May 28, 2020)

수컷 사자 같은 트럼프는 부러움의 대상

특히 청년 남성들은 '나도 성공해 부자가 되고 싶다'는 욕망을 실현한 위인이자 가능성의 지표로 트럼프를 바라보고 있다. 손꼽히는 미디어 스타이기도 한 트럼프는 "너희들 편인 내가 진보 좌파와 페미니스트들로부터 박해받는다"는 서사敍事까지 장착했다. 이 때문에 각종 사법 리스크와 재판에도 불구하고 지지자들은 트럼프를 떠나지 않고 있다.

오히려 트럼프의 돈과 여성 편력, 그리고 탄압에 당당하게 맞서는 모습이 이들에겐 부러움의 대상이다. 그는 돈과 유명세를 얻었고 거침없이 염문을 뿌리고 다니며 자기 자녀들에겐 사업체와 정치적 자리를 챙겨 준다. 비판자들에 맞서 맹렬하게 싸우며 패배를 인정하지 않는다. 이런 트럼프는 자잘한 정치인들만 있는 세상에서 대담한 수컷 사자獅子를 연상시킨다.

그가 2024년 5월 30일 뉴욕 법원에서 유죄 평결 이틀 후인 6월 1일 프로 격투기UFC 경기장을 찾은 것은 박해받는 영웅으로서 자리매김하고 남성들에게 강하고 투쟁적인 이미지를 부각하려는 의도에서다.[125]

---

125 "After Verdict, Trump Revels in Embrace of His Most Avid Base", *New York Times* (June 2, 2024)

트럼프의 대중 연설

트럼프가 연설과 집회에서 쓰는 단어는 초등학교 4학년 수준이다.[126] 그런데도 보통 사람들의 마음을 움직이고 애국심을 불러일으킨다. 쉽고 단순한 단어로 청중에게 분명한 메시지를 전달하고 몸동작을 활발하게 해서다.

그는 대부분 원고 없이 연설한다. 그래서 연설에서 언급한 팩트가 서로 다른 일이 발생한다. 그의 대중 연설은 종교 집회를 닮았다. 불법이민자의 범죄로 딸을 잃은 엄마를 불러 연단에서 신앙 간증 같은 연설을 하도록 하고, 록밴드가 트럼프 찬양가를 부른다. 지지자들의 연설이 지루해질 때쯤, 트럼프가 무대에 올라 익살을 섞어 정열적으로 연설하는 식이다.

음악에 맞춰 춤을 추고 경쟁자들의 걸음걸이·목소리를 흉내 내는 트럼프는 연설의 성공을 결정하는 요인이 보디랭귀지(55%), 목소리(38%), 언어(7%) 순서라는 '메라비안의 법칙 rule of Mehrabian'[127]에 충실하다. 임기응변도 뛰어나다. 2016년 2월 21일 낮 조지아주 애틀랜타의 유세장 조명이 갑자기 꺼졌다 10초쯤 후 켜지자, 그는 주먹을 쥐며 격하게 "불 꺼, 불 꺼, 불 꺼!"를 외쳤다. 유세장 청중도 가세해 행사장이 캄캄해지자 트럼프는 더 크게 외쳤다.

"조명을 잘못했으니 나는 오늘 행사장 대여료를 내지 않을 것이다. 그럼 다음번에 더 좋은 조명을 쓸 수 있다. 협상이란 이렇게 하는 거다. 이게 바로 내가 대통령이 돼 다른 나라와 협상할 방식이다."

그는 • 훌륭한 이야기꾼이 돼라 • (청중과의) 공통분모를 생각하라 • 연단에 선 당신은 엔터테이너이다 • 편안하고 재미있게 하라 • 자신을 놀림감으로 삼아라 • 일어선 채 생각하는 법을 터득하라 등의 11개 연설 원칙을 갖고 있다.[128]

---

126 "For presidential hopefuls, simpler language resonates", *Boston Globe*(October 20, 2015)

127 World of Work Project, "Mehrabian's 7-38-55 Communication Model"(July 26, 2021)

　　https://worldofwork.io/2019/07/mehrabians-7-38-55-communication-model/

128 Donald Trump, 《트럼프의 부자 되는 법》(2004), pp.82~87

8. 트럼프 2기 한반도 정책은 무엇이 다른가?

도널드 트럼프 전 대통령은 전임 버락 오바마 대통령으로부터 업무 인수인계를 하면서 "북한 핵미사일 프로그램이 가장 시급한 안보 현안이 될 것"이라는 말을 들었다. 집권 직후부터 '최대 압박maximum pressure'을 북한 정책으로 정한 트럼프는 외교적 설득과 비밀 군사작전 계획 그리고 중앙정보국CIA 북한미션센터 North Korea Mission Center를 통한 비공개 전복 활동 추진 등[129] 세 갈래로 북한에 대응했다.

북한의 핵미사일 대폭 강화 첩보를 입수한 트럼프 정부는 2017년 5월 하순 '비밀 전쟁 계획 Top Secret Pentagon War Plan'을 수립했다. 이 계획은 한반도에 2~3개의 항공모함 전단 증강 배치, 공격용 잠수함과 F-22랩터·B-2 스텔스 전폭기 배치, 주한미군 가족 철수 등을 담고 있었다.[130]

일촉즉발 초긴장 상태의 미북 관계

북한은 같은 해 7월 대륙간탄도미사일ICBM 화성 14형 시험 발사와 6차 핵실험에 이어 중거리탄도미사일IRBM 화성 12형(9월), ICBM급 화성-15형 시험 발사(11월)를 했다. 트럼프는 한국 내 미국인 소개령疏開令을 내리고 항공모함 전단 등 한반도 배치로 맞섰다. 2017년 말, 매티스 국방장관이 워싱턴 DC 국립성당National Cathedral에 혼자 비밀리에 들어가 수차례 기도

---

129 Bob Woodward, *Rage*(2020), pp.41~43
130 Bob Woodward, *Fear*(2018), pp.177~178

할 정도로 미국·북한 전쟁은 금세 터질 듯한 분위기였다.[131]

트럼프의 강력한 압박과 무력 위협에 김정은 북한 국무위원장이 1월 초 신년사에서 대화 제의로 물러서면서, 미북 관계는 2018년 화해 국면으로 급변했다. 이후 평창동계올림픽에 북한 참가(2월), 정의용 청와대 안보실장의 평양 방문(3월 5~6일)을 거쳐 6월 12일 싱가포르에서 역사적인 미북 정상회담이 열렸다. 두 사람은 이듬해 2월 27~28일 베트남 하노이에서 다시 정상회담과 같은 해 6월 30일 판문점 회동을 했다.

강력한 대북 제재 3건 만장일치로 통과시켜

특별한 합의에 이르진 못했지만 연이은 정상회담과 트럼프의 한미연합 군사훈련 전격 중단 결정은 한국과 국제사회를 뒤흔드는 충격이었다. 트럼프는 2017년 8월, 9월, 12월에 UN 안전보장이사회에서 대북對北 제재 결의 2371호, 2375호, 2397호를 연이어 채택시키는 외교 성과를 올렸다. 세 건의 대북 결의는 북한에 대한 가장 강력한 수준의 제재로 한국·미국·일본·중국·러시아의 만장일치로 이뤄졌다.

한국 정부를 상대로 압박도 가했다. 2017년 7월 한미 자유무역협정 FTA 개정 요청을 했고 14개월간의 재협상 끝에 2018년 9월 미국 측 입장을 반영한 개정안에 양국은 최종 서명했다. 그는 한국에 주한미군 방위비 분담금을 기존 대비 5배 정도 많은 5조 원대로 인상을 요구했다가 협상이 결렬되자, 주한미군 철수 카드를 꺼냈다.

---

131 Bob Woodward, *Rage*(2020), pp.71~74

1기 때 시행착오와 경험을 쌓은 트럼프는 재집권 시 강력하고 속도감 있는 한반도 정책을 펼 가능성이 높다. 70여 년 동안 한반도 평화의 기축인 주한미군의 규모와 역할, 주둔 지역을 변경할 수 있다. 트럼프 본인과 핵심 참모들이 중국과의 대결 승리를 가장 중시하며 북한 핵을 위시한 한반도 문제의 중요성을 낮게 보는 것도 변수이다.

트럼프 · 김정은 담판 또 할 가능성

북한 문제에 지나친 시간과 에너지를 쓸 수 없다고 생각하는 트럼프 측은 북한의 기존 핵무기 보유를 인정하고 새로운 핵무기 개발 동결과 그 대가로 제재 완화와 경제·재정적 지원을 검토하고 있다.[132] 이를 트럼프·김정은의 직접 담판으로 성사시킬 수 있다고 본다. 트럼프의 선거 공약인 10% 보편적 기본관세 부과와 탈脫중국화 강화 및 인플레이션감축법 IRA: Inflation Reduction Act 등 친환경 정책 축소가 한국에 미칠 영향도 관심이다.

미국이 한국산 제품에 10%의 보편적 기본관세를 부과할 경우, 한국의 대미對美 수출액은 연간 약 152억 달러 감소할 것으로 추정된다.[133] 미국이 다른 국가에 관세를 부과해 해당 국가의 대미 수출이 감소할 때 연동되어 줄어드는 한국산 중간재 수입 추정치는 연간 47억~67억 달러다. 두 개를 종합하면 보편적 기본관세로 파급되는 한국의 대미 수출액 감소분

132 "Trump Considers Overhauling His Approach to North Korea if He Wins in 2024", *Politico*(December 13, 2023)
133 〈2024 미국 대선: 트럼프 관세 정책의 배경과 영향〉, 대외경제정책연구원(2024년 4월 24일)

은 연간 199억 ~219억 달러에 달할 전망이다. 다만 트럼프 2기가 공약대로 중국 제품에 60%가 넘는 징벌적 관세를 부과하면, 중국과 경쟁 관계에 있는 한국의 대미국 수출 제품의 가격경쟁력이 개선될 수 있다.

반도체법 Chips Act과 인플레이션감축법 IRA이 수정되면, 대규모 미국 투자를 결정한 한국 기업은 타격받게 된다. 대미 무역 흑자가 급증하는 상황에서 자동차·철강 등 한국 제품에 대한 무역 장벽 신설 가능성도 있다. 2023년 한 해에만 289억 달러의 대미 무역 흑자를 낸 한국 자동차 기업들은 트럼프 재집권 시 보편적 기본관세 대상에 포함될 가능성이 높다.[134] 트럼프 진영의 핵심 참모들의 발언을 중심으로 트럼프 2기 한반도 정책 윤곽을 살펴본다.

① 한국 방위는 한국군이 주도

트럼프 2기 정부 국방장관 후보로 거론되는 크리스토퍼 밀러 전 국방장관 대행은 "한국으로 하여금 북한을 상대로 한 재래식 방어를 주도하도록 해야 한다"며 "비용 부담 cost sharing을 미국 국방 전략의 핵심 부분으로 삼아야 한다"고 밝혔다.[135] 그는 개인 의견을 전제로 "한국이 여전히 2만 8,500명의 주한미군을 필요로 하는지, 아니면 변화가 필요한지 솔직하게 얘기할 때가 됐다"고 했다.[136] 이런 생각은 로버트 오브라이언 전 백악관 국가안보보좌관도 공유하고 있다. 그의 말이다.

---

134 산업연구원, 〈미 대선에 따른 한국 자동차산업의 영향〉(2024년 6월 10일)

135 Christopher Miller, '*Department of Defense*' *Project 2025*(Heritage Foundation, 2023), p.94

136 "[트럼프 재집권 시 美 국방장관 거론 크리스토퍼 밀러 인터뷰] 주한미군 2만 8,500명이 필요한가", 〈동아일보〉(2024년 3월 18일)

한국 등 인도·태평양 역내 모든 동맹국의 과제는 공격적인 중국에 대응하는 것이다. 한국이 한미동맹을 위해 할 수 있는 일이 지금보다 많을 것이다. 미군 병력과 항공기, 함정에 지나치게 의존할 필요가 없을 수 있고 이 전력은 중국을 더 억지하는 방식으로 분산될 수 있다.[137]

트럼프 2기의 국가안보보좌관 후보로 거론되는 엘브리지 콜비Elbridge Colby 전 국방부 전략·전력 개발 담당 부차관보는 "북한을 상대로 자국을 방어하는 데 있어 한국이 주된, 압도적인 책임을 져야 한다. 주한미군의 주 임무는 중국 억제로 전환해야 한다. 더 이상 한반도에 미군을 인질로 붙잡아 둬서는 안 된다"고 말했다.[138] 세 사람은 미국 안보 전략의 최우선 순위는 중국이며, 북한의 재래식 위협을 한국이 방어해야 한다고 판단하고 있다.

② 군축 협상 등 미북 직접 대화 재개

트럼프 전 대통령은 2024년 1월 14일 아이오와주 유세에서 "김정은은 매우 영리하고 매우 거칠지만very smart, very tough 나를 좋아했다. 그와 정말 잘 지냈고 그래서 안전할 수 있었다"고 했다. 석 달 후인 4월 〈타임〉 인터뷰에서는 "김정은은 비전을 갖고 있는 사람he's got visions of things"이라고 평가했다.[139]

---

137 "[단독] '트럼프 최측근' 오브라이언 美전력, 中억제에 초점 ⋯ 주한미군 조정 시사", 〈동아일보〉(2024년 2월 7일)
138 "트럼프 안보보좌관후보 엘브리지 콜비, '미군 韓주둔 불필요'", 〈연합뉴스〉(2024년 5월 8일)
139 https://time.com/6972022/donald-trump-transcript-2024-election/

표 2-8 트럼프 진영 외교·안보 핵심 참모 3명의 한반도 정책 입장

이슈 이름	주한미군	한국의 핵무장	미북 협상	한반도 및 인도·태평양
크리스토퍼 밀러	한국에 아직도 2만 8,500명이 필요한가?	불가는 아니고 살펴볼 수 있다	제재 완화 등 협상해 볼 만하다	평등한 한미 관계, 한국에 전시작전권 이양
로버트 오브라이언	한국의 미군 의존도 감소, 중국 억지 목적 더 커	북한 비핵화해야	핵·ICBM 논하는 비핵화 협상 필요	쿼드·오커스에 한국 초청 및 참여, 한미일 3각 협력 발전
엘브리지 콜비	중국 억지로 주 임무 바꿔야	한국 핵무장 배제하지 않는다	언급하지 않음	미국은 공격적인 중국 억지에 집중, 한국에 전시작전권 이양

트럼프 전 대통령은 2024년 7월 18일 공화당 전당대회 대통령 후보 수락 연설에서 "나는 북한 김정은과 잘 지냈다. 많은 핵무기를 가지고 있는 누군가와 잘 지내는 것은 좋은 일이다"라면서 이렇게 말했다.

나는 그들과 잘 지냈으며, 우리는 북한의 미사일 발사를 중단시켰다. 이제 북한은 다시 도발을 이어가고 있다. 우리(트럼프와 김정은)가 다시 만나면, 나는 그들과 잘 지낼 것이다. 그는 아마 나를 보고 싶어 할 것이고, 그가 나를 그리워할 것으로 생각한다.[140]

그는 2024 미국 대선 유세 연설 중 "나는 북한 김정은에게 긴장 풀고, 야구 경기나 보러 가자고 했다. 내가 야구가 뭔지 알려 주겠다. 우리는 양키스 경기를 보러 갈 수 있다고 그에게 제의했다"고 밝혔다.[141]

---

140 "Read the Transcript of Donald J. Trump's Convention Speech", *New York Times* (July 18, 2024)

141 "Trump says he'd like to take Kim Jong-Un to a baseball game as he boasts about their friendship", *Independent* (July 20, 2034)

이런 배경에서 그의 재집권 시 미북 직접 접촉 재개 가능성은 거의 기정사실로 보인다. 2017~2019년 주일駐日 미국 대사를 지낸 빌 해거티Bill Hagerty 연방상원의원은 '트럼프가 재선에 성공하면 김정은과 회담할 것인가?'라는 질문에 "그는 사업가로서 대화가 해결의 실마리가 된 사례가 많다는 것을 이해하고 있다"[142]며 가능성을 높게 봤다.

이 경우 협상 내용은 바이든 행정부의 백악관 국가안전보장회의NSC가 제시한 핵 문제 해결에서 '중간 단계interim steps'와 비슷할 가능성이 높다. '중간 단계'란 미국이 북한에 경제제재 해제 같은 '당근'을 제공하고 북한은 추가 핵무기 생산과 대륙간탄도미사일ICBM 전력 확대 중단을 하는 거래를 말한다.

밀러 전 국방장관 대행은 북한 핵 용인 후 군축협상 주장에 대해 "나는 '왜 안 되느냐Why not?'라는 의견에 찬성하는 편이다. 제재 완화를 바탕으로 한 북핵 협상은 검토해 볼 만하다"고 밝혔다. 다만 북한의 비핵화 가능성에 대해서는 "이미 호리병 밖으로 빠져나온 지니Genie out of the bottle처럼 보인다"(밀러)는 현실론과 "북한 비핵화를 달성해야 한다. 김정은 같은 악당들이 핵무기에 접근하는 것을 저지해야만 한다"(오브라이언)는 원칙론이 엇갈린다.

---

142 "주일 대사 출신 美의원 '트럼프는 사업가' … 재집권 시 北과 대화 전망", 〈연합뉴스〉 (2024년 3월 2일)

③ 한국의 독자적 핵무장 허용 가능성

트럼프 2기에선 한국의 독자적 핵무장이 허용될 가능성이 있다. 싱크탱크인 유라시아그룹Eurasia Group의 이언 브레머Ian Bremmer 회장은 "트럼프 전 대통령이 재집권하면 제재 완화를 대가로 북한 핵 동결을 받아들일 가능성이 높다. 북한의 핵보유국화로 한국에서도 '자체적인 핵억지력indigenous deterrent'을 개발해야 한다는 압박이 가속화될 것"이라고 말했다.[143]

미국 전략국제문제연구소CSIS의 빅터 차 한국 석좌와 앤디 임Andy Lim 연구원도 "트럼프의 2024년 대선 승리는 한국 국민들과 정책결정자 모두에게 독자 핵무기 보유에 대한 요구를 높일 수 있다"고 했다.[144] 트럼프의 참모인 밀러 전 장관 대행은 "트럼프 정부가 출범한다면 과거 논의 불가로 여겨졌던 여러 분야를 살펴볼 수 있을 것"이라고 했고,[145] 콜비 전 부차관보는 "한국이 핵무장을 하지 않는 대안을 훨씬 선호하지만, 한국의 핵무장을 배제하지는 않는다"고 했다.[146]

④ 한미 관계 평등해지고 한미일 3국 협력 유지

트럼프 재집권 시 한미 관계는 더 평등한 관계로 격상되고, 한국·미국·일본 3각 연대도 유지·강화될 전망이다. 이는 재래식 전쟁으로 치러지는 한반도 유사시 방어에서 한국의 역할 증대를 전제로 한다. 밀러 전 장관대행의 말이다.

---

143 "[이언 브레머 인터뷰] 한국 내 자체 핵개발 압력 커질 것", 〈동아일보〉(2024년 1월 19일)
144 Victor Cha & Andy Lim, "[Commentary] Slow Boil: What to Expect from the DPRK in 2024", Center for Strategic and International Studies(January 16, 2024)
145 "크리스토퍼 밀러 인터뷰", 〈동아일보〉(2024년 3월 18일)
146 "엘브리지 콜비 인터뷰", 〈연합뉴스〉(2024년 5월 8일)

한국의 경제 발전으로 (미국과의) 상호 협력의 성격이 바뀔 수 있는 단계에 와 있다. 이제 한국은 미국의 무기 체계나 안보 지원에 의존할 필요가 없어졌다. 전시작전통제권OPCON 전환을 시작으로 한미 관계를 더욱 확고하게 평등한 파트너십으로 발전시킬 수 있다.

그는 "한국과 일본 등은 엄청난 군사적 자산을 가지고 있기 때문에 더 많은 책임감을 가져야 한다. 트럼프 행정부가 출범한다면 한미 관계를 재설정할 수 있는 기회가 있을 것"이라고 했다.[147]

콜비 전 부차관보는 "자기방어를 한국이 책임지게 한다는 차원에서 한미 간에 전시작전통제권 전환이 가능한 한 이른 시기에 이뤄져야 한다"고 말했다.[148]

오브라이언 전 국가안보보좌관은 "한국이 쿼드Quad(미국·일본·인도·호주 4자 안보협의체)에 참여하고 오커스AUKUS(미국·영국·호주 3자 안보협의체)에 초청받는 것이 세계와 인도·태평양 안보를 위해 합리적"이라며 이렇게 말했다.

캠프 데이비드 (한미일) 정상회담은 트럼프 행정부가 심어 놓은 씨앗 덕분에 가능했다. 트럼프 전 대통령이 당선되더라도 한미일 정상회담은 분명히 계속될 것이다. 한미일은 강력한 동맹으로 중국에 대한 엄청난 대항마對抗馬다. 3국 협력은 계속 발전시켜야 한다.[149]

---

147 "크리스토퍼 밀러 인터뷰", 〈동아일보〉(2024년 3월 18일)
148 "엘브리지 콜비 인터뷰", 〈연합뉴스〉(2024년 5월 8일)
149 "[단독] '트럼프 최측근' 오브라이언 인터뷰", 〈동아일보〉(2024년 2월 7일)

9. 트럼프는 돈 때문에 한미동맹 버릴까?

많은 한국인들은 트럼프가 재집권할 경우 2018~2019년에만 27통의 사적인 편지를 주고받은[150] 김정은과 직거래를 통해 북한의 요구를 대부분 수용하는 사태를 우려한다. 또 한국 정부가 주한미군 방위비 분담금을 트럼프 측의 요구대로 대폭 올리지 않으면, 주한미군 전체 또는 일부가 다른 곳으로 철수하는 경우도 예상한다.

2023년 4월 한미 정상회담에서 합의한 확장억제extended deterrence(미국의 핵억지력을 한국에까지 확대 적용한다는 '핵우산 확장' 강화 개념)가 효력을 잃을 수 있다. 확장억제는 법적 구속력 없는 정상 간 선언인 탓이다. 때문에 한국에선 트럼프 개인과 트럼프 정권 등장에 대해 부정적인 시각이 많다. 주한미군 철수와 북한의 핵보유국 지위 인정은 북한에 유리한 것으로 한국의 안보를 불안하게 한다는 이유에서다.

북한, ICBM에 '화염과 분노'로 응수

궁금한 것은 한반도 문제에 대한 트럼프의 '진심'이다. 그는 진짜로 한반도가 북한식 공산주의 체제로 넘어가는 걸 용인할까. 돈 때문에 한미동맹을 버릴 것인가. 한반도 긴장이 최고조에 달했던 2017년 상황을 일부 복기해 보면 트럼프의 속마음을 추론해 볼 수 있다.

2017년 7월 4일 미국 독립기념일에 북한은 사정거리 1만 km로 주장

---

150 Bob Woodward, *Rage*(2020), Plate 14a

하는 대륙간탄도미사일 ICBM 화성 14형 미사일을 동해상으로 시험 발사했다. 한 달쯤 후 그해 8월 9일 백악관 기자회견장에서 트럼프 대통령은 양팔을 겨드랑이에 넣은 채 카메라 앞에서 말했다.

> 북한은 어떤 위협도 미국에 가하지 말아야 할 것이다. 세상이 지금까지 보지 못한 화염과 분노에 직면하게 될 것이다. 그(김정은)는 일반적인 성명의 수준을 넘어선 협박을 해 왔고, 방금 내가 말한 것처럼 화염과 분노에 직면하게 될 것이다. 솔직히 말해 세상이 한 번도 보지 못한 화염과 분노 그리고 힘을.[151]

특정 국가 겨냥한 최초의 핵전쟁 위협 발언

그의 발언은 미국 대통령이 특정 국가를 상대로 한 사상 최초의 핵전쟁 위협 발언이었다. 북한의 첫 ICBM 시험 발사 다음 날인 7월 5일 미군과 한국군은 에이태큼스 ATACMS 와 현무 II 미사일을 각각 동해상으로 발사하며 응징 능력을 과시했다. 축구장 3~4개 면적을 초토화할 수 있는 미사일의 각도만 틀면 김정은이 서 있던 발사 원점에 정확히 꽂히는 무기였다.

2017년 9월 25일 미군은 대북 공습을 가정한 폭격기 전개 임무를 실시했다. B-1 전략 폭격기와 사이버전 목적의 특수기 등 항공기 20대를 동원해 서해 북방한계선을 넘어 북한 영공에 들어가기 직전에 멈춤으로써 강한 시위성 메시지를 보냈다. 사이버전 전용기는 북한의 핵 단추 작동을 막는 '발사의 왼편 Left of Launch' 전략 실전 연습인 것으로 전해졌다.

---

151 "Trump Vows North Korea Threat Will Be Met With 'Fire and Fury'", *NBC News* (August 9, 2017)

핵 단추 놓고 설전 벌여

2018년 1월 회색 양복 차림에 굳은 표정을 한 김정은 위원장이 신년사에서 "미국 본토 전역이 우리의 핵 타격 사정권 안에 있다. 핵 단추가 내 사무실 책상 위에 항상 놓여 있다는 것은 위협이 아닌 현실임을 똑바로 알아야 한다"고 협박하자, 트럼프 대통령은 그날 오후 7시 49분 트위터로 곧바로 맞받아쳤다.

누가 자원이 고갈되고 식량난을 겪는 그의 정권에 알려 줄래? 나 또한 핵 단추를 갖고 있는데, 그가 갖고 있는 것보다 훨씬 크고 강력하다고. 게다가 내 단추는 작동까지 한다고.[152]

북한과의 말싸움과 무력 사용 가능성에서 한 치도 물러서지 않은 트럼프는 결국 김정은을 굴복시켰다. 2018년 1월 트럼프는 롭 포터 백악관 부속실장에게 이렇게 말했다.

거칠게 다뤄 김정은 굴복시켜

김정은은 악당bully이다. 그는 거친 친구이다. 그런 사람들을 다루는 방법은 거칠어지는 것이다. 그래서 나는 그를 겁줄 것이며 그의 꾀를 이겨 낼 것이다 I'm going to intimidate him and I'm going to outfox him.[153]

---

152 https://x.com/realDonaldTrump/status/948355557022420992(January 3, 2018)
153 Bob Woodward, *Fear*(2018), p.300

북한에 이처럼 일관되게 단호한 대응을 한 미국 대통령은 트럼프가 유일할 것이다. 버락 오바마나 조 바이든, 조지 W. 부시가 당시 대통령 이었더라도 이렇게 할 수 있었을까? 트럼프가 한반도의 공산화를 용인 할 것이라는 일각의 주장은 근거가 빈약하다. 트럼프가 김정은을 친구 라 부르며 띄워 준 것은 미국과 국제사회의 이익을 위한 거래의 일부였 다고 보는 게 정확하다.

2017년 11월 대한민국 국회연설

그의 솔직한 생각은 2017년 11월 8일 서울 여의도 국회의사당에서 약 35분간 진행한 공식 연설에서 드러난다. 미국 대통령으로 23년 만의 대한민국 국회 연설에서 그는 정돈되고 절제된 단어와 표현으로 견해 를 밝혔다. 국회의원들로부터 19차례 박수받은 연설에서 그는 ● 북한 은 감옥 국가이며, ● 북한의 핵무기 보유는 헛된 꿈이며, ● 자유주의 세계 질서와 자유 대한민국 수호 의지는 확실하다는 점을 강조했다.

잔인한 독재 정권에서는 약 10만 명이 정치범 수용소에서 고통받고, 강제 노 동에 시달리며, 고문 · 기아 · 강간 · 살인을 지속적으로 당한다. 북한은 이단 적 종교집단 같은 나라다. 김씨 정권은 국내의 완전한 실패로부터 눈을 돌리 기 위해 대외적 갈등을 촉발한다. 이들은 헛된 희망에 젖어 핵무기를 추구한 다. 우리는 북한이 그 목표를 이루는 걸 결코 허용하지 않을 것이다.[154]

---

154 "Remarks by President Trump to the National Assembly of the Republic of Korea", *White House*(Issued on November 7, 2017)

확고한 북한 · 중국 견제와 태평양 방어 의지

트럼프는 이어서 이렇게 말했다.

> 한국과 미국을 과소평가하지 말라. 우리는 공동의 안보, 우리가 공유하는 번
> 영, 우리의 신성한 자유를 방어할 것이다. 미국은 갈등이나 대립을 원하지 않
> 지만 절대 도망치지도 않을 것이다. 우리는 미국과 동맹국이 협박이나 공격
> 받는 것을 용납하지 않을 것이다. 우리가 그토록 치열하게 싸우며 생명을 걸
> 었던 땅에서 최악의 잔혹이 반복되도록 하지 않을 것이다.[155]

이날 트럼프 연설은 레이건 대통령의 방한 국회 연설(1983년 11월 12일)
을 연상시킬 정도로 한국 찬사讚辭로 가득했다. 북한을 핵보유국으로 인
정하지 않고, 대한민국을 북한의 핵 무력 앞에 무방비로 내버려 두지 않
고, 주한미군을 성급하게 철수하지 않을 것임을 천명했다. 2020년 8월
미국·일본·인도·호주 4개국 협의체인 쿼드QUAD를 출범시킨 트럼프의
중국 견제와 태평양 방어 의지는 어느 미국 정치인보다 확고하다.

한국 방문 첫날 평택 미군 기지 찾아

그는 해외 미군 기지 중 최대 규모로 세계 최고 설비를 갖춘 경기도 평택
험프리스 기지 Camp Humphreys를 2017년 11월 7일 한국 국빈 방문 첫날 찾
았다. 이날 빈센트 브룩스 주한미군 사령관이 "험프리스 주한미군 기지

---

155 "[Full Text] US President Donald Trump's speech to South Korean National
  Assembly", *Korea Times*(November 9, 2017)

표 2-9 트럼프의 한반도 관련 발언

발언 내용	시기 · 매체
(북한과) 협상하겠다. 미친 듯이 협상해서 최상의 거래를 끌어내겠다	1999년 11월 NBC 'Meet the Press'
김정은과 대화할 것이다. 그와 대화하는 데 아무 문제가 없다	2015년 5월, 〈로이터통신〉
한국이 주한미군의 주둔비용 부담을 획기적으로 더 늘리지 않으면 기꺼이 미군 철수를 고려할 것이다	2016년 3월, 〈뉴욕타임스〉
한국의 자체 핵무장은 어느 시점이 되면 논의해야 하는 문제이다	2016년 3월, 〈뉴욕타임스〉
한미 FTA로 미국은 한국과의 교역에서 무역 적자가 2배가 됐고 일자리 10만 개가 없어졌다	2016년 9월 오하이오주 윌밍턴 연설
김정은을 여러 차례 만나겠다. 김정은을 백악관으로 초청할 것이며 적절한 시기에 내가 평양을 방문할 수도 있다	2018년 6월 싱가포르 미북 정상회담 후 기자회견
(한미연합 군사훈련) '워게임'을 하지 않는 것으로 많은 돈을 아꼈다. 6개월마다 도처에 폭탄을 떨어뜨리는 훈련은 미친crazy 짓이다.	2018년 7월, 〈폭스뉴스〉
(한미연합 군사훈련차) 괌 공군기지에서 폭격기가 출격해 폭탄 투하 후 돌아가는 데 수억 달러가 지출된다. 한국이 좀 더 지원해 줘야 한다	2019년 2월 하노이 미북 정상회담 후 기자회견
위험한 위치(한국)에 4만 명의 미군이 있는데 왜 우리가 부유한 나라인 한국을 방어해 줘야 하느냐	2024년 4월, 〈타임〉

건설에 한국 정부가 100억 달러 이상을 들였고 총비용의 92%를 맡았다"
고 하자, 트럼프는 "왜 그들은 100% 다 부담하지 않았나"라고 되물었다.[156]

그의 말은 한국의 방위비 분담금 증액을 겨냥한 '의도적' 발언이다. 북
한의 남침 저지 외에 공격적으로 팽창하는 중국 견제 역할을 수행하는
주한미군에 대해 미국 대통령 한 명이 기분에 따라 쉽게 바꿀 수는 없다.

뉴트 깅리치 전 연방하원의장은 트럼프의 의중意中에 대해 "나는 트
럼프가 한국을 무방비로 두는 데 관심이 있다고 생각하지 않는다. 이 지
역에서 미국의 이익을 지키는 데 한국과 일본이 핵심이라는 점을 그가
이해한다고 생각한다"며 "트럼프는 미국이 태평양에서 중국과 경쟁하
려면 미국의 부유한 동맹국들도 많이 투자해야 한다고 본다. 그는 한국

---

156 Bob Woodward, *Rage*(2020), p.84

과 일본으로부터 더 강력한 지원을 받기를 원한다"고 말했다.[157]

트럼프, 한국의 더 많은 참여와 기여 희망

트럼프의 진심은 한국과 관계가 멀어지는 게 아니라 중국과의 대결에 맞서서 양국이 힘을 합치고, 한국이 더 많은 기여와 역할을 해 주길 바란다는 것이다. 로버트 오브라이언 전 국가안보보좌관도 "미국 군대만으로는 중국·러시아·이란을 주저앉히고 억제하는 데 충분하지 않다. 세계 자유국가들의 강력한 동맹이 필요하다"며 이렇게 말했다.

> 트럼프의 두 번째 임기 때는 첫 임기 때와 마찬가지로 동맹을 구축하는 것이 중요하다. 비판론자들은 종종 트럼프가 전통적인 동맹에 적대적이라고 했지만 실제로 그는 대부분의 동맹을 강화했다. 트럼프는 NATO에 대해 단 한 차례의 (인원 및 장비 등의) 배치도 취소하거나 연기하지 않았다. NATO 회원국 정부에 국방비를 더 쓰라고 그가 압박한 것은 NATO를 더 강하게 만들었다.[158]

이를 한국에 대입해 보면 트럼프가 주한미군 방위비 분담금을 더 많이 내라고 요구하는 것은, 한미동맹 강화 목적에서이지 한미동맹 약화나 해체를 의도하는 게 아니다. 한국에 대한 트럼프 측의 입장과 요구사항은 확실하고 분명하다. 관건은 트럼프를 상대로 우리가 얼마나 잘 준비하고 대책을 세우느냐에 있다.

---

157 "Trump Would not Leave South Korea 'Undefended,' Former House Speaker Newt Gingrich Says", *Washington Times*(June 5, 2024)

158 Robert O'Brien, "The Return of Peace Through Strength: Making the Case for Trump's Foreign Policy", *Foreign Affairs*(July/August, 2024)

3부

트럼피즘 낳는
미국 사회 구조 변화

도널드 트럼프 전 대통령은 2024년 7월 18일 위스콘신주 밀워키의 전당대회장에서 생애 3번째 대통령 선거 후보 공식 지명을 수락하면서 "미국 사회의 불화와 분열이 치유돼야 한다"고 말했다.[1]

뉴트 깅리치 전 연방하원의장의 말대로 "비싼 푸아그라보다 서민적인 치즈버거를 좋아하며 '록펠러-부시'로 이어지는 공화당 주류의 잔칫상을 빼앗아간 촌놈"인 트럼프는 2024년 대선에 승리해 4년 만에 백악관 재입성을 확정했다.

더 흥미로운 것은 트럼프 2기 부통령이 된 JD 밴스[JD Vance](40세, 오하이오주) 연방상원의원이다. 오하이오주 미들타운의 가난한 환경에서 성장한 그는 위스콘신·펜실베이니아·미시간 같은 러스트 벨트[rust belt](제조업 쇠퇴 지역)의 '흙수저' 출신으로 '아메리칸 드림'을 상징한다.

'잊혀진 미국인들[forgotten Americans]'의 대변자를 자처하는 밴스의 발탁은 경합주에서 백인 노동자들의 지지 확보와 트럼피즘[Trumpism](트럼프주의)의 계승·확장을 의도한 선택이라는 평가가 많다.[2] 그는 사라 샌더스(41세) 아칸소 주지사, 론 디샌티스(46세) 플로리다 주지사, 기업가 출신인 비벡 라마스와미[Vivek Ramaswamy](38세) 등과 함께 '트럼프 키즈[Trump kids]'를 대표한다.

공화당의 트럼프화와 트럼프 충성파 정치인들의 연이은 등장은 트럼피즘이 미국 사회에서 본류[本流, main stream]가 됐음을 보여 준다.[3] 트럼피즘을 내건 트럼프와 공화당은 대선 전국 득표율과 연방 상하원, 주지사 선거에서도 민주당을 격퇴했다. 추종자들이 치열한 후계 경쟁을 벌이는 트럼피즘은 이변이 없는 한 앞으로도 지속될 가능성이 높다.

1   "Read the Transcript of Donald J. Trump's Convention Speech", *New York Times* (July 18, 2024)

2   "JD Vance poised to take Trumpism into the future", *Reuters* (July 17, 2024); "The Rise of the New Right at the Republican Convention", *New Yorker* (July 18, 2024)

3   "What is Trumpism, actually?", *Economist* (March 17, 2024)

반反엘리트주의와 반反글로벌리즘을 내건 트럼피즘의 인기는 미국인들 사이에 퍼져 있는 현상 변화 욕구를 보여 준다.[4] 3부에서는 트럼피즘을 용솟음치게 만드는 미국 사회의 8가지 구조 변화 원천源泉을 살펴본다.

미국인 71%, "미국이 잘못된 길 가고 있다"   `DIVINE INTERVENTION MINI BOX`

트럼피즘은 "미국이 잘못된 방향wrong track으로 가고 있다"는 미국인들의 불안과 위기 의식에서 출발한다. 미국 NBC 방송과 〈월스트리트저널WSJ〉이 실시한 2023년 1월 조사에서 "미국이 잘못된 방향으로 가고 있다"는 응답은 71%에 달했다.

두 언론사가 2021년 10월부터 실시한 9차례의 동일한 설문 조사에서 '미국이 잘못되고 있다'는 인식은 8차례 70%를 웃돌았다. 2023년 6월 25일 조사에선 74%로 상승했다. NBC 방송은 "1992년 이후 대통령 선거나 중간선거를 치른 직후에는 부정적인 대답이 낮아지는 경향을 보였는데 2021년 가을부터 그 공식이 깨졌다. 미국이 잘못된 방향으로 가고 있다는 부정적 여론이 이렇게 오래 지속되는 것은 처음"이라고 밝혔다.[5]

2024년 3월 2일 〈뉴욕타임스〉와 시에나폴Siena Poll의 조사에서는 등록 유권자의 65%가 "미국이 잘못된 방향으로 가고 있다"고 말했다. "올바른 길the right track에 있다"는 응답은 24%에 그쳤다.[6]

---

4   Daron Acemoglu, "Trump Won't Be the Last American Populist", *Foreign Affairs* (November 6, 2020)

5   "Poll finds 71% of Americans believe country is on wrong track", *NBC News*(Jan. 30, 2023)

6   "Cross-Tabs: February 2024 Times/Siena Poll of Registered Voters Nationwide", *New York Times*(March 2, 2024)

1. 부활하는 미국 민족주의

'아메리카 퍼스트America first'를 기초로 매가MAGA: Make America Great Again(미국을 다시 위대하게)를 내건 트럼피즘은 21세기 미국 민족주의American nationalism의 전형이다. 도널드 트럼프에 의해 본격 표출된 트럼피즘은 20세기에 두 차례 등장한 정치 노선을 잇고 있다.

대외 개입 반대한 로버트 태프트

첫 번째 뿌리는 1950년대 초 연방상원 공화당 원내대표를 지낸 로버트 A. 태프트Robert A. Taft(1889~1953, 오하이오주)이다. 윌리엄 H. 태프트 미국 대통령(27대)의 장남으로 예일대와 하버드대 로스쿨을 졸업한 그는 국제 문제에선 고립주의isolationism, 경제·통상에선 중상주의mercantilism를 주창했다.

1938년 연방상원의원에 당선된 그는 프랭클린 루스벨트Franklin Roosevelt 대통령의 뉴딜New Deal 정책을 계획경제라며 비판하고, 1941년 12월 일본의 하와이 진주만 기습 전까지 미국의 제2차 세계대전 참전 개입에 반대했다. "미국은 국내 문제에만 신경 쓰면 된다. 대서양 건너 멀리 떨어진 유럽 대륙 내부 전쟁에 관여할 필요가 없다"는 지론을 폈다.

그는 2차 세계대전 후 미국의 국제연합UN 및 북대서양조약기구NATO 창설에도 반대했다. 반反공산주의자였던 태프트 의원은 소련에 대한 봉쇄정책containment policy과 해리 트루먼 대통령의 한국전쟁 참전도 비판했다. 그의 일관된 '반反개입주의'와 미국의 동맹 체제에 대한 거부감은 2차 세계대전 후 세계 패권국이 된 미국 역할론에 밀려 배척당했다.[7]

태프트는 1940년, 1948년, 1952년 대통령 선거에 공화당 후보 지명전에 출마했다가 모두 실패했다. 그는 1952년 공화당 대선 후보 경선에선 초반 선두를 달리다가 공화당 중도파가 영입한 드와이트 아이젠하워에 밀려 2위로 낙선했다.

1991년 뷰캐넌의 애국주의로 부활

태프트 의원의 비전은 50여 년 후인 1991년 12월 10일 팻 뷰캐넌Pat Buchanan(1938년~) 공화당 대선 예비후보 출마 연설에서 되살아났다. 리처드 닉슨Richard Nixon 대통령의 백악관 연설 비서관과 로널드 레이건 대통령의 백악관 공보국장을 지낸 뷰캐넌은 세계 1위 국가로서 미국의 위상 추락과 정체성 약화를 지적하면서 미국 애국주의patriotism와 민족주의nationalism 확산을 촉구했다.[8]

그는 "서양의 전통 유산이 미래 세대에 계승돼야 한다"며 과도한 세계화를 경계했고, 외국으로부터 들어오는 이민자 축소와 낙태·동성애 권리 확대 및 다문화주의multi-culturalism에 반대했다. 또 사회적 보수주의social conservatism 운동을 역설했다. 공화당 대선 후보 경선에서 2위를 기록한 그는 1992년 8월 공화당 전당대회에서 조지 H. W. 부시 후보 지지 연설을 하면서 "미국의 영혼을 차지하려는 종교적 쟁탈전이 벌어지고 있

---

7   Thomas Wright, "Trump's 19th Century Foreign Policy", *Politico*(January 20, 2016)

8   "Buchanan, Urging New Nationalism, Joins '92 Race", *New York Times*(December 11, 1991)

다"며 21세기에 펼쳐지고 있는 미국 내 문화전쟁을 예고했다.[9]

구舊소련 해체와 독일 통일 등으로 탈냉전 시대가 열리는 시점에서 뷰캐넌은 공화당 내 레이건과 부시가 이끈 자유주의 국제질서와 이를 위한 글로벌리즘에 정면으로 반기反旗를 들었다. 그는 1960년대 민권운동civil rights movement 이후 미국에서 강화되어 온 소수인종 우대정책affirmative action에 대해 "미국 중부에 사는 농촌 백인들의 자녀들이 오히려 차별당하고 있다"며 비판했다.

시대 흐름 이용해 당선된 트럼프

미국의 정체성이 위협받고 있으며, 양대 정당이 백인 노동자·농민 등 토박이 미국인들을 외면하고 있다는 뷰캐넌의 생각은 25년 후 도널드 트럼프를 통해 확대 재생산됐다. 비슷한 입장이면서 실패한 뷰캐넌과 달리 트럼프는 2016년이라는 시대 흐름을 극적으로 이용하여 대선에서 승리했다. 여기에는 불법이민자 급증과 막강한 소셜미디어의 등장, 2000년 이후 실직한 약 500만 명의 중하층 노동자들의 정치 세력화 등이 요인으로 꼽힌다.[10]

트럼프는 자신이 41세 때인 1987년 9월 2일 9만 4,800달러를 들여 〈워싱턴포스트〉, 〈뉴욕타임스〉, 〈보스턴글로브〉 등 3개 신문에 실은 공개편지 형식의 전면 광고문에서 "미국은 일본, 사우디아라비아 같은 부

---

9 "1992 Republican National Convention Speech"(August 17, 1992)

10 "Trump is Pat Buchanan With Better Timing", *POLITICO Magazine*(September/ October 2016)

206

자 나라들을 미국 돈으로 도와주는 것을 중단해야 한다"고 지적했다.[11]

이듬해인 1988년 〈오프라 윈프리 쇼〉에 나온 그는 "(미국이 원유 해상 수출로를 안전하게 보호해 주는 대가로) 쿠웨이트로부터 석유 판매 대금의 25%를 받아야 한다"고 주장했다.[12] 1990년 봄에는 "미국 도시에서 '법과 질서'를 되찾도록 사형제도를 부활하고 경찰의 권위를 회복시켜야 한다. 수입하는 모든 벤츠 차량과 일본 제품에 관세를 매겨야 한다. 나는 동맹국도, 러시아도 신뢰하지 않는다"고 했다.[13]

하지만 트럼프는 팻 뷰캐넌의 생각에 동의하지 않는 부분이 분명히 있다고 밝혔다. 일례로 그는 "2차 세계대전 당시 서방 연합국들이 아돌프 히틀러 Adolf Hitler의 침공을 저지하지 말았어야 한다는 뷰캐넌의 생각은 혐오스럽다 repugnant"며 "히틀러가 서방에 대해 악의적인 의도를 갖고 있지 않았다는 뷰캐넌의 말은 믿을 수 없다"고 했다.[14] 그는 또 "뷰캐넌의 외교정책은 가장 억압적이고 반미反美적인 독재자들이 마음대로 행동하도록 보장하는 것"이라며 "나는 2차 세계대전 중 독일을 격퇴한 미국의 중요한 역할을 자랑스럽게 생각한다"고 밝혔다.

11 "An Open Letter from Donald J. Trump on Why America Should Stop Paying to Defend Countries that Can Afford to Defend Themselves", *New York Times*(September 2, 1987)

12 Thomas Wright, *Politico*(January 20, 2016)

13 Glenn Plaskin, "The 1990 Playboy Interview With Donald Trump", *Playboy*(March 1, 1990)

14 Donald Trump, *The America We Deserve*(2000), pp.16~17

2003년 이라크 침공 반대한 트럼프

트럼프는 2003년 공화당 지지자 대부분이 찬성한 부시 행정부의 이라크 침공에 반대했다. 새로운 전쟁 회피와 반反개입주의라는 트럼피즘에 충실했던 것이다.

그는 2015년에 발간한 저서에서 "우리는 불법이민을 막고, 인프라를 재건하고, 세금 체계와 교육 체계를 바로잡아야 한다. 가장 중요한 일은 아메리칸 드림을 되살려서 열심히 일하는 수백만의 국민들에게 우리나라를 되돌려 주는 것"이라고 주장했다.[15]

2016년 3월 그는 자신의 외교정책 노선과 관련해 "나는 고립주의자가 아니라 '아메리카 퍼스트I'm not isolationist, but I am 'America First'"라며 이렇게 말했다.

> 우리는 우리보다 거칠고 민첩하고 영리한 나라들에 의해 많은 해 동안 존경받지 못하고 조롱받고 갈취당해 왔다. 사우디아라비아처럼 우리가 많은 돈을 들여 그 나라를 보호해 주면서도 아무런 실질적인 보상을 받지 못하는 일을 그만둬야 한다.[16]

사우디아라비아 같은 부자 나라에 대해 미국이 호구虎口, sucker처럼 많은 비용을 들여 국방 역할을 대신하는 행태를 중단해야 한다는 주

---

15 Donald Trump, 《불구가 된 미국》(2016), pp.258~259
16 "Highlights From Our Interview With Donald Trump on Foreign Policy", *New York Times*(March 26, 2016)

장으로 사우디아라비아와의 외교 관계의 단절 같은 고립주의 노선이
아니다.

고립 노선 아닌 '미국 최우선주의'

우호 관계를 유지하되 미국이 대가와 보상을 받아야 한다는 '미국 최우
선주의' 입장인 셈이다. 2017년 1월 대통령 취임 후에도 그가 미국의
국제적 공약을 철회하거나 부정한 사례는 없다. 북대서양조약기구NATO
를 포함한 동맹국과의 관계를 해체하거나 단절하지도 않았다. 따라서
트럼프는 로버트 태프트, 팻 뷰캐넌과 같은 사상적 계보系譜에 있으면서
도 다르다.

그가 노골적인 고립주의자가 아니며 국제적 협력을 중시하고 있기
때문이다. 트럼프 자신도 "나는 민족주의자인 동시에 국제주의자이다.
결정은 나만 할 수 있다I'm a nationalist and a globalist, I'm both. And I'm the only one
who makes the decision"고 말했다.[17]

이런 측면에서 트럼프가 규칙에 기반한 자유주의 국제질서를 약화시
키고 고립주의로 회귀한다는 평가는 잘못된 진단이다. 그는 미국의 실
익實益을 극대화하기 위해 외교정책을 재조정하고 재협상한다.[18] 목표
달성을 위해 그는 적과 동맹을 구분하거나 차별하지 않는다. 실제로 그

---

17 "Why Donald Trump Decides to Back Off NAFTA Threat", *Wall Street Journal*(April 27,
   2017)

18 Colin Dueck, *Age of Iron: On Conservative Nationalism*(London: Oxford University Press,
   2019)

는 안보 이슈에서 NATO 회원국과 북한을 모두 압박했고, 통상 이슈에서는 캐나다·멕시코·EU와 중국을 가리지 않고 높은 관세를 부과했다. 트럼프는 민족주의와 국제주의 요소를 모두 갖고 있는 정치인이다.

평민 트럼프 vs 워싱턴 귀족　　DIVINE INTERVENTION MINI BOX

귀족 없는 나라로 출발한 미국에선 대통령도 평민이었다. 그러나 세월이 흐르면서 미국에도 대를 이어 활동하는 연방 상하원의원, 주지사, 로비스트, 사업가, 법률가, 학자 같은 귀족들이 생겼다. 이들은 워싱턴 DC에서 정당·이념 구분 없는 기득권층 establishment이 됐다.

경제적으론 부자이면서 정치적으로는 평민인 트럼프의 대통령 당선은 그런 점에서 이변異變이었다. 명문 가문과 공화당 내 명망 있는 정치인들을 모두 물리쳤고 주류 엘리트 언론과 줄곧 반목反目했기 때문이다.

미국의 유명 보수주의 이론가인 윌리엄 크리스톨, 막스 부트, 조지 윌 등은 '죽어도 트럼프는 안 된다Never Trump'는 운동을 벌였다. 트럼프가 공화당 대선 후보가 되자, 부시 가문은 힐러리 클린턴에게 표를 던졌다.[19] 이들은 제3의 기득권 보수주의 후보를 찾기도 했다.

외교정책에서도 부시 행정부의 네오콘neo-con, 클린턴 행정부의 글로벌리스트 globalist, 오바마 행정부의 국제주의자internationalist 같은 기득권층이 있다. 집권 1기에 외교정책 기득권층과 불편한 동거를 했던 트럼프가 2기 들어 트럼피즘 일변도로 나아갈지 주목된다.

---

19 "Never Trump movement", https//en.wikipedia.org/wiki/Never_Trump_movement

2. 세계화의 부작용과 소외

미국의 여러 정파 가운데 도널드 트럼프는 1990년대부터 30여 년 동안 세계화globalization 과정에서 일자리를 잃고 소득이 줄어 소외left behind된 미국인들의 정치적 불만과 요구를 가장 확실하게 대변하고 있다. 벤저민 슈프만 예일대 교수의 진단이다.

> 세계화로 인해 상당수 미국인은 임금이 정체되거나 일터에서 밀려났다. 2008년 글로벌 금융위기로 중산층과 하층민들은 그들의 경제적·사회적 낙오를 더 분명히 느꼈다. 코로나19는 이런 현실을 더 악화시켰다. 이런 좌절감과 한계에서 트럼피즘이 배태됐다.[20]

소외된 노동자 외면한 민주·공화당

미국인 중에서도 중서부에 거주하는 제조업 생산직 노동자들이 큰 타격을 받았다. 이들은 제2차 세계대전 이후 1970년대까지 삶의 질이 두 배 이상 개선되며 행복한 시기를 보냈다. 그러나 1973년을 전후해 실질소득이 더 이상 늘지 않고 있다. 1990년대 이후 세계화가 진행되면서 부富의 과실이 소수 상위 계층에 더 집중되고 노동 계층은 누리지 못하고 있다.

---

20 Benjamin A. Schupmann, "Commentary: Why is former US president Donald Trump still so influential?", *Channel News Asia*(November 20, 2021)

경제 성장에도 불구하고 마약·자살·알코올 등으로 미국 노동자들의 평균수명은 줄고 있다. 미국은 상위 20개 선진국 가운데 예외적으로 50대 사망률이 상승하는 나라이다. 지방·도시 간에도 경제적 격차에 따라 사망률이 달라지고 있다.[21] 미국 정부 통계를 보면, 2022년 미국의 빈곤율은 12.4%로 전년(7.8%)보다 상승했다.[22] 2023년 말 기준 최상위 1% 부자들의 자산은 역대 최대(44조 6천억 달러)를 기록하며 미국 전체 부의 30%를 차지했다.

이런 양극화는 세계화에 따른 시장 개방·자유화와 인공지능[AI] 같은 첨단기술 발전, 공장 자동화로 더 빨라지고 있다. 한때 노스캐롤라이나주의 가구家具 산업에는 9만 명의 중산층 근로자들이 일했다. 그러나 2001년 중국의 세계무역기구[WTO] 가입 후 중국산 수입 급증으로 10년 만에 근로자의 절반이 일자리를 잃었다. 현재 미국 가구 시장의 73%를 수입 제품이 차지하고 있다.[23]

---

21 "U.S. poor died at much higher rate from COVID than rich, report says", *Reuters*(April 4, 2022)

22 U.S. Census Bureau, "Income, Poverty and Health Insurance Coverage in the United States: 2022"(September 12, 2023)

23 John Mullin, "The Rise and Sudden Decline of North Carolina Furniture Making", *Econ Focus: Fourth Quarterly*(Report)

트럼프와 세계화 반대 세력과의 연합

트럼프는 이들에게 손을 내밀었다. 세계화의 열매를 독식하며 글로벌리즘 정책과 해외 개입을 추구해온 정치인·군인·외교관·금융인·관료 등을 비판하는 트럼프는 이들에게 최적의 정치적 동반자이다. 트럼프는 워싱턴 DC의 정치인·고위 공무원·로비스트들을 '워싱턴 늪Washington Swamp'이라 싸잡아 묶어 "부패한 늪을 청소하라!Drain the Swamp!"고 외친다.

헤리티지재단이 발간한 차기 보수 정부 공약집인 〈프로젝트 2025〉 보고서는 이렇게 밝혔다.

미국의 대기업과 정치 분야 엘리트들은 '시골 깡촌fly-over county'의 겸손하고 애국적인 노동자 가족들을 경멸한다. 대신 계몽된 고학력 엘리트들이 나라를 운영하는 21세기 윌슨주의적 질서를 믿는다. 이런 윌슨주의적 오만hubris은 미국의 많은 대기업과 공공기관, 대중문화에 암세포처럼 퍼져 있다. 미국의 엘리트들은 노동자나 고객들보다 외국 투자자와 국제기구를 더 챙기며 좌파들의 워크woke 어젠다에 사로잡혀 있다.[24]

---

24 *Mandate for Leadership: The Conservative Promise Project 2025*(Washington DC: Heritage Foundation, 2023), p.10

글로벌리스트들에게 사기당한 촌뜨기들

기존 워싱턴 정치인들은 세계화로 미국 중하층민의 삶이 더 힘들어진 측면을 외면했다. 민주·공화당 차이는 펩시콜라와 코카콜라의 차이와 다를 게 없다. 뉴욕, 워싱턴 DC, 시카고, 샌프란시스코, LA 같은 대도시에 사는 글로벌리스트들은 부자가 됐지만, 아이오와, 노스캐롤라이나에 사는 촌뜨기들은 이들에게 사기당했다.[25]

미국과 미국민을 가장 중시하는 미국 최우선주의를 표방하는 트럼프는 노동자와 중하층민에게 '구세주'나 마찬가지다. 2016년 미국 대통령 선거를 앞두고 공화당 대선 후보로 나온 17명 가운데 존 케이식John Kasich 오하이오 주지사를 제외한 16명은 모두 세계화에 반대하는 민족주의자로 분류됐다. 이는 트럼피즘이 대중 속에 확산하고 있음을 보여 준다.

시카고글로벌문제연구소Chicago Council on Global Affairs가 2016년 6월 10~27일 실시한 트럼프 및 비非트럼프 지지자들에 대한 성향 조사를 보면, 트럼프 지지자가 아닌 사람들의 57%가 "국제무역이 미국 경제에 좋다"고 대답한 반면, 트럼프 지지자들은 40%만 이에 동의했다. 트럼프 지지자의 86%는 "미국인의 일자리를 지키는 것이 최우선 순위"라고 했고, 이들 중 93%는 불법이민 유입 억제와 멕시코에 대한 국경 장벽 설치에 찬성 입장을 밝혔다.[26]

---

25 Victor Davis Hanson, *The Case for Trump*, 《미국은 왜 아웃사이더 트럼프를 선택했는가》 (서울: 김앤북스, 2020), p.117

26 "Republicans Get behind Trump, but Not All of His Policies", Chicago Council on Global Affairs(July 2016)

세계로 번지는 '자국우선주의'

반反세계화는 세계적 대세가 되고 있다. 2016년 6월 영국 국민들은 EU에서 탈퇴하는 브렉시트Brexit를 선택했다. 2024년 6월 실시된 EU 의회 선거에서는 반反이민·국경 통제·친親환경 정책 철회·자국 이익 최우선을 내건 우파 정당들이 약진했다.[27] 일본의 아베 신조 총리와 시진핑 중국공산당 총서기, 러시아의 블라디미르 푸틴 러시아 대통령, 튀르키예의 에르도안 대통령처럼 최근 집권한 주요국 지도자들 중에는 자국自國 제일주의자들이 많다.

대런 애스모글루Daron Acemoglu MIT 교수는 "트럼피즘을 포함한 세계 각국의 움직임은 오래된 기존 정치 질서의 전면적 해체a complete unraveling of the old political order 가능성을 보여 준다"고 말했다.[28] 트럼프 진영은 재집권 시 더 강력한 반세계화 정책을 벼르고 있다.

〈프로젝트 2025〉의 경제 분야를 총괄한 차기 연방준비제도이사회Fed 의장 후보인 스티븐 무어Stephen Moore 헤리티지재단 선임고문은 "미국이 세계의 '경찰' 노릇을 하려다 만국의 샌드백이 될 지경이다. 미국은 모두를 가난하게 만드는 사악한sinister 기관인 IMF와 세계은행에 대한 지원을 중단하고 탈퇴해야 한다"고 했다.[29]

27　"Far Right Makes Significant Gains in European Parliament Elections", *Financial Times*(June 10, 2024)

28　Daron Acemoglu, *Foreign Affairs*(November 6, 2020)

29　"[단독] 트럼프의 경제 책사 스티븐 무어 인터뷰", 〈조선일보〉(2024년 3월 22일)

미국 국민, 세계화보다 자국 이익 중시

이에 동조하는 미국인도 늘고 있다. 퓨리서치센터 Pew Research Center가 2024년 4월 1~7일 성인 3,600명을 조사한 결과, 미국 정부가 '국내 정책에 더 집중해야 한다'고 답한 비율(83%)은 2019년 조사(74%) 때보다 9%p 늘었다. 같은 조사에서 응답자의 42%는 "다른 나라들이 국제질서 유지에 더 많은 비용을 부담하도록 하는 것이 미국 외교정책의 최우선 과제"라고 했다.

외교정책 목표 우선순위를 묻는 질문(복수 응답)에서 'UN 강화'(31%), 'NATO 강화'(27%), '우크라이나 지원'(23%) 같은 외국 지원에 찬성하는 대답은 소수에 그쳤다.[30] 이는 트럼프 진영의 방위비 분담 비용 증액 주장에 상당수 미국인들이 공감하고 있음을 보여 준다.

30여 년간 세계화가 진행된 후유증으로 미국이 세계에 대한 관심과 개입을 줄이고 미국의 이익을 먼저 챙겨야 한다고 믿는 국민이 늘고 있다. 트럼프와 트럼피즘의 위력은 미국의 달라진 세계관에서 연원한다.

---

30 "What Are Americans' Top Foreign Policy Priorities?", Pew Research Center(April 23, 2024)

3. 미국 백인들의 불만과 분노

미국은 '정체성 정치identity politics'가 작동하는 나라다. 정체성 정치란 인종·성·종교·지역 같은 여러 기준으로 나뉘진 집단이 자신의 이해관계에 따라 투표하는 현상을 말한다. 2008년 버락 오바마는 흑인과 히스패닉·아시아계 등 소수인종을 중심으로 백인 대졸자, 미혼여성, 젊은 층으로 지지층을 넓히는 '유권자 연합alliance of voters'의 정체성 정치로 미국 최초의 흑인 대통령이 됐다.

2020년 미국의 백인 인구는 총인구의 57.8%로 10년 전(63.7%) 대비 6%p 정도 줄었다. 반면 히스패닉(16.3% → 18.7%)과 아시아계(4.8% → 6.0%) 비중은 늘고 있다.[31] 특히 선거권을 가진 총유권자 대비 백인 비율은 4년마다 2%p씩 내려가고 있다.

인구에서 주변부 되는 백인들

이에 따라 2000년 대통령 선거 당시 전체 유권자의 78%에 달했던 백인 비율은 2020년 67%가 됐다. 이 추세라면 2052년쯤부터 백인 유권자는 전체의 절반 밑으로 떨어져 선거에서 중심적 역할을 잃게 된다. 이런 상황에 위기감을 갖는 백인들은 백인 우대와 권리 증진을 외치는 트럼피즘에 빠져들고 있다. 트럼피즘은 미국 백인과의 전략적 동거同居라는 정체

---

31 U.S. Census Bureau 2020, 2010 Census Redistricting Data Summary File

성 정치의 산물이다.

민주당은 소외된 중서부 내륙 백인들을 외면해 왔다. 중서부 지역은 한때 민주당을 지지하는 철옹성 같은 곳으로 '블루월 Blue Wall'로 불렸다. 하지만 생활고와 건강 악화에 따른 이혼·가족 해체 등을 겪고 있는 내륙 백인들에 대해 민주당의 힐러리 클린턴 후보 등은 '한심한 종자들 deploreables'이라며 멀리했다.[32] 《휘슬블로어 Whistle Blower》의 저자 수전 파울러 Susan Fowler는 자신이 겪은 고향 애리조나주 농촌 실정을 이렇게 적었다.

그곳 백인 청소년들은 고등학교를 졸업해도 가난에서 벗어나지 못한 채 상당 수가 약물 중독이었다. 기껏해야 최저 임금을 받는 파트타임 일자리밖에 없었기 때문에 부모와 함께 트레일러촌에 살면서 푸드 스탬프와 복지 수급으로 연명했다. (중략) 그것이 나의 미래였고 그보다 못할 수도 있었다. 하나님, 이건 너무하다고요! 나는 거의 매일 밤마다 울다 잠들었다.[33]

'한심종자' 된 중서부 백인 노동자들

과거 공업 지대였던 중서부 러스트 벨트 Rust Belt 사정은 더욱 심각하다. 오하이오주 미들타운에서 태어나 어려운 가정형편에도 할머니의 도움으로 예일대학 로스쿨까지 졸업한 뒤 2022년 연방상원위원, 2024년 트럼프의 부통령 후보가 된 JD 밴스는 켄터키주 남동부에 있는 인구 6천 명의 소도시 잭슨 Jackson의 모습을 이렇게 묘사했다.

---

32 Victor Davis Hanson, 《미국은 왜 아웃사이더 트럼프를 선택했는가?》(2020), pp.60~62
33 Susan Fowler, *Whistle Blower*(2020), 《휘슬블로어》(서울: 샘앤파커스, 2021), p.36

썩어가는 낡은 판잣집이며 음식을 구걸하는 유기견들, 잔디밭에 아무렇게나 널려 있는 헌 가구들…. 방이 두 개 딸린 어느 작은 집을 지나가던 중에 그 집 안방 창문의 커튼 뒤에서 누군가 나를 놀란 토끼 눈으로 쳐다보고 있는 걸 느꼈다. 유심히 살펴보니, 창문 세 개에 나뉘어 붙어 있던 최소 여덟 쌍의 눈동자가 보였다. 두려움과 간절함이 뒤섞여 있는 눈동자였다. 현관문 앞에는 서른다섯 살이 안 돼 보이는 마른 남자가 앉아 있었다. 틀림없이 그 집의 가장이었다. 사나운 개가 황량한 앞마당에 널린 헌 가구를 지키고 있었다. 그가 직업이 없는데….[34]

힐빌리 Hillbilly 산골 마을로 알려진 잭슨은 전체 인구의 3분의 1이 빈곤층이며, 아동들의 절반도 빈곤층이다. 힐빌리는 가난하고 소외된 '백인 하층민'을 가리키는 말이다. 서부 실리콘밸리나 동부의 월스트리트, 워싱턴 DC 등에서 부를 모은, 친親민주당 성향의 잘나가는 미국인들은 이해할 수 없는 현실이다. 미국 남부의 가난한 농부와 북부 노동자를 대변했던 민주당은 글로벌 지향의 동·서부 고학력 엘리트 중심 당이 됐다.

내륙의 '화난 백인들' 지지로 트럼프 승리

존 매케인·미트 롬니 같은 공화당 대통령 후보들은 '무늬만 공화당원들 RINO: Republican In Name Only'로 이들에게 특별한 관심을 쏟지 않았다. 트럼프만이 가난한 백인들에게 "당신들이 가난해진 건 대도시와 해안의 소수 엘리트들이 외국의 저렴한 물건 수입과 불법이민자들이 몰려오도록

---

34 JD Vance, *Hillbilly Elegy*(2016), 《힐빌리의 노래》(서울: 넥스트웨이브미디어, 2017), p.51

표 3-1 미국 주요 경합주 대선 결과 격차

(단위: %p)

경합주	2020년	2016년
미시간	2.8	0.2
네바다	2.4	2.4
노스캐롤라이나	1.3	3.7
펜실베이니아	1.2	0.7
위스콘신	0.7	0.8
애리조나	0.4	3.5
조지아	0.3	5.2

주: 2016년엔 모든 경합주 트럼프 승리, 2020년엔 노스캐롤라이나주만 트럼프 승리
출처: Realclearpolitics.com

허용했기 때문"이라고 속삭이며 다가갔다. 이 일대 백인 부동층 유권자 400만~600만 명을 투표장으로 끌어냈다.

중서부 내륙 지역에 있는 이른바 '화난 농촌 백인 Angry Rural White'의 인구 규모는 미국 총 유권자의 15%이지만 결집력과 영향력은 몇 배가 된다. 석탄 생산을 주로 하는 웨스트버지니아주의 경우, 2016년과 2020년 대선에서 유권자의 85%와 83%가 트럼프를 지지했다. 2016년 트럼프의 대선 승리는 내륙 경합주에서 화난 백인들의 지지를 받은 게 결정적이었다.

미시간주(0.2%), 펜실베이니아(0.7%), 위스콘신(0.8%), 3개 경합주 swing state에서 1%p 미만 격차로 트럼프는 신승 辛勝했다. 그는 전국 유권자 총 투표에선 힐러리 클린턴 후보에게 280만 표 차이로 뒤졌지만, 경합주를 독식하는 바람에 선거인단 투표에서 304 대 227로 압승해 힐러리를 꺾었다.

인구 2만 명 미만 카운티의 90% 트럼프에 몰표

2020년 미국 대선에서도 인구 2만 명 미만의 미국 전국 카운티county 가운데 90%가 트럼프에게 표를 몰아줬다. 미국에서 가장 작은 행정단위가 '트럼프 나라Trump Country'의 근간이 된 것이다.35 유색 인종과 소수민족이 우대받고, 정작 평범한 백인은 차별받는 분위기도 트럼피즘의 발흥을 부추긴다.

2009년 프린스턴대학 사회학과의 토머스 이스펜셰드·알렉산드리아 래드포드 교수의 공동 연구보고서에 의하면, 흑인과 히스패닉계보다 백인과 아시아계, 특히 농촌이나 노동자 가정의 백인 자녀가 대학 입학에서 가장 불리한 대우를 받는 것으로 밝혀졌다. 두 명의 교수는 "법, 금융, 학계, 언론, 예술, 자선사업 같은 엘리트 전문직에 활동하는 보수 성향 주州의 백인 노동자 출신은 거의 없다"고 결론 내렸다.36

미국을 다시 백인 나라로

미국 대도시에서 새로 선출되는 시장·시의원과 검찰·법원 등 사법기관 종사자들의 주류도 흑인이 되고 있다. LA, 새너제이 같은 남서부 대도시들은 히스패닉이 장악했거나 장악하는 중이다. 라틴계 판사가 백인 판사보다 인사 평가 등에서 좋은 대우를 받고, 법 집행이 흑인들에게

---

35 Tom Schaller & Paul Waldman, *White Rural Rage: The Threat to American Democracy*(New York: Random House, 2024), p.138

36 Ross Douthat, "The Roots of White Anxiety", *New York Times*(July 18, 2010)

더 관대하다는 지적이 끊임없이 제기되고 있다.

2023년 3월 성관계 입막음 혐의로 트럼프 전 대통령을 형사 기소起訴한 앨빈 브래그Alvin Bragg 뉴욕카운티 검사장을 포함한 트럼프 사건 기소 검사들은 대부분 흑인이었다. 트럼피즘은 이에 맞서 '미국을 다시 백인 나라로 만들자Make America White Again'고 외친다.

2024년 미국 대선은 '화난 백인'들의 분노를 기초로 가난하고 소외된 자들이 부자·엘리트들에 반격하는 구도로 이뤄졌다. 백인 남성들이 트럼프의 '매가MAGA' 구호를 중심으로 뭉쳤고, 민주당의 위선僞善과 실속 없는 달콤한 말잔치에 실망한 흑인·히스패닉·아시안이 가세했다.

트럼프의 미국 대통령론　　　　　DIVINE INTERVENTION MINI BOX

1. 대통령 자리는 더 이상 중요하지 않으며, 미국은 끝났다고 생각하지만 나는 대통령은 세상의 모든 변화를 가져올 수 있다고 장담한다. 올바른 대통령이 있으면 미국은 강해질 수 있고, 더 나아질 것이며, 이전보다 훨씬 성공적인 국가가 될 수 있다.
2. 대통령은 국가를 위해 큰 거래가 성사되도록 만드는 유능한 협상가이다. 대통령은 국가를 대표해 국민에게 이득이 되는 거래를 성사시켜야 할 최고위 협상가이다. 누가 협상하느냐 혹은 누가 협상을 중개하느냐에 따라 협상 결과는 달라진다.
3. 대통령이 상대방에게 눌려 국가에 누가 되는 방향으로 거래를 해 버리면 참담하게도 우리와 우리 자손들이 그 대가를 치르게 된다.
4. 나는 실용적 관점에서 '외교정책'을 바라본다. 나는 외국 정부를 협상장으로 끌어들이고 모든 것을 내주지 않도록 협상하는 법을 안다.
5. 나는 모든 세부 사항을 중시한다. 그래서 '부가합의'에 어떤 내용이 있는지 모른 채 이란과 핵 '합의'를 맺은 일부 협상가들과 달리 세부적 조항들을 모두 확인한다.[37]

---

4. 기독교 복음주의 세력의 지원

미국 백인 복음주의 개신교도White evangelical Protestants들은 트럼프 전 대통령을 가장 열렬히 지지하는 종교 세력이다. '매우 호감'을 표시하는 30%를 포함해 이들 중 67%가 트럼프에 '호감'을 갖고 있다.[38] 이는 무신론자(88%)와 흑인 개신교도(80%), 유대교 미국인Jewish Americans(79%) 대다수가 트럼프에 '비우호적 생각'을 갖고 있는 것과 대비된다.

트럼피즘의 핵심 기반crucial bedrock인 기독교 복음주의자들은 성경Bible에 대한 충성 맹세와 가족을 중시하며 도박·마약·성적 문란, 불성실한 재무 거래 등을 엄격하게 금지한다. 그런 측면에서 13세 때 장로교회에서 세례를 받았으나 순수·순결 미덕이란 기준과 동떨어진 삶을 산 트럼프에 대한 이들의 지지는 의외에 가깝다.

트럼프와 기독교 우파의 '파우스트적 거래'

1970년대 《긍정적 사고의 힘 The Power of Positive Thinking》의 저자인 노먼 빈센트 필Norman Vincent Peale 목사의 주재로 결혼식을 올린 트럼프는 포르노 배우와의 성관계, 부정직한 금전·재무 거래 등으로 범죄 혐의를 받고 있다. 그의 상습적인 막말과 거짓말까지 포함하면 신성모독神聖冒瀆에 가까운 삶

---

37 Donald Trump, *Time to Get Tough: Making America #1 Again* (2011), 《트럼프, 강한 미국을 꿈꾸다》(서울: 미래의 창, 2017), pp.12~13, 251, 265~266
38 "5 facts about religion and Americans' views of Donald Trump", Pew Research Center (March 15, 2024)

을 살았다는 지적도 있다.

그런 측면에서 백인 복음주의 개신교도들, 즉 기독교 우파Christian Right
의 트럼프 지지는 도덕적 가치를 세속적 이익과 교환하는 '파우스트적 거
래Faustian bargain'로 평가된다. 그 밑바탕에는 기독교 국가인 미국이 더 이
상 타락해서는 안 된다는 복음주의 개신교도들의 절실함이 깔려 있다.[39]

이들은 미국 사회 전반에 다양성 diversity과 포용 inclusion을 명분으로 좌
파 이념이 확산되면서 미국이 탈脫기독교 사회로 변질되는 데 위기와
책임감을 느끼고 있다. 동성결혼 합법화와 성전환 장려, 성소수자 우대
같은 좌파 이념과 신神의 창조권을 부정하는 반反기독교 문화 확산을 더
이상 방치할 수 없다는 입장이다.

반기독교 사회 흐름에 책임감

'미국이 백인우월주의 이념 위에 건국됐고, 모든 백인 아동과 가족은 백
인우월주의의 공모자共謀者'라고 가르치는 비판적 인종 이론Critical Racial
Theory도 기독교 우파들은 용납할 수 없다. 미국 사회의 타락이 이슬람과
가깝고 동성결혼을 공개 지지한 버럭 오바마 대통령의 8년 대통령 재임
기간에 심화됐다는 점에 주목한다.

민주당 정권에서 확대되고 공고해진 좌파 이념과 활동력은 2020년 5월
미네소타주에서 백인 경찰에 질식사한 흑인 조지 플로이드George Floyd 사
건을 계기로 확산된 '흑인 생명도 소중하다BLM: Black Lives Matter' 운동을 통

---

39 Andrew Whitehead, "Make America Christian Again: Christian Nationalism and Voting
for Donald Trump in the 2016 Presidential Election", *Sociology of Religion*, 79(2)(2018)

해 전면에 드러났다.

미국 기독교 우파들은 문제 해결을 위해 2016년 대선에서 손잡은 트럼프 전 대통령과의 정치적 동맹을 더 강고하게 해야 한다고 믿고 있다. 이들은 기독교 가정에서 출생하고 성장한 트럼프가 성인이 된 후 기독교인다운 삶을 살지 않았지만 하나님의 소명召命을 부여받은 인물이라 본다. 하나님의 축복을 받은 기독교 국가Christian nation로서 미국을 바로 세울 지도자로 트럼프를 지목하는 것이다.[40]

'기독교 국가 재건'에 화답하는 트럼프

이들의 다급함은 미국 내 기독교 신자信者가 2000년대 들어 급감하는 것과 관계있다. 미국 총인구 대비 교회 등록 인구 비율은 2000년 70%에서 2010년 61%, 2020년 47%를 기록하며 통계 작성 이래 가장 낮은 수준으로 떨어졌다.[41]

"최근 1주일 동안 교회 예배에 한 번이라도 참석했다"는 미국 성인 비율(총인구 대비)은 1958년 49%, 2000년 44%에서 2023년 32%로 하락했다.[42] 이런 흐름이 계속되면 기독교적 가치와 정신이 사라져 미국은 탈脫기독교 사회가 될 것이라고 이들은 우려한다.

---

40 "Why are so many evangelical Christians in thrall to Trump?", *Financial Times* (February 23, 2024)

41 "U.S. Church Membership Falls Below Majority for First Time", Gallup(March 29, 2021)

42 "How Religious Are Americans?", Gallup(March 29, 2024)

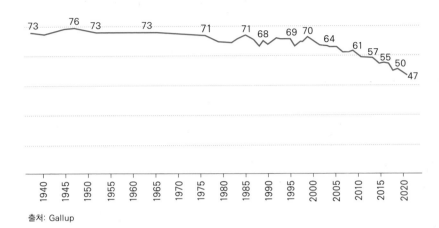

그림 3-1 미국 교회 멤버십 비율 추이(1940~2020년)

(단위: %)

73 76 73 73 71 71 68 69 70 64 61 57 55 50 47

1940 1945 1950 1955 1960 1965 1970 1975 1980 1985 1990 1995 2000 2005 2010 2015 2020

출처: Gallup

트럼프는 대통령 시절 이들의 '기독교 국가 재건' 요구에 부응했다. 동성애와 성 다양성 이슈에 대척점에 서서 그는 오바마 행정부 8년 동안 이어진 '성소수자 긍지의 달Pride Month of LGBTQ' 행사를 거부했고 백악관 홈페이지에서 '동성애자 권리' 관련 내용을 삭제했다.

전국의 공립학교에서 자신이 택한 성gender에 따라 화장실과 탈의실을 자유롭게 쓰도록 하고 이를 어기면 자금 지원을 중단한다는 정부 지침도 폐지했다. 동성애에 반대하는 에이미 코니 배럿Amy Coney Barrett을 포함한 3명의 보수 성향 연방대법원 판사를 임명했다.

2015년 10월 22일 아이오와주 유세에서 트럼프는 사라져 가는 인사말 '메리 크리스마스'를 복권시키겠다고 했다. 그는 "나는 좋은 기독교 신자이다. 내가 대통령이 되면 우리는 '해피 홀리데이스'는 집어치우고 어디서나 '메리 크리스마스'라고 인사하게 될 것"이라고 했다.[43] 대통

226

령 재임 중 그는 국제법 위반 논란에도 불구하고 2018년 이스라엘 주재 미국 대사관을 텔아비브에서 예루살렘으로 옮겼다. 자신이 기독교 우파에게 둘도 없는 우군友軍임을 행동으로 증명했다.

중남부 '바이블 벨트'의 트럼프 지지 운동

기독교 우파들은 자신들의 사명을 실현하는 일환으로 트럼프 전 대통령에 대한 지지 강도를 높이고 있다.[44] 이들의 규모는 미국 총인구의 14% 정도이지만, 2020년 대선에 투표한 유권자의 25%를 차지할 정도로 결속력과 정치 참여도가 높다. 대다수 백인 개신교 지도자들은 트럼프 전 대통령에 대한 사법 처리와 관련, "민주당과 좌파의 정치적 음모로 억울하게 수모를 당하고 있다"는 주장에 동조한다.

지역적으로는 텍사스주를 중심으로 미국 중남부에서 동남부에 걸친 '바이블 벨트Bible Belt'가 트럼피즘의 아성牙城이다. 이곳에서 트럼프의 2024년 대선 승리를 지원하려는 움직임이 활발하다. 랠프 리드Ralph Reed가 이끄는 복음주의 기독교 단체 '페이스 앤 프리덤Faith & Freedom'은 2024년 대선에서 트럼프 당선을 위해 6,200만 달러를 대선 승부처인 경합주에 투입한다고 밝혔다.[45]

---

43 Fareed Zakaria, "Trump's Faith-based Campaign Tactics", *CNN*(April 7, 2024)

44 Tim Alberta, *The Kingdom, the Power, and the Glory: American Evangelicals in an Age of Extremism*(New York: Harper, 2023)

45 "Ralph Reed's Army Plans $62 Million Spending Spree to Boost Evangelical Turnout", *Politico*(March 11, 2024)

"미국이 다시 기도하게 하자"

트럼프는 성^聖금요일과 부활절을 맞은 2024년 3월 26일 성경을 홍보하는 영상에 나와서 "종교와 기독교는 이 나라에서 가장 부족한 것들이다. 진심으로 그것들을 되찾아야 한다고 믿는다"며 "미국이 다시 기도하게 하자Let's make America pray again"고 말했다.[46] 기독교 우파를 위해 희생한 순교자martyr로 자신을 규정하는 그는 "2024 대선 투표장에 제발 빠짐없이 나와 달라"고 투표 참여를 독려하고 있다.[47] 트럼피즘과 기독교 우파 간의 연합 관계는 특별한 사정이 없는 한 지속될 전망이다.

그림 3-2 미국의 주별 기독교인 비율

(단위: %)

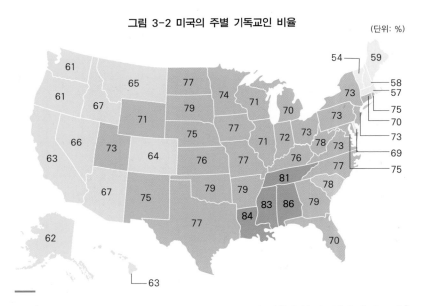

---

46 "We Must Make America Pray Again: Trump Hawks $60 Bible Amid Cash Crunch", *MSNBC*(March 27, 2024)

47 "After Conviction, Trump Presents Himself as a Martyr to the Christian Right", *New York Times*(June 22, 2024)

5. 문화전쟁과 반PC주의

미국 건국의 주인공은 유럽에서 자유를 찾아 건너온 기독교도인가? 아니면 미국 땅에 처음 도착한 아프리카 흑인 노예인가? 리버럴(좌파) 매체인 〈뉴욕타임스〉는 2019년 탐사기획 '1619 프로젝트'에서 "아프리카 노예가 처음 버지니아주 포인트컴퍼트 해안을 밟은 1619년 8월을 미국 건국 연도로 삼아야 한다"고 주장했다. 이에 대해 우파 진영은 독립선언서를 공표한 1776년 7월 4일이 건국일이라고 맞선다. '자유'를 강조하는 1776년과 흑인 노예의 '희생'에 주목하는 1619년의 충돌이다.

트럼피즘은 우파의 활동 진지

2020년 9월 트럼프 당시 대통령은 '1776 위원회 1776 Commission'를 세웠고, 이듬해 1월 18일 〈1776 보고서 The 1776 Report〉를 발간해 좌파 진영의 미국 건국 역사관을 비판했다. 그러나 이틀 후 46대 대통령에 취임한 바이든은 취임 당일 '1776 위원회' 폐지를 담은 행정명령에 서명했다. 미국 건국 논쟁은 지금 벌어지는 좌·우파 문화전쟁의 단면이다. 트럼피즘은 문화전쟁에서 우파의 활동 진지 陣地이자 견인차 역할을 하고 있다.

　좌파 진영은 미국 재무부의 20달러 지폐 앞면 인물을 기존 앤드루 잭슨 Andrew Jackson 제7대 대통령에서 흑인 여성 인권운동가 해리엇 터브먼 Harriet Tubman 으로 바꾸려 한다. 우파 측이 "PC Political Correctness(정치적 올바름) 운동의 또 다른 사례"라며 반대하는 바람에 20달러 지폐 인물 교체 계획은 2024년 6월까지 8년째 표류 중이다.

스탠퍼드대학은 2022년 12월 '미국인'을 지칭하는 'American'과 'guy', 'crazy', 'master' 같은 단어 사용을 금지했다. '아메리칸'은 남북 아메리카의 42개국에 해당되는데, 미국만 가장 중요한 국가임을 암시하는 듯이 쓰는 것은 중대 차별이라는 이유에서다.[48] 이 단어들은 대학 측이 18개월간 작업을 거쳐 확정한 '유해언어제거 이니셔티브Elimination of Harmful Language Initiative' 목록에 포함돼 있다. 우파 진영은 "극단적 PC운동으로 표현의 자유에 대한 침해"라고 주장하지만, 학교 측은 요지부동이다.

미 대학 점령한 좌파 이념 · 코드

미네소타대학은 성적性的 관심의 대상이 된다는 이유로 여학생들의 치어리더 활동을 금지시켰고, 듀크대학은 흑인 학생을 조롱하는 얼굴 표정을 찾아내기 위한 감시 위원회를 조직했다. 미네소타대학 여학생들이 "괜찮다"고 하자, 학교 측은 "자신들도 모르는 사이에 희생자가 되고 있는 학생들의 의견은 중요치 않다"고 했다. 스탠퍼드대학은 백인 학생이 흑인 학생에게 욕하는 건 안 되고 그 반대는 가능하다는 스피치 코드speech code를 제정했다.

미국 대학에선 수십 년 동안 "대학 교재 등에서 인종차별을 포함한 PC주의에 맞지 않는 내용을 빼라"고 요청하는 학생들이 많았다. PC주의에 어긋나는 강의를 학생들이 거부하는 일도 빈번했다. 학교 당국은 PC주의에 동조하는 교수들을 많이 채용했다.

---

48 "Stanford's political correctness czars deem 'American' and 'guys' harmful words (no joke)", *USA Today*(January 3, 2023)

우파 진영에선 "PC주의로 포장한 신종新種 마르크시즘이 미국 대학 캠퍼스를 점령했다"며 "PC주의가 헌법에 보장된 교육을 훼손하고 학생들을 잘못된 방향으로 이끌고 있다"며 반발한다.[49] 트럼프 전 대통령은 "많은 미국인들이 PC주의에 진절머리를 내고 있음에도 이를 입 밖에 내지 못하고 있다"며 PC주의와 정반대인 '있는 그대로의 세상을 말하는telling it like it is' 것을 자신의 구호로 삼았다.[50]

PC주의와 워크

PC주의Political Correctness는 1960년대 미국 신좌파 청년들의 애독서였던 《마오쩌둥 어록語錄》에 적힌 '올바른 생각correct thinking'에서 유래해 성性·인종·성적 취향·종교·직업 등 차별에 근거한 언어 사용이나 활동에 저항하며 이를 바로잡으려는 사고 체계를 일컫는다.

1980년대 미국 대학가를 중심으로 PC주의가 운동으로 번지자, 우파 보수 논객들은 "표현의 자유를 보장한 미국 수정헌법 제1조에 대한 역사상 가장 큰 위협"이라며 경계했다. PC주의자들은 자신의 주장에 반대하거나 공감하지 않는 사람들에게 '성 차별주의자', '인종 차별주의자' 같은 딱지를 붙인다. 우파 진영에선 그들의 언어와 사상 통제를 꼬집어 '언어경찰language police', '사상경찰thought police'이라 부른다.[51]

워크woke는 '깨어 있다wake'의 과거분사인 워큰woken을 도시 거주 흑인들이 워크로 부르면서 생겨난 용어다. '깨어 있는 시민' 정도로 번역된다. 1930년대 미국 인권운동 가요인 〈스코츠보로 보이즈Scottsboro Boys〉에서 흑인에 대한 편견·차별에 깨어 있자는 뜻으로 처음 사용됐다. '워크'는 2020년 '흑인 생명도 소중하다BLM' 운동이 미국 전역에 벌어지면서 차별에 대한 저항과 좌파 어젠다 및 문화를 통칭하는 쪽으로 의미가 확장됐다.

---

49 Mike Gonzalez "[Commentary] The Marxist Takeover of Higher Education Reaches a Fever Pitch", Heritage Foundation(April 29, 2024)

50 Kurt Rowl, *Donald Trump: Tells It Like It Is*(New York: Amerigoshi Press, 2017)

동성애 · 트랜스젠더 놓고 충돌

좌파와 우파는 트랜스젠더 trans-gender(출생 당시 성을 다른 성으로 바꾼 사람)와 동성애자 같은 성소수자 문제에서 충돌하고 있다. 버락 오바마 대통령은 8년 재임기간(2009~2017년) 내내 동성同性결혼 합법화를 밀어붙여 2015년 6월 연방대법원의 합헌 판결을 받아냈다. 또 매년 6월을 '성소수자 긍지의 달LGBTQ Pride Month'로 기념하며 동성애와 성전환 등을 사실상 권장했다.

LGBTQ는 여성 동성애자lesbian, 남성 동성애자gay, 양성애자bi-sexual, 성전환자trans-gender, 성정체성이 불명확한 사람queer의 약자로 성소수자들을 통칭한다. 오바마 대통령은 연방정부가 성적性的 지향성이나 정체성을 이유로 고용 차별을 하지 못하도록 하는 행정명령에 서명했고 2015년 4월 미국 역사상 처음 백악관 건물 안에 '성중립 화장실gender neutral restroom'을 설치했다.

민주당 당세가 강한 캘리포니아주는 2017년 모든 공공건물에 성중립 화장실 설치를 의무화했다. 조 바이든은 대통령 취임 직후 "학교에서 학생이 생물학적 성별과 다른 성정체성을 선언할 경우, 교사가 이를 인정해야 하며 그렇지 않으면 법적 조치를 받을 수 있다"는 행정명령 '타이틀 나인Title IX'을 발동했다.

51 Bernard Goldberg, *Arrogance: Rescuing America from the Media Elite*(New York: Warner Books, 2003), p.19

11년 새 2배 넘게 늘어난 성소수자 LGBTQ

바이든 행정부는 2021년 '트랜스젠더 가시화의 날Transgender Day of Visibility' (2009년부터 매년 3월 31일)[52]을 연방 기념일로 공식 선포했다. 이 문제는 2024년에 정치 쟁점으로 불거졌다. 기독교의 가장 큰 절기인 부활절 (2024년 3월 31일)이 '트랜스젠더 가시화의 날'과 겹쳤기 때문이다.

바이든 대통령은 특별 성명을 통해 "트랜스젠더의 특별한 용기와 공헌에 존경심을 갖고 있다. 모든 미국인이 성정체성에 따른 폭력과 차별을 끝내기 위해 노력해야 한다"고 했다. 이는 동성결혼 합법화와 "남성·여성 외에 제3, 제4, 제5의 성이 존재한다"면서 '성 다양성'을 인정하는 민주당의 정강정책에 근거한 것이다.[53]

숫자가 줄고 있지만 미국 총인구의 3분의 2 정도는 기독교 또는 가톨릭 신자다. 바이든 행정부의 조치에 분노한 도널드 트럼프 전 대통령은 "수백만 명의 미국인이 진심으로 지켜온 종교적 신념에 대한 심각한 모욕"이라며 2024년 대선일 11월 5일을 '기독교도의 날Christian Day'로 선포하겠다고 약속했다.

동성애, 남녀 성전환에 대한 미국 민주당을 중심으로 한 좌파 진영의 극단적 관대함과 의도적 부추김은 위험 수위로 치닫고 있다. 2023년 기준 "스스로 LGBTQ"라고 대답한 미국인은 미국 총인구의 7.6%에 달했다. 갤럽은 "2012년 첫 조사에서 3.5%였던 비율이 11년 만에 2배 이상

---

52 https://en.wikipedia.org/wiki/International_Transgender_Day_of_Visibility

53 Jonathan Butcher & Lindsey M. Burke, "The Biden Administration Redefined 'Sex': What Does This Mean for Teachers?", Heritage Foundation(April 26, 2024)

늘었다. 1997~2003년에 태어난 Z세대에서는 성소수자 비율이 20%를 넘었다"고 밝혔다.[54]

성정체성 관련 반反좌파 운동 확산

이는 인간의 자유의지 존중과 확대라는 명분과 달리 미국 사회를 지탱해온 근간인 가족과 공동체의 해체로 이어지고 있다. 불똥은 교육 현장으로 번지고 있다. 청소년들 가운데 성소수자가 눈에 띠게 늘자, 시민들과 각 주州 의회가 행동에 나섰다.

2019~2022년 3년 동안 미국 총인구의 42%에 해당하는 25개 주가 '공립학교 저학년 학생들에게 동성애 등 성정체성 관련 교육 금지'를 골자로 한 64개의 교육 법안을 제정했다. 학부모와 우파 시민단체를 중심으로 동성애, 트랜스젠더에 반대하는 집회와 성소수자를 옹호·지지하는 도서를 금서禁書로 지정하는 캠페인이 잇따르고 있다.

공화당 우세 주에서 LGBTQ(성소수자), 인종 문제 등을 다룬 책을 금서로 지정하고 이를 어긴 사서司書를 처벌하는 법을 제정하자, 민주당 우세 주는 금서를 지정하지 못하게 하는 '금서 금지법'을 내놓았다.

2022년 이후 유타·플로리다·텍사스 등 10여 개 주가 선정적이거나 유해한 내용을 담은 책을 도서관에 비치하면 사서를 최대 징역 10년, 2만 달러의 벌금으로 형사처벌할 수 있는 법을 통과시켰다. 민주당 세력이 강한 캘리포니아주에서는 특정 도서의 금서 지정을 금지했다.

---

54 "LGBTQ+ Identification in U.S. Now at 7.6%", Gallup (March 13, 2024)
　　https://news.gallup.com/poll/611864/lgbtq-identification.aspx

학생들에게 동성애 등 교육 금지

미국도서관협회ALA 집계를 보면, 2023년에만 '학교·공공 도서관에 비치하지 말아 달라'는 요청이 1,200건 넘게 접수되어 4,240권이 금서로 지정됐다. 이는 전년 대비 65% 증가한 것으로 ALA 역사상 가장 많았다.[55]

금서 요청을 가장 많이 받은 책 최상위 10권 중 7권은 LGBTQ를 다룬 책이었다. 성소수자의 회고록 만화《젠더퀴어 Gender Queer》와 흑인이자 성소수자인 작가 조지 M. 존슨의 자서전《모든 소년이 파랗지는 않다 All Boys Aren't Blue》가 1, 2위에 올랐다.

우파 학부모 단체들이 금서 지정 운동을 벌이는 이유는 노골적인 성적 표현, 강간, 인종 관련 내용 등 때문이다. 2023년 3월 플로리다주 의회는 '공립학교 저학년 학생들에게 동성애 등 성정체성에 관한 내용을 교육할 수 없도록' 금지하는 '돈 세이 게이 Don't Say Gay 법'을 통과시켰다.

2019년부터 2022년까지 3년 동안 미국 총인구의 42%에 해당하는 25개 주에서 이와 비슷한 64개 반反좌파 성향 교육 법안이 통과됐다.[56] 트럼피즘은 미국 교육 현장에서 세력을 키워 가는 우파 세력과 공조하고 있다.

---

55 "The post-2020 surge in calls for banning books, visualized", *Washington Post*(March 25, 2024)
56 "An explosion of culture war laws is changing schools. Here's how", *Washington Post*(October 18, 2022)

PC주의 기업에 반격

PC주의에 대한 반격은 기업과 대중문화로 확산하고 있다. 스포츠용품 기업 아디다스^{Adidas}는 2023년 5월 여성 수영복 모델로 '여성 정체성' 소지자로 추정되는 흑인 남성 모델을 내세웠다가 여성 단체 등으로부터 "극단적인 레인보 워싱^{rainbow washing}"(성소수자 인권으로 사안을 포장하는 것)이라는 비판을 받았다.

대형 유통업체 타깃, 커피 체인점 스타벅스, 엔터테인먼트 기업 디즈니는 어린이용 '프라이드^{Pride}'(성소수자 슬로건) 상품 같은 좌파 마케팅을 하다가 집단 항의를 받고 관련 마케팅을 중단했다.[57] 성소수자와 소수인종을 중시하는 기업들에게 가정·신앙·애국심 등 우파적 가치를 중시하는 시민들이 반격하는 것이다.

기업들이 미국에서 PC주의가 가장 심한 캘리포니아주를 떠나 PC주의가 가장 약한 텍사스주로 몰리는 것도 이런 현상을 반영한다. 2020년부터 2024년 1월까지 미국 전역에서 165개사가 텍사스로 본사를 옮겼는데, 이 가운데 52%가 캘리포니아에서 이전했다. 이미 옮겨간 휴렛팩커드^{HP}, 오라클, 테슬라, 찰스슈와브, CBRE에 이어 일론 머스크^{Elon Musk}의 스페이스X 본사도 캘리포니아를 떠나 텍사스에 정착할 예정이다. 캘리포니아주의 2022년 순유출 인구 34만 명 중 30% 정도인 10만 2천 명이 텍사스로 이주했다.

---

57 "Companies That Embraced Social Issues Have Second Thoughts", *Wall Street Journal* (June 6, 2023)

이는 캘리포니아주에 만연한 진보주의 성향과 PC주의에 기업들까지 염증을 내고 있기 때문이다. 일례로 캘리포니아주는 인권 보호를 명분으로 마약을 비롯한 범죄 처벌에 관대하다. 캘리포니아주의 핵심 도시 중 하나인 샌프란시스코의 인구 1천 명당 범죄율은 48.9건으로 미국 평균(19건)의 두 배를 넘는다.[58]

친트럼프 우파 영화 인기

PC주의에 반발하는 우파 시민들은 2023년 7월 4일 미국 독립기념 247주년일에 개봉한 영화 〈사운드 오브 프리덤 Sound of Freedom〉으로 더 결집했다. 1,450만 달러 비용으로 제작되어 무명 배급사가 배급을 맡은 이 영화는 개봉 당일 1,424만 달러 매출로 일간 흥행 1위에 올랐고, 개봉 56일 만인 8월 28일까지 북미 지역에서만 1억 8,074만 달러를 벌었다.[59]

이 영화의 실존 인물 주인공인 팀 발라드 Tim Ballard는 2019년 미국 상원 법사위 청문회에서 "성매매를 목적으로 아동들을 밀입국시키려는 시도를 막기 위해 국경 장벽의 강화가 필요하다"며 트럼프의 미국·멕시코 간 국경 장벽 건설에 찬성했다.

영화 제작자와 실화 주인공, 주연배우가 모두 친트럼프 인사라는 점에서 이 영화의 성공은 트럼피즘의 위력을 실증한 사례로 평가된다. 영

---

58 "What Happened to San Francisco, Really?", *New Yorker*(October 16, 2023)
59 "How Sound of Freedom Became the Surprise Box Office Hit of the Summer", *TIME*(August 29, 2023)

화배우 겸 감독 멜 깁슨, 테슬라 CEO 일론 머스크, 트럼프의 장녀 이방카, 토론토대학 심리학과 교수 조던 피터슨, 정치평론가 벤 샤피로 등이 자발적으로 영화를 홍보했다. 트럼프는 뉴저지주 배드민스터에 있는 트럼프 골프장에서 이 영화 시사회를 열고 "매가MAGA 친화적 영화"라고 호평했다.[60]

미국 시골 정서를 깔고 백인 남성 가수가 주로 부르는 컨트리음악도 대중의 호응을 받고 있다. 2023년 7월 31일 〈빌보드 매거진Billboard magazine〉의 주간 '핫 100' 순위에서 1~3위를 컨트리음악이 모두 차지했다. 이는 1958년 8월 4일 빌보드의 가요 집계 시작 후 65년 만에 처음이었다.

1위에 오른 미국 가수 제이슨 알딘Jason Aldean이 부른 노래 〈트라이 댓 인 어 스몰 타운Try That in a Small Town〉(소도시에서 그 짓을 해봐) 뮤직 비디오는 2020년 BLM 운동의 과격한 시위 장면을 등장시키면서 미국 좌파의 위선을 정면 공격했다.

좌파 위선 공격하는 컨트리음악 붐

가사 내용은 "경찰에게 막말을 하고 얼굴에 침을 뱉어 봐. 멋지다고 생각해? 작은 마을에서 그렇게 해봐. 얼마나 가나 한번 봐" 하는 식이다. PC주의를 내건 대도시 미국인들이 자유를 명분으로 저지르는 못된 행태를 소도시에서 응징하겠다는 내용이다. 트럼프는 물론 니키 헤일리 전 UN 대사와 인도계 기업인 비벡 라마스와미도 선거 유세장에서 이

---

60 "Donald Trump Nods to 'Sound of Freedom' With Child-Trafficking Message", *Newsweek*(Sep. 16, 2023)

노래를 부르면서 우파 진영 전체가 호응했다.[61] 제이슨 알딘의 뮤직비디오는 업로드 3주 만에 유튜브 조회 수 2,600만 건을 넘었다.

영화 〈사운드 오브 프리덤〉과 컨트리음악의 제작자와 가수, 주연 배우 등은 좌파 일색인 미국 대중문화계에서 외면과 왕따를 겪었다. 우파 영화·음악의 약진은 많은 미국인들이 좌파 PC주의에 피로감을 호소하면서 우파 이념에 목말라하는 데서 비롯되었다. 동시에 좌파를 상대하는 '문화전쟁'의 투사로서 트럼프의 영향력과 가치를 보여 준다.

---

61 "Haley and Ramaswamy play Jason Aldean song 'Try That in a Small Town' at campaign events", *NBC News*(July 21, 2023)

6. 미국의 쇠퇴와 중국의 도전

트럼프는 2011년 저서에서 미국의 실상을 이렇게 진단했다.

> 지금 현재(2011년) 미국인 일곱 명 가운데 한 명이 푸드 스탬프food stamp(미
> 국의 저소득층 식비지원 제도)에 의존해 살아가고 있다는 사실을 알고 있는가?
> 인류 역사상 가장 풍요롭고 가장 부유한 국가의 국민이 굶주리고 있다는 것
> 이 말이 되는가! 에너지 비용의 급상승, 두 자릿수 실업률, 무분별한 재정 지
> 출과 정국의 난맥상 같은 문제가 해결되지 않고 민주당이 계속 정권을 잡는
> 다면 언덕 위에서 밝게 빛나던 도시는 빈민굴로 변하기 시작할 것이다.[62]

재앙으로 치닫는 쇠락하는 미국

2016년 8월 공화당 대선 후보 수락 연설에서 그는 "미국이 도로·다리가
붕괴하고 가난과 폭력이 난무하는 '재앙으로 치닫는 쇠락하는 나라'가 됐
다"고 밝혔다. 2017년 1월 20일 대통령 취임사에선 "공장들이 버려지고
경제가 고통 속에 있으며, 범죄가 증가하는 미국은 생지옥carnage이 됐다"
고 말했다.[63] 트럼프는 최근에도 "바이든 정부에서 미국은 이미 '무법의,
열린 국경으로 범죄가 들끓고, 불결한 공산주의 같은 악몽'을 겪고 있다"
고 비판했다.[64]

---

62 Donald Trump, 《트럼프, 강한 미국을 꿈꾸다》(2017), p.11
63 Donald Trump, "The Inaugural Address", *White House*(January 20, 2017)
64 "Trump Rallies the Party He Created in Speech to Friendly CPAC Crowd", *US News &*

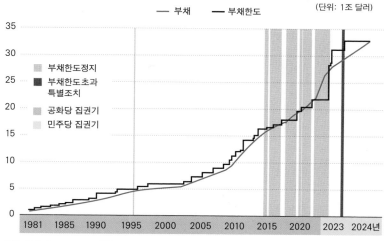

그림 3-3 미국의 국가부채 증가 추이(1981~2023년)

— 부채 — 부채한도 (단위: 1조 달러)

부채한도정지
부채한도초과
특별조치
공화당 집권기
민주당 집권기

출처: U.S. Department of Treasury

　미국의 위기와 쇠퇴를 보여 주는 지표는 눈덩이처럼 불어난 국가부채
national debt다. 2011년 15조 달러이던 미국의 국가부채는 2024년 7월 말
35조 달러(약 4경 6,515조 원)를 기록했다. 35조 달러는 세계 경제 2~6위
대국인 중국과 독일, 일본, 인도, 영국 등 5개국의 GDP 합계와 맞먹는 액
수로,65 대한민국의 2023년 GDP(약 1.7조 달러)의 20배가 넘는 규모다.

　2010년대 전반부에 1년에 1조 달러 정도로 늘던 미국의 국가부채
는 최근 평균 100~150일 만에 1조 달러씩 증가하고 있다. 2023년 6월
15일 32조 달러에서 같은 해 9월 15일 33조 달러, 2024년 1월 4일 34
조 달러를 각각 돌파한 것이다.

World Report(March 4, 2023)

65　"The National Debt Is Now More Than $34 Trillion. What Does That Mean?", Peter
　　Peterson Foundation(Jan. 2, 2024)

1년마다 4조 달러씩 국가부채 증가 전망

미국의 국가부채는 2020년 3월(23조 달러) 대비 4년 만에 11조 달러(약 1경 4,927조 원) 정도 급증했다. 미국 연방의회 소속기관인 의회예산국 Congressional Budget Office은 "이런 추세라면 1년마다 4조 달러 가까운 국가부채가 불어 2034년에는 54조 달러를 기록할 것"이라고 밝혔다.[66] 연방정부가 2024년 한 해에 갚아야 하는 이자 비용(8,700억 달러, 약 1,162조 원)은 연간 국방 예산(8,220억 달러)보다 더 많다.

미국의 기둥인 사법 제도와 국방도 예전만 못하다. 미국의 연방 검사·판사는 대통령이 임명 또는 지명하고, 지방 검사와 검사장 등은 직접 선거를 통해 선출된다. 이 과정에서 좌파 부호들의 지원을 받아 선거에서 당선된 검사들의 정치적 편향성이 문제가 되고 있다.

좌편향된 소수인종 판검사 급증

일례로 헤지 펀드 거부인 조지 소로스 George Soros 는 2015년에 7개 주 7개 지방 도시에서 좌파 성향의 검사 당선을 위해 300만 달러 이상을 정치활동위원회 PAC에 기탁했다.[67] 그가 75명의 검사 당선을 위해 쓴 비용이 4천만 달러(약 530억 원)에 달한다는 분석도 있다.[68]

---

66 Congressional Budget Office, "The Long-Term Budget Outlook: 2024 to 2054" (March 20, 2024), https://www.cbo.gov/publication/59711

67 "George Soros' quiet overhaul of the U.S. justice system", *Politico*(August 30, 2016)

68 "[Opinion] George Soros has funded 75 pro-criminal prosecutors to the tune of $40M", *Washington Times*(April 17, 2023)

소로스는 형사 범죄 처벌에 관용적이며 다양성을 중시하는 흑인과 히스패닉계 좌파 성향 검사 당선에 주력한다. 2020년 '흑인 생명도 소중하다'는 BLM 시위 당시 방화와 약탈 혐의 등으로 체포된 1만 4천여 명 중 대부분이 보석금도 내지 않고 풀려난 것은, 소로스 지원으로 당선된 '소로스 검사'들과 클린턴·오바마·바이든 시절 지명된 판사들의 관대한 처분 때문이었다.

소로스는 마리화나 같은 마약 중독을 범죄가 아닌 질병으로 취급하고, 보석금 제도 폐지 같은 형사 사법 제도 개혁을 목표로 한다. 보수 진영은 "선거로 뽑힌 검사들의 관할 지역 거주 미국인이 2억 명 넘는다. 소로스의 지원을 받아 뽑히고 그의 주장에 동조하는 '소로스 검사'들이 미국 사법 시스템을 붕괴시키고 있다"고 주장한다.[69]

정치화된 사법 시스템 … 판사 신뢰도 49%

정치적으로 편향된 기소와 판결이 범람하면서 미국에서 판사들에 대한 신뢰도는 2000년 75%에서 2023년 49%로 추락했다.[70] 미국인에게 판사들 중 절반 이상이 불신의 대상인 셈이다. 트럼프 지지자들은 "좌파 판사들이 법정에서 사법 정의와 윤리를 무시한다"며 '캥거루 법원 Kangaroo Court'(엉터리 법정이라는 뜻)이라고 조롱한다.

---

69 "[Commentary] George Soros's Prosecutors Wage War on Law and Order", Heritage Foundation(June 22, 2023)

70 "How 'judge-mandering' is eroding trust in America's judiciary", *Economist*(May 9, 2024)

제 2차 세계대전 이후 세계 최강으로 군림해온 미국 군대도 흔들리고 있다. 2024년 1월 11일 공개된 미국 연방의회 청문회 자료를 보면, 현역 군인들의 65%가 "자녀들에게 군에 입대하지 말라고 얘기하겠다"고 응답했다. 이들 중 62%는 "좌파 워크woke 이념이 군대 전반에 침투해 미국 군대가 정치화됐다"고 했다.[71]

2023년 미국 안보 프로젝트 조사에 의하면, 미국 현역 군인 가운데 68%가 과체중 또는 비만 상태인 것으로 조사됐다. 각군 장교와 사병 가운데 3분의 2 이상이 군 훈련·작전을 정상 수행할 만한 신체가 아니라는 것이다. 비만에 해당하는 현역 군인은 2012년 전체의 10.4%에서 2022년 21.6%로 두 배 넘게 늘었다.[72]

핵전력, 10년 후엔 중국과 같아져

핵전력에서 중국은 2023년 한 해 핵탄두를 100기 이상 생산했고, 2035년까지 실전 배치 핵탄두를 1,500개까지 늘려 미국과 대등해질 전망이다.[73] 그러나 미국은 14년 동안 핵무기 생산이 전무全無하다. 1980년대

---

71 "Lawmakers, veterans say 'woke diversity initiatives' cost taxpayers, hurt military", *Washington Examiner*(January 15, 2024)

72 American Security Project, "Combating Military Obesity: Stigma's Persistent Impact on Operational Readiness-White Paper"(October 2023), https://s3.documentcloud.org/documents/24040523/ref-0286-combating-military-obesity-2.pdf

73 U.S. Department of Defense, "[Fact Sheet] 2023 China Military Power Report", https://media.defense.gov/2023/Oct/19/2003323427/-1/-1/1/2023-CMPR-FACT-SHEET.PDF

후반 600척의 군함을 보유했던 미국은 각종 작전 수행에 필수 규모인 400척에 100척 이상 모자라는 292척만 운용하고 있다.

한때 81%에 달했던 미국 국민의 미군에 대한 신뢰도는 2023년 60%로 1997년 이후 26년 만에 가장 낮아졌다.[74] 이는 미국에서 애국심 저하와 좌파 이념 확산, 안보의식 약화가 복합 작용한 결과로 풀이된다.

미국 자체의 경쟁력이 약화하는 가운데, 외부적으로는 중국이 미국 추월을 목표로 위협하고 있다. '코로나19' 발발 직전인 2019년 대비 2023년 중국의 GDP는 20% 성장했으나 미국은 같은 기간 8% 성장에 그쳤다. 환율과 인플레이션 비율 등을 제외한 실질 성장률에서는 중국이 미국을 앞서고 있다.[75]

세계 최대 수출국이자 채권국으로 세계 2위 인구 대국인 중국은 전기차, 배터리 같은 신흥 산업 혁신의 중심지이며 전 세계 핵심 광물의 절반 이상을 생산한다. 이런 중국 경제가 단기간에 몰락할 것이라고 예상하는 것은 '희망'에 사로잡힌 오판誤判일 가능성이 높다.[76] 미국 국력 대비 70%선을 넘은 유일한 국가인 중국은 2049년까지 세계 1위 패권 국가가 되겠다는 중국몽中國夢을 버리지 않고 있다. 중국에 대해서는 감정적 흥분이 아닌 냉정한 대응이 필요하다.

74 "Confidence in U.S. Military Lowest in Over Two Decades", Gallup(July 31, 2023)
75 Nicholas R. Lardy, "China Is Still Rising: Don't Underestimate the World's Second-Biggest Economy", *Foreign Affairs*(April 2, 2024)
76 Martin Wolf, "We shouldn't call 'peak China' just yet", *Financial Times*(September 19, 2023)

'은밀한 미국 붕괴' 꾀하는 중국

이를 위해 중국이 구사하는 '초한전超限戰, unrestricted warfare'[77]은 여론조작, 친중 후보 지원, 불법 시위 선동, 사이버 공격 및 정보 탈취, 마약 유포 같은 은밀한 비군사적 방법을 동원하는 게 특징이다. 미국을 붕괴시키기 위해 중국은 미국의 학자·전문가와 엘리트, 정치인·기관장 등을 상대로 매수·회유·향응·여론조작 등을 벌이는 샤프 파워Sharp Power 공세도 펼치고 있다.

이 과정에서 미국의 정치인과 월스트리트의 부자, 아이비리그 대학, 실리콘밸리 벤처캐피탈리스트, 운동선수들이 중국공산당을 도왔다.

힐러리 클린턴은 국무장관이 되기 전에 클린턴 재단을 통해 최소 2,600만 달러가 넘는 뇌물성 후원금을 중국 등 각국으로부터 받았고, 국무장관 취임 후 각종 특혜성 거래를 했다는 의혹이 제기됐다.[78] 이들은 중국에 군사·기술·경제적 도움을 주는 비밀 거래를 하면서 미국의 안보와 경제적 이익을 희생한 것으로 드러났다.

2020년 11월 28일 중국 상하이에서 열린 포럼에서 디둥성翟東昇 인민대 국제관계학원 부원장은 "미국 월스트리트 엘리트의 절반 정도가 친중파이다. 1992년부터 2016년까지 중국은 20년 넘게 월스트리트

77　喬良·王湘穗,《超限戰》(1999),《초한전: 세계화 시대의 전쟁과 전법》(서울: 교우미디어, 2021); Robert Spalding, *Stealth War*(2019),《중국은 괴물이다: 중국공산당의 세계 지배 전략》(서울: 심볼리쿠스, 2021)

78　Peter Schweizer, *Clinton Cash*(New York: Harper-Collins, 2015), Peter Schweizer, *Red-Handed : How American Elites Get Rich Helping China Win*(New York: Harper-Collins, 2022)

를 통해 미국을 통제했다"고 말했다.[79] 그의 발언을 통해 미국 핵심부의 친중파와 중국공산당 간에 비밀스런 내통內通이 만천하에 공개된 것이다.

딥 스테이트와 인사 난맥

도널드 트럼프 대통령은 임기 초반에 극도의 인사人事 난맥상을 보였다. 첫 15개월 동안 외부에서 들어온 백악관 직원 65명 중 28명이 자리를 옮기거나 직업을 바꿨다. 대선 캠프 출신도 25일 만에 쫓겨난 마이클 플린 국가안보보좌관을 비롯해 숀 스파이서 언론비서관(182일 재직), 라인스 프리버스 비서실장(189일), 수석전략가 스티브 배넌(211일) 모두 단명했다.

초대 백악관 국가경제위원회 NEC 위원장인 게리 콘, 초대 국무장관 렉스 틸러슨, 두 번째 국가안보좌관 H.R. 맥마스터 같은 중도 성향 인사들도 1년여 만에 옷을 벗었다. 게리 콘 위원장은 트럼프의 철강 관세 계획에 대해 "공화당의 전통적인 자유무역 기조와 맞지 않는다"며 반발했다. 아프리카 출장에서 귀국하던 중 트럼프의 트위터로 해임된 틸러슨 장관은 글로벌리스트였다. 트럼프는 취임 첫해에 고위급 인사의 34%를 사임, 해고 또는 자리를 옮기도록 해 '해고왕解雇王'으로 불렸다.

이는 트럼프가 '딥 스테이트'를 잘 알고 그 일원이 아닌 기득권 타파주의자를 원했지만 구하지 못해 빚어진 현상이다. 뉴욕 부동산 개발과 리얼리티 TV 진행을 한 트럼프는 호들갑스러움과 혼돈조차 활력과 창의성으로 간주했다.[80] 그래서 빈번한 인사 교체를 자제해야겠다고 생각하지 않았다.

---

79 "美 월가 엘리트, 中 공산당이 조종 … 중국인 교수 강연, 미국서 파문", *Epoch Times*(2020년 12월 9일), https://kr.theepochtimes.com/2020/12/555100.html

80 Victor Davis Hanson, *The Case for Trump*(2020), pp.418~421

7. 미국 뒤흔드는 불법이민 충격

미국 캘리포니아주 샌디에이고시, 주변 인구 24만 명의 출라비스타 Chula Vista의 남쪽 멕시코 국경에는 높이 9m가 넘는 철제 국경 장벽이 있다. 여기에 하루 평균 1천 명 넘는 불법이민자들이 와서 장벽을 몰래 넘다가 추락해 부상당하거나 목숨을 잃는다. 안전한 불법이민 루트로 소문나면서 아시아·아프리카 출신 이민자들까지 오고 있다.

44개월 동안 미시간주 인구만큼 들어와

미국은 세계 각국에서 온 이민자들이 세운 나라이지만 급증하는 불법이민이 미국 사회의 근간을 뒤흔든다는 우려가 높다. 미국 세관국경단속국US Customs & Border Protection 통계를 보면, 2019년 10월부터 2024년 6월까지 44개월 동안 미국에 들어온 불법이민un-authorized immigration은 총 1,100만 건이다.[81] 이를 인구로 환산하면 미국 50개 주 가운데 10번째로 큰 미시간주와 맞먹는다.[82]

'소수자 인권 중시'와 '열린 국경'의 원조 격인 버락 오바마 정부는 2012년 불법이민자 자녀 추방을 금지하면서 미국 체류 10년이 지난 이

---

81 "Statistics on unauthorized US immigration and US border crossings", *USA Facts* (August 1, 2024), https://usafacts.org/articles/what-can-the-data-tell-us-about-unauthorized-immigration/

82 "What Can the Data Tell Us about Unauthorized Immigration?", *USA Facts*(March 7, 2024), https://usafacts.org/articles/what-can-the-data-tell-us-about-unauthorized-immigration/

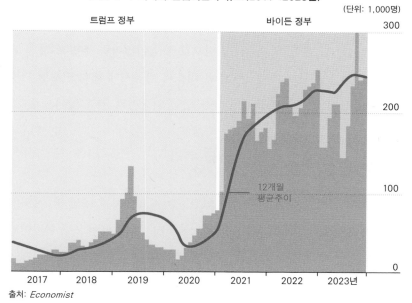

그림 3-4 미국의 불법이민자 규모(2017~2023년)

(단위: 1,000명)

트럼프 정부 　　　　　　　　　　　바이든 정부

300

200

100

0

12개월
평균추이

2017　2018　2019　2020　2021　2022　2023년

출처: *Economist*

들에게 시민권을 주는 불법체류 청년 추방 유예DACA 제도를 도입했다.
이어 바이든 정부는 임시체류 허가와 근로허가증을 발급해 불법이민자
들의 미국 거주와 돈벌이를 허용했다.

　이로 인해 바이든 정부 출범 후 불법이민자 수는 2021년(170만 명),
2022년(230만 명)에 이어 2023년(240만 명)까지 3년 연속 신기록을 경신
했다. 트럼프 대통령 시절인 2020년 3월 발효된 '불법입국 즉시 추방'을
규정한 '타이틀 42Title 42' 정책이 종료된 지 7개월 만인 2023년 12월에는
37만 명의 불법이민자가 입국해 월간 기준 최다最多를 기록했다.[83]

83　"America's Border Crisis in Ten Charts: How Did We Get Here?", *Economist*(Jan. 24,
　　2024)

이는 하루 1만 2천 명으로 1초당 8명 넘는 불법이민자가 들어온 꼴이다. 이들은 뉴욕, 시카고, 덴버, 워싱턴DC 같은 이민자 보호 도시^{sanctuary city}에도 넘쳐난다. 바이든 정부의 법령으로 불법이민자를 추방 못하게 된 접경지역의 공화당 소속 주지사들은 버스나 항공기에 태워 민주당 지방자치단체장이 있는 도시들로 이들을 무단 이송시켜 놓고 있다.

바이든 정부 들어 1초당 8명꼴 유입

2023년 한 해 동안 이렇게 온 불법이민자들은 뉴욕시에 13만 명, 시카고와 덴버엔 각 3만 명에 달했다. 바이든 정부는 국경에서 체포된 불법이민자들에 대한 추방을 자제하고, 이들에게 패롤^{parole}로 불리는 임시체류 허가와 근로 허가증을 발급해 미국 거주와 돈벌이를 허용하고 있다.[84]

문제는 미국에 오는 불법이민자들은 원래 살던 나라에서 사회 부적응자이거나 범죄자, 정신질환자인 경우가 많다는 점이다.

불법이민 증가에 비례해 미국 내 각종 범죄 발생이 실제로 늘고 있다. 2024년 2월 22일 조지아주 오거스타대학에서 간호학을 전공하던 레이큰 라일리 양(22세)이 조깅을 하던 중, 베네수엘라 출신 불법이민자 호세 이바라(26세)에게 살해당해 사회 문제가 됐다.

연방과 주 정부는 물론 시·카운티 같은 자치단체까지 불법이민자 지원을 위해 예산과 행정력을 투입해야 하는 것도 부담이다.

---

84 "Biden Administration Has Admitted More Than 1 Million Migrants into U.S. under Parole Policy Congress is Considering Restricting", *CBS News*(January 22, 2024)

불법이민자에게 투표권 주려는 바이든

불법이민자 증가는 정치 이슈로 비화하고 있다. 미국의 50개 주(州) 가운데 한국처럼 투표장에서 반드시 사진 신분증을 요구하는 곳은 21개 주뿐이며, 15개 주에서는 얼굴 사진이 부착된 신분증 없이도 투표할 수 있다. 이름·주소가 포함된 은행 명세서 같은 서류만 있으면 된다. 따라서 불법입국자들도 타의(他意)에 의해 조종 또는 매수돼 대통령 선거나 연방, 주·카운티 차원의 선거에 참여하면 후보자 당락을 결정짓는 역할을 할 수 있다.

바이든 정부는 불법이민자들에게 정식 투표권을 부여하는 방안을 고려하고 있다. 2024년 들어 바이든 행정부가 32만 명의 불법이민자들을 비행기로 입국시켰다는 사실이 드러났다. 이에 대해 공화당은 "입국자 수 통계를 줄이려고 몰래 32만 명을 비행기로 이송했다. 이들에게 투표권을 부여해 지지 세력으로 만들려는 바이든 정부의 음모가 드러났다"고 공격했다.[85]

---

85 GOP House Republican, "[Press Release] Joe Biden Secretly Flew 320,000 Illegal Immigrants into the United States"(Washington DC: March 6, 2024) https://www.gop.gov/news/documentsingle.aspx?DocumentID=742

첨예한 정치 이슈 된 불법이민

불법이민자 문제(28%)는 2024년 현재 미국 국민이 당면한 과제 가운데 정부 운용(20%), 경제 일반(12%), 인플레이션(11%), 빈곤 및 노숙(6%) 등을 제치고 가장 첨예한 정치 이슈로 부상했다.[86] 바이든 정부 출범 후 남부 지역 국경을 통해 들어온 불법이민자만 720만 명이 넘는데, 이는 알래스카, 앨라배마, 아칸소, 미주리 등 36개 주 인구 합계와 맞먹는다.

이런 상황에서 일론 머스크 테슬라 CEO는 2024년 9월 29일 소셜미디어 'X' 계정에서 "올해 대선에서 트럼프 후보가 당선되지 않으면 민주주의 방식의 대통령 선거는 미국에서 더 이상 없을 것"이라며 이같이 밝혔다.

> 민주당이 아주 빠른 속도로as fast as humanly possible 추진하는 불법이민자 합법화 정책으로, 이들이 20명 중 한 명 꼴로 매년 시민권을 얻게 되면 4년 뒤에는 200만 명의 새로운 합법적인 유권자가 생긴다. 이렇게 되면 2만 표 이내 표차로 결과가 나오는 경합주가 사라져 민주당이 모든 것을 차지하게 된다.[87]

그의 지적은 불법이민 문제를 계속 방치하면 미국의 정치 지형도가 민주당 1당 체제로 확실히 재편되어 민주주의 선거가 무의미해진다는 경고다. 실제로 2020년 대통령 선거 당시 경합주인 애리조나주(선거인단 11명)와 조지아주(선거인단 16명)에서 바이든 후보와 트럼프 후보의 최종 득표 격차는 1만 457표(0.4%p), 1만 1,779표(0.3%p)에 불과했다.

---

86 "Immigration Surges to Top of Most Important Problem List", Gallup(February 27, 2024)
87 https://x.com/elonmusk/status/1840409051357696324

급증하는 중국인 불법입국

최근에는 아시아와 중동·아프리카 출신 불법이민자도 늘고 있다. 2023년 10월부터 2024년 5월까지 9개월 동안 미국 남부 국경으로 불법입국을 하다 체포된 중국인은 3만 명이 넘는다.[88] 2023년 중국인 불법입국자(3만 7,439명)는 2021년(689명)의 54배에 달했다.

트럼프와 공화당은 "외국인 중 중국인 불법입국자가 가장 빠른 속도로 늘고 있다. 중국인의 상당수는 신체적으로 건장한 19~25세의 남성인데, 이들이 유사시 미국 안에서 군대를 만들 수 있다"며 안보적 우려를 표출하고 있다.[89] 불법이민 문제에 대한 트럼프 전 대통령의 일관되고 단호한 태도는 지지도를 높이고 지지자들을 흡인하는 요인이다.

그는 대통령 취임 1주일 만인 2017년 1월 27일 이란·이라크·수단·시리아·리비아·소말리아·예멘 등 7개국 국민을 대상으로 90일간 입국을 금지하는 이른바 '무슬림 여행 금지Muslim Travel Ban' 행정명령을 내렸다.[90] 2018년 말에는 미국·멕시코 국경 일대에 6천 명의 군 병력을 배치해 불법이민을 차단했다.

---

88 "30K Chinese nationals entered US illegally since October, raising national security fears: sources", *New York Post*(May 24, 2024)

89 "[Commentary] Threat From China Is Growing at Our Southern Border", Heritage Foundation(April 15, 2024)

90 Tim Devine, *Days of Trump: The Definitive Chronology of the 45th President of the United States*(LA: Devine Company, LLC, 2022), p.41

무슬림 여행금지, 멕시코 국경 장벽 건설

불법입국 체류자에 대한 그린카드green card 발급과 주거 시설 제공 같은
지원도 축소했다.[91] 미국·멕시코 국경에 1천 마일(약 1,600km) 길이의
장벽을 설치하고 건설 비용을 멕시코 정부가 내게 하겠다고 공약했던
트럼프는 민주당의 방해와 비협조로 재임 기간 중 438마일 신·증설에
그쳤다.

하지만 2018년 11월 중간선거에서 연방하원을 장악한 민주당과의
셧다운shut-down(연방정부 폐쇄) 대치 끝에 국방부 예산을 전용轉用해 멕
시코 국경 장벽을 건설했다. 이를 위해 그는 대통령의 비상권한을 활용
할 정도로 강력한 입장을 고수했다.

트럼프의 불법이민 단속 정책은 백인들의 기대에도 부응한다. 백인
복음주의 기독교인(70%)과 백인 가톨릭교인(64%)들이 미국 국경 상황
을 위기로 인식하고 있다.[92] 불법이민이 늘어날수록 미국의 유색 인종
화가 빨라지고 범죄 등이 늘어나기 때문이다. 트럼피즘은 외국 이민자
를 무조건 거부하지 않는다. 합법적 이민은 권장하되 불법으로 국경을
넘어오는 이들을 단속·관리하겠다는 것이다.

---

91 "New Trump rule would target legal immigrants who get public assistance", *Reuters*
    (August 12, 2019)

92 "U.S. Christians more Likely than 'Nones' to Say Situation at the Border is a Crisis",
    Pew Research Center(March 4, 2024)

8. 좌편향된 미국 미디어 시장

케이블방송 〈폭스뉴스Fox News〉에서 2023년 4월 해고된 터커 칼슨Tucker Carlson 전 앵커는 2024년 2월 8일 오후 6시(미국 동부시간 기준) 블라디미르 푸틴 러시아 대통령과의 2시간 7분짜리 단독 인터뷰를 소셜미디어 플랫폼 'X'에 공개했다. 게시된 지 2시간여 만에 조회 수가 8,500만 건에 육박한[93] 이 영상은 2024년 5월까지 2억 1천만 뷰를 기록했다. '좋아요'는 102만 회를 돌파했다.

객관성 포기하고 '트럼프 때리기'

2020년대 미국 미디어 시장은 이처럼 소셜미디어가 득세하고 주류 언론 매체가 친민주당, 즉 좌편향되었다. 2015년 6월 트럼프의 대통령 출마 선언 무렵부터 주류 매체들은 '객관성objectivity'을 포기하고 '트럼프 때리기'에 나섰다.[94] 짐 루텐버그Jim Rutenberg 〈뉴욕타임스〉 미디어 칼럼니스트는 "트럼프에게 언론의 정상 기준normal standards을 적용할 수 없다. 그의 출마로 저널리즘이 지켜온 균형은 깨졌다"고 했다.[95]

기존 정치인들에게 적용한 잣대와 문제의식으로 트럼프를 취재해선

---

93 https://www.bbc.com/news/av-embeds/68248740/vpid/p0h9z932

94 David Mindichi, "For Journalists Covering Trump, a Murrow Moment", *Columbia Journalism Review*(July 15, 2016)

95 Jim Rutenberg, "Trump Is Testing the Norms of Objectivity in Journalism", *New York Times*(August 7, 2016)

안 되며 객관성을 희생해서라도 그를 가혹하게 다뤄야 한다는 주장이었다.[96] 이후 〈뉴욕타임스〉는 대선 후보 트럼프의 발언과 행태를 '거짓말lie'이라 단정하는 기사와 제목을 실었다. 주류 언론이 대통령 후보의 선거 유세 발언에 대해 정색하고 '거짓말'이라고 보도하는 경우는 전례 없었다.

CNN과 MSNBC를 포함한 주류 엘리트 매체도 마찬가지였다. 2016년 미국 대선 보도와 관련해 CNN은 '종일 클린턴 방송Clinton News Network', 〈뉴욕타임스〉는 '더럽고 역겨운 똥덩이Nasty Yucky Turd', ABC 방송은 '클린턴의 영원한 뒷배Always Backing Clinton', NBC 방송은 '개소리 일색Nothing But Crap', CBS 방송은 '클린턴 나팔수Clinton Broadcasting System'라는 냉소적 표현이 회자됐다.[97]

언론인 후원금도 민주당에 집중

이는 빌 클린턴, 조지 W. 부시, 버럭 오바마 대통령 등에게 주류 매체들이 보였던 최소한의 객관적인 태도와도 달랐다. 2016년 대선을 앞두고 기자와 앵커 등 언론인 500여 명의 정치 후원금도 민주당에 편중됐다. 450명이 전체 후원금의 96%에 해당하는 38만 2천 달러를 힐러리 진영에 줬고, 트럼프 측에는 50여 명이 총금액의 4%에 해당하는 1만 4천 달러를 기부했다.[98] 주류 매체 언론인들은 자신들의 편향된 사적인 감

---

96 Matthew Pressman, *On Press: The Liberal Values That Shaped the News*(Cambridge: Harvard University Press, 2018), pp.248~249
97 홍지수,《트럼프를 당선시킨 PC의 정체》(서울: 북앤피플, 2017), p.4

정과 정치적 취향을 뉴스 취재·보도에 그대로 적용했다.

이런 태도는 트럼프 대통령 취임 후에도 바뀌지 않았다. 하버드대학 케네디스쿨 산하 '매체·정치·공공정책에 관한 쇼렌스타인센터'는 "트럼프 취임 후 첫 100일 동안 〈뉴욕타임스〉, 〈월스트리트저널〉, 〈워싱턴포스트〉 등 10개 주류 신문·방송 매체의 보도 내용을 분석한 결과, 〈폭스뉴스〉 1개를 제외한 9개사가 긍정보다 부정否定 위주로 보도했다. 전체적으로 보도 내용의 80%가 부정적이었다"고 밝혔다.[99]

'좌파 기관지' 된 주류 언론

새 대통령 취임 후 100일간 언론과 백악관의 밀월이라는 관행도 주류 매체들은 파괴했다. 켈리언 콘웨이Kellyanne Conway 트럼프 백악관 선임 고문의 지적대로, 이들은 트럼프에게 '예단적 부정presumptive negativity' 원칙을 적용했다. 대선 후보 시절부터 모진 비판을 받은 트럼프 대통령은 '가짜 뉴스fake news'라며 이들을 공격했다. 그는 4년 동안 CNN과 〈뉴욕타임스〉를 각각 251회, 241회 비난했다.

이들의 트럼프 보도 중 상당수는 가짜뉴스와 오보誤報였다. "트럼프가 과거에 여자 친구를 모멸적으로poorly 다루었다"는 2016년 5월 〈뉴욕타임스〉의 실명實名 보도에 대해 당사자인 로완 브루어 레인은 〈폭스뉴스〉

---

98 "Journalists Shower Hillary Clinton with Campaign Cash", Center for Public Integrity(October 17, 2016)

99 Thomas E. Patterson, "News Coverage of Donald Trump's First 100 Days", Harvard Kennedy School's Shorenstein Center on Media, Politics and Public Policy(May 18, 2017)

에 즉각 출연해 "트럼프로부터 그런 기분 나쁜 대접을 받은 일이 없다. 그는 매우 친절하고 사려 깊고 관대한 신사였다"고 반박했다.[100]

2017년 1월 20일 "트럼프 대통령 취임 당일 그가 백악관에 있던 마틴 루터 킹 목사의 흉상을 치워 버렸다"는 보도는, 그날 백악관 풀pool 기자이던 〈타임〉의 지크 밀러Zeke Miller가 확인하지 않고 쓴 오보였다. 트럼프는 오바마 대통령이 집무실에서 치운 윈스턴 처칠 전 영국 총리의 흉상을 원래 있던 자리에 돌려놓았을 뿐이었다.

오보해 놓고 해명과 사과 거부

NBC 방송은 2018년 12월 트럼프가 크리스마스 때 백악관에 머무르기로 결정해 2002년 이후 처음 성탄 연휴 동안 군인들을 찾아가지 않은 대통령이 됐다고 비판했지만, 트럼프 대통령 부부는 크리스마스 날 비밀리에 백악관을 떠나 이라크 미군 기지를 방문했다.

그러나 주류 매체들은 사과는커녕 해명도 하지 않았다. CNN, CBS 등에서 기자와 앵커로 활동한 40년 경력의 탐사보도 전문 언론인 샤릴 애트키슨Sharyl Attkisson은 "미국 언론은 항상 명백하게 좌파로 기울어져 있었지만, 트럼프 시대에 그들의 가면假面이 벗겨졌다. 대부분의 언론인들은 공정한 척도 하지 않고, 대놓고 민주당 당원처럼 행동한다"고 말했다.[101]

---

100 "Former Model Disputes NYT's Negative Report on Trump and Women", *Washington Examiner*(May 16, 2016)

101 "Attkisson: The Record Shows Media Made More 'Mistakes' Reporting on Trump, Always against Him", *RealClearPolitics*(February 25, 2024)

공화당 지지자들의 11%만 언론 믿어

그 결과, '미디어를 신뢰'하는 미국인 비율은 1997년 55%에서 2023년 32%로 떨어졌다. 1970년대 후반만 해도 70%대에 달하던 것과 비교하면 상상 못한 추락이다. 특히 공화당 지지자들의 신뢰도는 11%에 불과하다.[102] 이는 미국인들의 절반에 이르는 우파 성향 국민들은 엘리트 주류 매체들을 좌파 진영의 기관지로 여기고 있다는 방증이다.

그림 3-5 미국인의 정치 성향별 언론 신뢰도(1972~2023년)

(단위: %)

공화당 성향 —— 무당파 —— 민주당 성향 ——

출처: Gallup

---

102 "Media Confidence in US Matches 2016 Record Low", Gallup(October 19, 2023)

미국 주류 엘리트 매체들은 트럼프 전 대통령의 말실수는 크게 다루면서 바이든 대통령과 그의 전격 사퇴 후 대통령 후보가 된 카멀라 해리스 부통령의 실수에 대해서는 철저히 침묵했다.

영국 〈이코노미스트*Economist*〉는 미국 최상위 20개 매체의 2016~2022년 기사 24만 2천 개와 최상위 6개 방송사의 2009~2022년 39만 7천 개의 프라임타임 방송물을 분석한 결과를 이렇게 밝혔다.

> 20개 중 17개 매체가 민주당 친화적 용어와 표현, 논조를 구사했다. 〈폭스뉴스〉를 제외한 5개 방송사가 친민주당 성향으로 드러났다. 〈뉴욕타임스〉, 〈워싱턴포스트〉, CNN, MSNBC 등의 친민주당 지수는 2017~2022년 5년간 2.0~2.5배 상승했다.[103]

사상 최악 기록한 2024 대선 편향 보도

미디어 감시기구인 미디어리서치센터 MRC: Media Research Center 분석에 의하면 2024년 미국 대선 보도에서 ABC, CBS, NBC 등 3대 지상파 방송사의 해리스 후보에 대한 긍정적 보도는 78%인 반면, 트럼프 후보에 대한 긍정적 보도는 15%에 그쳤다. 63%p에 달하는 긍정 보도 격차는 2004년 대선 당시 존 케리 민주당 후보(59%)와 조지 W. 부시 공화당 후보(37%)에 대한 격차(22%p)보다 3배 정도 높아진 것이다.[104]

---

103 "American journalism sounds much more Democratic than Republican", *Economist* (December 14, 2023)

104 "Media bias hit new high in Trump-Harris coverage, three times 2004", *Washington Examiner*(November 5, 2024)

미국의 우파 매체

미국 공영 라디오방송인 NPR *National Public Radio*은 한때 미국에서 가장 신뢰받는 언론이었으나 지금은 보수 성향 청취자가 전체의 11%로 줄었다. '매우 또는 어느 정도 리버럴(좌파)'이라 답하는 청취자가 67%에 달한다. 좌파 매체로 낙인찍히면서 2017년 1,120만 명이던 NPR의 매주 평균 청취자는 2022년 827만 명으로 줄었다.[105]

미국에서 가장 큰 우파 매체는 197만 9천 명의 월간 평균 시청자(2024년 4월 기준)를 가진 〈폭스뉴스〉이다. 이 방송의 시청자 수는 업계 2위인 MSNBC(125만 4천 명)와 3위 CNN(62만 4천 명)을 합한 것보다 더 많다.[106] 트럼프는 집권 1기 대통령 전반기 2년간 〈폭스뉴스〉와 49회 인터뷰했고 다른 매체들과는 13회 회견했다.

우파 매체 2위, 3위인 워싱턴 〈이그재미너 *Washington Examiner*〉와 〈이포크타임스 *Epoch Times*〉는 반중反中 성향이 두드러진다. 1998년, 2007년에 각기 출범한 〈뉴스맥스 *Newsmax*〉와 〈브라이트바트 *Breitbart*〉는 2020 대선 부정 선거 음모론 같은 트럼프 측 입장을 대변한다.

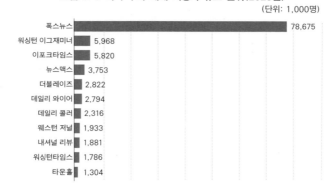

그림 3-6 미국 우파 매체 시청자 규모 순위(2023년)

(단위: 1,000명)

폭스뉴스	78,675
워싱턴 이그재미너	5,968
이포크타임스	5,820
뉴스맥스	3,753
더블레이즈	2,822
데일리 와이어	2,794
데일리 콜러	2,316
웨스턴 저널	1,933
내셔널 리뷰	1,881
워싱턴타임스	1,786
타운홀	1,304

---

105 "Public Broadcasting Fact Sheet", Pew Research Center(August 1, 2023)

106 "Most popular Conservative and Far-right websites in the United States", *Statista* (September, 2023)

3대 방송사는 "해리스 후보는 쾌활하고joyful, 스마트하며 smart 트럼프 후보는 어둡고 dark 복수심에 사로잡혀 revenge-obsessed 있다"는 식으로 도배했다. MRC는 "민주당을 지지하는 미국 주류 미디어의 당파적 편향성 partisan tilt이 최근 수년 동안 심화됐고, 2024년에는 최악의 선거 보도가 이뤄졌다"고 밝혔다.[107]

트럼프와 그의 진영은 주류 엘리트 매체들의 편파 보도에 맞서 여러 소셜미디어를 적극적으로 활용해 더 큰 효과를 내고 있다. 좌편향된 미국 미디어 시장이 트럼프와 그 지지자들에게 각성과 투쟁심, 위기의식을 불어넣고 더 단단하게 뭉치게 만들고 있다.

107 "It's Official: 2024 Campaign News Coverage Was the Worst Ever!", Media Research Center(November 5, 2024)

4부

트럼프 2기의
정책 구상과 비전

도널드 트럼프 전 대통령은 2022년 11월 15일, 2년 후 대통령 선거 출마를 선언하고 플로리다주 마라라고 리조트 부근 팜비치 Palm Beach에 대선 본부를 열었다. 2020년 대선 조직이 백악관, 공화당, 트럼프 가족 등 10여 개 캠프가 난립해 효율이 낮았다는 판단 아래 소수 정예 단출한 규모로 운영했다.[1]

캠프는 수지 와일스 Susie Wiles(66세) 선임 고문과 크리스 라시비타 Chris LaCivita (57세) 선임 정치고문 두 사람이 공동 본부장을 맡아 이끌었다. 트럼프는 2024년 대선 당선 직후인 11월 8일 수지 와일스를 백악관 비서실장으로 임명했다.[2] 트럼프 2기 첫 번째 인사로 미국 역사상 1호 여성 백악관 비서실장이 된 그는 대선 기간 중 예산 · 일정 · 조직 등 캠프를 총괄했다. 매주 수차례 트럼프와 독대하며 직언을 건넸다. 버지니아대학을 졸업한 라시비타는 1991년 걸프전쟁에 해병대 병사로 참전 중 부상당해 퍼플 하트 Purple Heart 훈장을 받고 퇴역한 정치 컨설턴트로 트럼프의 '불독'으로 불린다.[3]

댄 스카비노 Dan Scavino(48세) 소셜미디어 담당은 16살 때 골프장 캐디로 트럼프를 만나 30년 넘는 인연을 가진 가족 같은 사이다. 제이슨 밀러 Jason Miller (커뮤니케이션), 트럼프 1기 백악관 정책팀 출신인 빈센트 헤일리 Vincent Haley (정책 성명서 · 연설문), 격투기 기업인 UFC 홍보 임원 출신인 스티븐 청 Steven Cheung(대변인)도 핵심 참모였다.[4] 1기 백악관 정치국장을 지낸 브라이언 잭 Brian Jack은 의회를 포함한 정무 분야를 맡았다.

---

1   "[Big Read] The Trump Machine: the Inner Circle Preparing for a Second Term", *Financial Times*(March 26, 2024)

2   "Why Republicans are thrilled by Trump's first pick: Susie Wiles", *Politico* (November 8, 2024)

3   "Trump Eyes Longtime Virginia Operative for Senior 2024 Campaign Role", *Washington Post*(Oct. 25, 2022)

4   "The Face of Donald Trump's Deceptively Savvy Media Strategy", *New Yorker*(March 25, 2024)

그림 4-1 2024 트럼프 대선 캠프 핵심 인사들

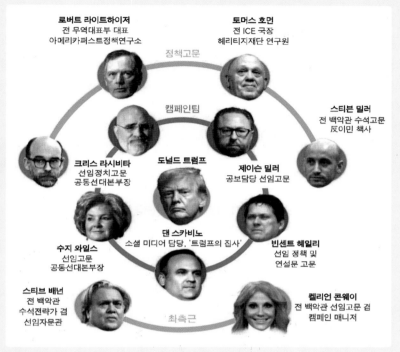

로버트 라이트하이저
전 무역대표부 대표
아메리카퍼스트정책연구소

토머스 호먼
전 ICE 국장
헤리티지재단 연구원

정책고문

캠페인팀

스티븐 밀러
전 백악관 수석고문
反이민 책사

크리스 라시비타
선임정치고문
공동선대본부장

도널드 트럼프

제이슨 밀러
공보담당 선임고문

수지 와일스
선임고문
공동선대본부장

댄 스카비노
소셜 미디어 담당, '트럼프의 집사'

빈센트 헤일리
선임 정책 및
연설문 고문

스티브 배넌
전 백악관
수석전략가 겸
선임자문관

최측근

켈리언 콘웨이
전 백악관 선임고문 겸
캠페인 매니저

출처: *TIME*

최소 1억 3,200만 달러의 정치자금을 낸 일론 머스크 테슬라 CEO는 2024 대선 승리의 일등공신으로 꼽힌다. 펜실베이니아주에서 트럼프 지지 가능성 있는 유권자를 소개하면 1명당 47달러(약 6만 3,000원)씩 지급했고 주요 경합주들에서 유권자들을 대상으로 '현금 살포' 캠페인도 벌였다. 머스크는 트럼프 2기에 신설될 '정부 효율성 위원회Government Efficiency Commission'의 장관급 위원장을 맡아 규제 완화와 2조 달러 규모의 연방정부 재정 절감 등을 추진할 예정이다.[5]

---

5 "Trump-Musk government efficiency commission idea draws Capitol Hill interest", *Washington Examiner*(October 11, 2024)

트럼프 2기의 정책 구상은 '어젠다 47' 웹사이트[6]에 대부분 공개돼 있다. 이 사이트는 2022년 12월 15일부터 2023년 12월 22일까지 트럼프가 직접 출연해 설명한 46편의 동영상을 담고 있다. '47'은 제47대 미국 대통령을 의미한다. 트럼프는 여기서 어린이 질병·노숙자·교육·복지·검찰·경찰·제약·관세·국방·제3차 세계대전 등 다양한 주제별로 자신의 재집권 공약을 밝혔다.

4부에서는 '어젠다 47'과 개별 인터뷰 등을 중심으로 트럼프 2기 모습을 7개 분야로 살펴본다.

표 4-1 트럼프의 싱크탱크들

싱크탱크	대표	주요 활동	기타
헤리티지재단	케빈 로버츠 전 텍사스공공정책 재단 CEO	*Mandate for Leadership 2025* 발간[7]	2022년 4월부터 싱크탱크·대학·단체 등 80여 개가 참여하는 'Project 2025' 가동
아메리카퍼스트 정책연구소	브룩 콜린스 전 백악관 국내정치 국장	2021년 4월 2천만 달러 예산으로 출범	트럼피즘 설파하는 최대 외곽 조직
미국재건센터	러셀 바우트 전 백악관 예산국장	대통령 권한 확대와 법무부·검찰 등 딥 스테이트 개혁 초점	재집권 시 법무부 통제 추진 준비
아메리카퍼스트리걸	스티븐 밀러 전 백악관 선임 고문	불법이민 단속 등 MAGA 의제 추진	바이든 행정부의 국경 단속 등 실정 지적

6　https://www.donaldjtrump.com/Agenda 47

7　*Mandate for Leadership: The Conservative Promise-Project 2025*(Washington DC: Heritage Foundation, 2023)

1. 딥 스테이트와 글로벌리스트 수술

트럼프 전 대통령은 재집권 후 가장 먼저 손볼 집단으로 글로벌리스트 globalist와 딥 스테이터 deep stater(자신들의 이익을 위해 숨겨진 활동을 하는 조직의 일원들)를 꼽는다. 그는 "이들은 해외에서 세계의 자유와 민주주의를 위해 싸우는 척하면서 미국을 끝없는 전쟁으로 끌어들이고 있다. 이들을 해체하겠다는 확실한 의지로 무장해야 한다"며 이렇게 말했다.

미국 국무부, 국방부와 정보기관 및 관련된 모든 것들을 완전하게 전면 개편하고 교체해 딥 스테이터들을 해고하고 미국을 최우선시하는 방향으로 재구성해야 한다.[8]

내부자들이 미국의 가장 큰 위협

그러면서 그는 "미국이 직면한 가장 큰 위협은 미국 내부의 파괴와 혼란"이라고 진단한다.

오늘날 서구 문명에 대한 가장 큰 위협은 러시아가 아니다. 우리 자신과 우리를 대표하는 몇몇 끔찍하게 미국을 싫어하는 사람들이 가장 큰 위협이다. (중략) 인종人種과 성性을 우선시하면서 미국을 신神 없는 나라로 만들고 있는 좌

---

8   Agenda 47: Preventing World War III(March 16, 2023)

파 마르크스주의자들이 그렇다. 그들은 미국을 미워하는 중국과 다른 외국에 미국이 전적으로 의존토록 만드는 글로벌리스트들이다.[9]

그는 "글로벌리스트 전쟁광들war-mongers은 민주당을 지원한다. 그들은 늘 전쟁을 하고 싶어 한다. 반대로 나는 힘을 통한 평화를 이루려 한다. 전쟁을 하지 않을 이유는 충분하다. 다른 나라들이 미국을 존경하도록 만들었기에 (내 집권기간 동안) 우리는 전쟁을 할 필요가 없었다"고 했다.[10] 트럼프는 미국 대통령의 과제를 규정하며 이렇게 말했다.

글로벌리스트들은 미국의 모든 힘, 피와 보물을 낭비하고 해외에서 괴물과 유령을 쫓고 있다. 그들은 미국 안에서 그들이 만들고 있는 혼란으로부터 우리가 관심 갖지 못하도록 방해하고 있다. 이들은 러시아와 중국이 꿈꿔왔던 것보다 더 많은 피해를 미국에 끼치고 있다. 병들고 부패한 기득권층을 몰아내는 것은 다음번 대통령의 기념비적인 과제이다. 그것을 할 수 있는 사람은 나뿐이다.[11]

10가지 딥 스테이터 제거법

이런 맥락에서 트럼프는 워싱턴 DC에 만연한 오래된 관행과 구태舊態 일신을 강조한다. '워싱턴 늪을 청소하자Drain Washington Swamp'는 그의 대對워싱턴 전쟁 선포는 연방 공무원들이 자기들끼리 이권 카르텔을 형성해

---

9   Agenda 47(March 16, 2023)

10 Agenda 47: President Trump Announces Plan to Stop the America Last Warmongers and Globalists(February 22, 2023)

11 Agenda 47(March 16, 2023)

사익을 챙기는 이른바 '딥 스테이트deep state'를 정조준하고 있다.

　트럼프가 보기에 미국보다 외국에 호의적인 글로벌리스트는 연방정부와 백악관·의회·학계·언론계에 포진해 있다. 딥 스테이터들은 국무부·국방부·정보기관에 많다. 그는 "우크라이나 전쟁 같은 곳으로 미국을 끌어들여 국력을 소진消盡시키고 있는", 딥 스테이터들을 제거하기 위한 10가지 방안을 제시한다.

- 말썽 부리는 관료rogue bureaucrat에 대한 대통령 해임권 부여
- 연방정부 부처 전면 개혁
- 딥 스테이터들의 간첩 행위 및 권력 남용 고발하는 '진실 화해 위원회 Truth and Reconciliation Commission' 가동
- 최대 10만여 명의 연방 공무원을 워싱턴 DC 외곽으로 재배치
- 미국판 부처 이전移轉 추진
- 연방 공무원들의 유관 업무 관련 대기업 취업 금지 등

재집권 시 고위관료 해임권 부여

대통령의 해임 대상 관료들을 명확히 하기 위해 트럼프 측은 재집권 시 5만여 명의 연방정부 관료들을 '스케줄 F Schedule F' 대상으로 재분류 re-classify할 방침이다.[12] 트럼프 정부는 2019년에 토지관리국Bureau of Land Management을 콜로라도주 그랜드 정션Grand Junction으로, 농무부 산하

12　"What Trump's War on the 'Deep State' Could Mean: 'An Army of Suck-ups'", *CNN* (April 27, 2024)

경제연구국ERS과 국립음식농업연구소NIFA를 캔사스시티로 옮긴 바 있다.13

그는 "익명의 정부 관계자들로 포장해 언론매체에 자주 등장하는 정보 유출자들을 정리하고, 모든 행정부처의 감사관실을 독립 부서로 만들어 객관적으로 부처에 대한 감사監査를 벌이겠다"고 했다.

그는 대통령의 권한을 실질적으로 강화해야 한다며 두 가지 공약을 내놓았다. 하나는 1974년 제정된 '의회 예산 및 지출거부 통제법CBA: Congressional Budget and Impoundment Control Act을 수정해 대통령에게 '정부 지출 거부권Impoundment power'을 허용하는 것이다. 현행 CBA는 "연방의회가 지출을 승인한 정부 예산에 대해 행정부는 거부권을 행사하지 못하고 100% 집행해야 한다"고 규정하고 있다.

대통령 지출 거부권 부활해 예산 절감

트럼프는 "CBA는 미국 헌법의 삼권분립 원칙에 어긋난다. '지출 거부권'을 부활해 대통령이 예산 집행 여부 및 규모를 결정하도록 하겠다"며 이렇게 밝혔다.

CBA 법으로 연방의회에서 여·야당의 나눠먹기식 예산 배분이 만연해 재정 적자가 만성화하고 있다. 나는 재집권 임기 첫날 모든 연방정부에 지출 거부권을 발동해 대규모 절약이 가능한 예산을 모두 확인하도록 지시할 것이다.

---

13 "What Trump's War on the 'Deep State' Could Mean", *CNN*(April 27, 2024)

단, 국방 · 사회보장 · 의료보험에 대한 예산 지원은 줄이지 않고 유지할 것이다.[14]

CBA 법을 제정한 1974년부터 2022년까지 미국 연방정부는 4개년을 제외하고는 매년 재정 적자를 냈다. 트럼프는 "대통령의 지출 거부권 부활이 정부 재정 적자와 지출 낭비를 막아 균형 예산을 이루고 세금을 불필요한 데 쓰지 않도록 하는 유일한 방법"이라며 "딥 스테이터들과 전쟁광, 글로벌리스트들을 제거하는 중요한 수단이 될 것"이라고 했다.

연방공무원 시험 실시 … 공무원 해고 활성화

다른 하나는 독립기구인 연방통신위원회 FCC(우리나라의 방송통신위원회)와 연방거래위원회 FTC(우리나라의 공정거래위원회)를 대통령 통제 아래 두고, 모든 연방정부 공무원들에게 공무원 시험Civil Service Test을 실시하도록 하는 방안이다. 트럼프의 말이다.

이 시험은 공무원들이 미국 헌법을 제대로 알고 있는지를 점검하는 게 목적이다. 종교의 자유, 연방주의, 비합리적인 수색 · 압수에 대한 수정헌법 제4조에 따른 보호 조항 등이 대표적이다. 선출되지 않은 관료들을 제자리에 놓고 책임을 제대로 묻겠다.[15]

---

14 Agenda 47: Using Impoundment to Cut Waste, Stop Inflation, and Crush the Deep State(June 20, 2023)

15 Agenda 47: Liberating America from Biden's Regulatory Onslaught(April 16, 2023)

트럼프는 "문제 있는 연방정부 공무원 한 명을 해고하는 데 1년 이상 걸리고, 연방정부 공무원은 매년 1천 명당 1명보다 낮은 비율로 해고된다. 책임지지 않는 워싱턴의 정치인과 관료들을 내버려 둬선 안 된다. 국민이 이들의 책임을 묻고 단죄해야 한다"고 말했다.[16] 2024년 4월 시사주간지 〈타임〉과의 인터뷰에서도 그는 "직무 수행 성적을 평가해서 성과가 나쁜 공무원은 물러나게 해야 한다"고 강조했다.[17]

미국 연방 상하원의 현역의원 재당선 비율은 각각 94%, 100%에 달한다. 이런 상황에서 트럼프는 "세계에서 가장 늙은 정치인들이 하는 정치가 미국 정치"라며 "10~20선選 이상씩 썩은 물이 고이는 워싱턴 정치를 바꾸어 민주주의에 활력을 불어넣어야 한다. 의원임기제한제term limits를 도입해 젊은이들이 정계에 들어오도록 해야 한다"고 했다.[18]

법무부 · 좌파 검사 개혁 … 경찰엔 면책권

트럼프는 연방정부 법무부DOJ와 그 산하의 법 집행기관인 연방수사국FBI이 정치적 목적을 수행하는 조직으로 변질돼 미국 민주주의가 위협받고 있다고 본다. 그는 "두 조직의 수사 요원들은 소셜미디어 기업과 담합해 2020년 대통령 선거에 부당하게 개입했다. 연방정부를 오염시키고 미국 국민들에 불이익을 준 이들의 부패와 부정행위를 끝내야 한

---

16   Agenda 47: President Trump's Plan to Dismantle the Deep State and Return Power to the American People(March 21, 2023)

17   "The Full Transcripts of Donald Trump's Interviews", *TIME*(April 30, 2024)

18   Agenda 47(March 21, 2023)

다"고 말했다.[19]

2020 대선 패배 후 검찰에 의해 민형사 사건에 기소起訴된 그는 "각 주나 시에 속해 있는 지방 검사들이 마르크스주의 좌파에 물든 사람들이 너무 많다. 이들은 범죄와 관련해 기소를 하지 않으면서 오히려 (백인들에 대한) 인종 차별을 하고 있다"고 주장했다.[20]

트럼프는 "형사범 기소에 소극적인 좌파 검사들에 대한 행동을 취할 것"[21]이라면서 "특히 시카고·LA·샌프란시스코 같은 대도시에서 좌파 검사들이 인종人種에 근거한 차별적 법 집행을 했는지 여부를 수사하도록 연방 법무부에 지시하겠다"고 약속했다.[22]

그는 또 "대통령이 되면 경찰 채용과 유지, 훈련을 위한 예산을 기록적으로 늘리는 법안에 서명할 것"이라며 "경찰이 본연의 업무를 하다가 형사처벌에 직면할 경우 면책권을 주겠다. 그들에게 합당한 권한과 존경을 반드시 돌려주겠다"고 했다.[23] 각종 범죄에 느슨하게 대응해서 사회 불안을 초래한 바이든 정부와 달리 공권력 복원으로 사회 안정을 실현하겠다는 공약이다.

---

19 "The Full Transcripts of Donald Trump's Interviews", *TIME*(April 30, 2024)
20 Agenda 47: Firing the Radical Marxist Prosecutors Destroying America(April 13, 2023)
21 "The Full Transcripts of Donald Trump's Interviews", *TIME*(April 30, 2024)
22 Agenda 47: President Trump Announces Plan to End Crime and Restore Law and Order(February 20, 2023)
23 Agenda 47(February 20, 2023)

트럼프 2기의 정책 구상과 비전 273

바이든에 대한 트럼프의 평가

트럼프는 미국의 국익을 해치는 글로벌리스트의 수장首長으로 조 바이든 대통령을 지목한다.

바이든과 부패한 그의 가족은 중국공산당과 연계된 회사·기관으로부터 수백만 달러를 받았다. 바이든 일가는 이 사실을 숨기고 있고, 편향된 대다수 언론사들은 진실을 보도하지 않고 있다.

바이든은 중국공산당과 기후변화론자들에게 굴복해 미국 석유·천연가스·석탄채굴업자들을 약화시켰다. 역사상 최초로 지금 중국은 미국보다 많은 석유를 정제精製하고 있다. 바이든 정책의 승자勝者는 중국이다.[24]

그는 "글로벌리스트들은 미국 산업의 심장을 찢어 놓는 친중 정책을 펴고 있다. 바이든의 전기차 정책으로 미시간·인디애나·오하이오의 근로자들이 큰 타격을 입고 있다. 미국 자동차 회사들은 2천억 달러의 추가 비용을 부담해야 하고 노동자들은 수치를 겪고 있다"고 밝혔다.[25]

국내 정책에서도 바이든은 '좌파적 평등 계획'을 밀어붙이고 있다고 트럼프는 주장한다.

바이든은 단독 주택에 대한 구역 설정을 폐지하고 교외郊外에, 심지어는 집 바로 옆에도 거대한 다세대 아파트 단지를 건설해 부동산 가치를 파괴하고, 지역 사회가 저소득 주택 개발 비용을 지불하도록 강요해 아메리칸 드림을 더 멀리 밀어내고 있다.[26]

---

24 Agenda 47: Joe Biden Has Been a Disaster for the Economy(March 17, 2023)

25 Agenda 47: Rescuing America's Auto Industry from Joe Biden's Disastrous Job-Killing Policies, President Trump's Message to America's Auto Workers (October 23, 2023)

26 Agenda 47: Ending Biden's War on the Suburbs That Pushes the American Dream Further From Reach(March 20, 2023)

2. 불법이민자 문제 해결

트럼프 전 대통령은 "세계 어떤 나라도 경험한 적 없는 규모로 외국인들이 미국으로 불법입국하고 있다. 그것은 미국에 대한 침략invasion of our country이다"라고 단언한다.

> 미국으로 들어온 불법 외국인들은 미국 시민들이 납부하는 막대한 세금을 탕진하고 있다. 그들은 미국의 피를 오염시키고 있다. 불법이민자의 급증이 미국에 피바다를 불러일으킬 것이다.[27]

그는 2024년 4월 4일 한 라디오방송에서 최근 미국으로 몰려드는 중국 이민자 급증에 대한 질문을 받고 "그들 대부분은 젊고 건강한 남성이다. 3만 명 이상인데 상당히 많은 숫자다. 그들은 아마 군대를 만들고 있을 것"이라고 답했다. 미국 당국이 2023년 체포한 멕시코에서 미국으로 불법 월경한 중국인은 3만 7천 명으로 2년 전 대비 50배 늘었다.[28]

---

27 "The Full Transcripts of Donald Trump's Interviews", *TIME*(April 30, 2024)
28 "The new border fearmongering: China is 'building an army' in the U.S.", *Washington Post*(April 4, 2024)

앵커 베이비 등 혜택 중단

이런 이유에서 트럼프는 불법입국자들에 대해 원칙적이고 엄정한 대응을 약속한다. 그들이 미국에 올 때 받는 혜택을 모두 없애야 한다고 주장한다. 미국에 들어온 불법입국자들이 출산한 이른바 앵커 베이비 anchor baby는 미국 시민권을 자동으로 부여받는다. 또 가족 중에 미성년자는 소정의 절차를 거치면 미국 시민권을 얻고 외국으로 이동하는 여권을 발급받는다. 불법입국자들은 사회보장 번호 Social Security number를 받고 정부 부담 복지 대상자가 된다. 트럼프는 이런 모든 혜택의 중단을 공약으로 내걸었다.

그는 "백악관에 복귀하는 즉시 앵커 베이비에 대한 혜택 폐지를 담은 행정명령에 서명하겠다"고 말했다. 이를 위해 미국 영토에서 태어난 사람에게 '출생 시민권'을 자동 부여하도록 규정한 미국 헌법 제14조를 위헌違憲 소송을 해서라도 바꾸겠다고 밝혔다.[29] 또 연방정부 내 국토안보부DHS에 지시해 국경 단속 전담 인력을 양성하고, 국경에서 불법이민자를 '붙잡았다가 금방 석방하는' catch and release 정책을 종료하는 대통령 메모를 발령하겠다고 했다.

트럼프는 한국·중국 등 아시아인들이 많이 이용하는 원정출산 Birth Tourism을 금지하고, 불법이민자들에 대한 공공주택 입주 신청 자격과 생계유지를 위한 근로 허가 work permit를 폐지한다는 방침이다.

---

29 Agenda 47: No Welfare for Illegal Aliens(November 1, 2023)

미국 역사상 최대 규모 불법이민자 추방 작전

트럼프는 재집권할 경우 불법이민자를 구금하는 대규모 수용소를 짓고 취임 첫날 미국 역사상 가장 큰 규모의 (이민자) 추방을 시작하겠다고 공언했다. 그의 말이다.

1950년대에 드와이트 아이젠하워 대통령도 오랜 시간에 걸쳐 불법이민자에 대한 대규모 추방 작전을 폈다. 아이젠하워는 불법입국자들을 국경 저쪽으로 보낼 뿐 아니라 불과 며칠 만에 미국에서 3천 마일 정도 떨어진 곳으로까지 보냈다.[30]

그는 "바이든 정부 집권 이후 2021년 1월부터 2년 동안 공식 통계로만 660만 명이 넘는 불법이민자가 남부 국경으로 유입돼 미국의 안보와 경제는 물론 인도주의적 재앙이 되고 있다"며 "바이든은 (트럼프가 2020년 5월 발효시킨) '타이틀 42'를 2023년 5월 종료시켜 불법이민자 유입을 의도적으로 늘리고 있다"고 했다.[31]

트럼프는 연방수사국FBI, 국토안보부DHS, 마약단속청DEA, 알코올·담배 및 화재폭발물국ATF 등을 동원해 불법이민자 추방 작전을 벌이겠다고 했다. 그는 "불법으로 국경을 넘은 이들은 미국 침입자이지 민간인이 아니다. 필요하면 각 주의 방위군National Guard을 동원하고, 새로운 월경越境자 수용 캠프migrant detention camp도 건설하겠다"고 했다.[32]

---

30 "The Full Transcripts of Donald Trump's Interviews", *TIME*(April 30, 2024)

31 Agenda 47: Day One Executive Order Ending Citizenship for Children of Illegals and Outlawing Birth Tourism(May 30, 2023)

불법이민 때문에 수입 줄고 마약 확산

그는 '어젠다 47'에서 불법이민자 급증에 따른 미국민들의 피해 사례를 구체적으로 밝혔다. 저임금 불법입국자들의 노동 시장 유입으로 미국 근로자들의 급여가 1인당 99달러씩 낮아져 매년 1,180억 달러의 급여 삭감이 발생했고, 불법이민자 편으로 매년 수천 파운드의 마약이 들어와 10만 명 이상의 마약 중독자가 생기고 있다는 것이다.

트럼프는 "18세부터 45세에 이르는 미국인들의 사망 원인 가운데 1위가 펜타닐 Fentanyl 마약 중독"이라며 "바이든 대통령 시절인 2022년에만 100여 명의 테러범 및 테러 용의자가 국경에서 체포됐는데, 이는 직전 5개년 합계보다 3배 이상 많다"고 말했다. 그는 "2020년 이후 국경에서 체포된 불법이민자 가운데 살인 경력자와 마약 소지자는 1,900%, 480% 급증했다"고 밝혔다.[33]

바이든 정부 내 2천만 명 불법 외국인 유입

이와 함께 2014년 이후로 불법이민자가 개입된 인신매매 人身賣買 체포 건수는 82% 늘었다고 트럼프는 주장했다. 그는 "불법이민자 추방 작전을 벌이지 않으면 미국을 유지할 수 없다. 다른 선택지가 없다. 바이든 대통령 임기 말까지 1,500만 명에서 2천만 명의 불법 외국인이 들어올 것"이라고 했다.[34]

---

32 "The Full Transcripts of Donald Trump's Interviews", *TIME*(April 30, 2024)
33 Agenda 47(May 30, 2023)

하루에 4천 명 넘는 베네수엘라 성인 불법이민자들이 텍사스주로 들어온 것은 전례 없는 사태이다. 내가 백악관에 다시 들어가면 바이든 정부의 열린 국경정책을 즉각 끝낼 것이다. 1950년대 가동했던 '적국 시민법Alien Enemies Act'을 발동해서라도 미국에 들어온 조직 범죄자, 마약 거래자, 카르텔 조직원 등을 영구적으로 쫓아내겠다.[35]

트럼프는 불법이민자와 연계된 마약 카르텔을 상대로 한 전쟁도 선포했다. 불법이민자들을 이용한 마약 밀거래가 마약 카르텔들의 주 수입원인 만큼, 불법이민과 마약 카르텔을 동시에 뿌리 뽑아야 한다는 것이다.

바이든 정부 출범 3년여 만에 20만 명 이상이 약물 과다 복용으로 사망했고, 2019년 이후 펜타닐 마약 관련 사망자가 94% 급증했다. 마약 카르텔과 인신매매범들의 2023년도 매출액은 130억 달러에 육박해 2,500% 정도 늘었다.[36]

마약 카르텔에 대한 총력 전쟁

이어지는 트럼프의 말이다.

마약 카르텔들은 바이든 정부의 동맹 세력이다. 그들 때문에 수백만 명의 미국인과 그 가족들이 파괴되고 있다. 마약 카르텔들이 미국을 상대로 전쟁을 벌이는데, 이제는 미국이 이들에게 전쟁을 선포해야 한다.[37]

34 "The Full Transcripts of Donald Trump's Interviews", *TIME*(April 30, 2024)

35 "Trump's Comments Come as More than 4,000 Migrants Crossed the US Southern Border Wednesday", *Fox News*(September 20, 2023)

36 Agenda 47: President Donald J. Trump Declares War on Cartels(December 22, 2023)

그는 마약 카르텔을 해외 테러 조직으로 지정하고 미국 영해에서 펜타닐 적재선을 검문·수색하는 전면적인 펜타닐 유입 봉쇄a full Fentanyl Blockade 작전을 펼치겠다고 했다. ● 글로벌 금융결제 시스템에서 마약 카르텔 차단 ● 마약상에게 사형 선고 ● 마약 조직의 뇌물 수수 및 부패 공개 ● 마약 카르텔 지도부와 마약 거래 인프라에 타격 가하는 특별군대 동원 등 마약 카르텔과의 전쟁에서 승리하는 방법도 공개했다.[38]

'그린카드'로 대졸 외국인 고급 인재 영입

불법이민과 마약 카르텔에 대한 강경한 대책과 별도로 트럼프는 "미국에서 대학을 졸업한 외국 학생에게 자동으로 '그린카드'를 부여할 생각"이라고 말했다.[39] '그린카드'는 미국에서 생활하면서 일할 수 있는 권리를 부여하는 서류로 '영주권permanent resident card'으로 불린다. 대학 졸업생의 경우 일자리를 구한 뒤 일정 기간이 지나야 신청 자격을 얻을 수 있다.

그린카드 공약이 현실화하면, 우수한 젊은 인력이 미국에 대거 유입된다. 미국의 높은 영주권 장벽 때문에 본국에 돌아갔던 외국 유학생들의 귀국이 줄어들기 때문이다. 불법이민자들은 쫓아내고 첨단 두뇌들은 미국에 체류하도록 하겠다는 게 트럼프의 구상이다.

---

37   Agenda 47(December 22, 2023)

38   Agenda 47(December 22, 2023)

39   "Trump Says foreigners Who Graduate from US Colleges Should Get Green Cards", *Reuters*(June 22, 2024)

3. 중국 경제 의존에서 독립과 승리

트럼프 전 대통령은 1972년 리처드 닉슨 대통령의 방중 이래 40년 넘게 진행되어온 미국의 대對중국 정책을 바꾸었다. 중국의 경제 성장을 도우면서 중국의 자유시장·민주주의 체제로의 전환을 기대하는 포용 정책engagement policy을 폐기 처분하고 2017년 12월 18일 백악관 〈국가안보전략 보고서〉를 통해 중국을 수정주의 세력이자 실질적인 미국의 주적主敵으로 정의했다.[40]

마이크 폼페이오 국무장관은 2020년 7월 23일 캘리포니아주 요바린다에 있는 닉슨 도서관 앞에서 30여 분 동안 '공산주의 중국과 자유세계의 미래'라는 제목의 연설을 통해 포용 정책의 종언과 중국공산당 정권 교체regime change 의지를 밝혔다.[41]

---

40 "China and Russia challenge American power, influence, and interests, attempting to erode American security and prosperity. They are determined to make economies less free and less fair, to grow their militaries, and to control information and data to suppress their societies and expand their influence." 'National Security Strategy of the United States of America', *White House*(Washington DC: December 2017), p.2

41 Mike Pompeo, "Communist China and the Free World's Future", U.S. Department of State(July 23, 2020)

"중국은 절대 미국의 친구 아니다"

트럼프는 2011년 발간한 《트럼프, 강한 미국을 꿈꾸다 *Time to Get Tough*》에서 "중국은 '정당한 게임 fair game'을 벌이고 있는 나라가 아니라 자유무역을 악용하고 반칙을 범한다"며 "중국의 지도자들은 만면에 웃음을 띠고 우리를 대하고 있으나 중국은 절대 우리의 친구가 아니다"라고 밝혔다.[42] 이런 인식은 트럼프 진영 전체가 공유하고 있다.

트럼프의 측근인 크리스토퍼 밀러 전 국방장관 대행은 〈프로젝트 2025〉에서 "미국인들의 안보와 자유 그리고 번영에 가장 심각한 위험은 중국이다. 미국의 국방 전략은 최고의 우선순위 대상국으로 중국을 명백하게 지목해야 한다 U.S. defense strategy must identify China unequivocally as the top priority"고 밝혔다.[43]

트럼프는 "모든 중요 분야에서 중국 의존 dependence on China 으로부터 완전한 독립 complete independence을 이루겠다"며 더 광범위한 중국 단절을 공약으로 내걸고 있다. 그의 말이다.

---

42 Donald Trump, 《트럼프, 강한 미국을 꿈꾸다》(2017), p.8
43 Christopher Miller, '*Department of Defense*' *Project 2025*(Washington DC: Heritage Foundation). pp.92~93

최혜국 대우 폐지 ⋯ 대對중국 관세 60%대로

중국에 부여해온 최혜국 대우MFN: Most Favored Nation Status를 철회하겠다. 그리고 전자제품부터 철강, 의약품에 이르기까지 필수 상품의 중국으로부터의 수입을 모두 폐지할 4개년 계획을 실시하겠다.[44]

그는 중국에 대한 최혜국 대우MFN를 폐지하고 중국산 수입품에 60~100%의 관세율을 부과할 방침이라고 밝혔다. 경제조사 분석기관인 '옥스퍼드 이코노믹스Oxford Economics'는 "중국이 미국 시장에서 MFN을 박탈당하면 0%인 중국 휴대전화와 장난감에 대한 미국의 관세율이 35%, 70%로 치솟고, 중국 제품에 대한 평균 관세율이 61%가 돼 미국 총수입액에서 중국의 비중이 2023년 20%대에서 2028년 3%대로 떨어질 것"이라고 밝혔다.[45]

이렇게 되면 미국 정부의 세금 수입 증가와 함께 상품 가격 상승에 따른 인플레이션이 발생할 수 있으며, 중국의 보복 조치도 예상된다. 이를 감안해서 미국이 MFN를 즉각 폐지하지 않고 2001년 중국의 세계무역기구WTO 가입 이전처럼 연방의회에서 매년 중국의 MFN 연장을 심사하는 식으로 절충할 것이라는 관측도 나온다.

---

44 Agenda 47: President Trump's New Trade Plan to Protect American Workers (February 27, 2023)

45 "How Scared is China of Donald Trump's Return?", *Economist*(February 20, 2024)

중국 자동차에 100~200% 관세 부과

트럼프는 2024년 7월 18일 위스콘신주 밀워키에서 열린 공화당 전당대회 대통령 후보 수락 연설에서 "중국이 자동차를 미국에 무관세로 수출하기 위해 멕시코에 대규모 공장을 짓고 있다"면서 "그들이 우리와 동의하지 않으면 우리는 (중국이 만든) 자동차마다 약 100%에서 200%의 관세를 부과할 것이며, 그들은 미국에서 자동차를 팔지 못할 것"이라고 말했다.[46]

트럼프는 실제로 중국 의존을 끊기 위해 중개 국가들conduit countries을 통한 중국 상품의 우회 수입을 막는 등 다양한 조치를 검토 중이다. 그가 밝힌 방법은 ● 미국 기업의 중국 내 투자 금지 ● 중국의 미국 내 자산 등 취득 금지 ● 중국 기업에 아웃소싱을 맡긴 회사와 연방정부 간 계약 전면 금지 등이다.

강경 정책으로 선회한 배경에는 미국이 부富와 일자리를 중국에 계속 빼앗기고 있다는 트럼프 진영의 판단이 있다. 2022년 미국의 대중 무역적자는 전년 대비 10% 정도 증가한 3,829억 달러로 미국 역사상 최대를 기록했다.[47] 바이든 정부는 외국 기업과 외국 상품에는 세금을 적게 매기고 미국 기업과 개인에게 많은 세금을 부과해 중국 등 다른 나라를 돕는 '아메리카 라스트America Last' 정책을 펴왔다는 것이다.[48]

---

46 "Read the Transcript of Donald J. Trump's Convention Speech", *New York Times*(July 18, 2024)

47 Agenda 47: Rescuing America's Auto Industry from Joe Biden's Disastrous Job-Killing Policies(July 20, 2023)

트럼프는 "에너지·기술·통신·농업·천연자원·의료장비와 기타 전략적 국가 자산 같은 미국의 필수 인프라에 대한 중국의 소유를 공격적으로 제한하는 법을 만들겠다"며 "핵심 산업 분야에서 중국 기업의 미국 기업 인수·합병 등을 금지하고 중국이 소유하고 있더라도 미국의 국가안보를 위험에 빠트릴 수 있는 것들은 재매각토록 압박할 것"이라고 밝혔다.[49]

중국의 미국 기업 소유 금지 … 우회 수출도 차단

이런 발상은 중국이 미국에 적대적인 위해危害 국가라는 세계관에 근거한 것이다. 트럼프는 "중국이 세계무역기구WTO에 가입한 2001년부터 2015년까지 15년 동안 340만 개의 미국 내 일자리가 사라졌고 6만여 개 미국 공장이 문을 닫았다. 미국과의 무역에서 얻은 흑자로 중국은 19만 4천 에이커의 미국 농토와 2,400여 개의 미국 기업을 소유하고 있다"고 밝혔다.

이렇게 번 돈으로 중국은 미국인들의 직업과 공동체를 파괴하고 미국의 국가 안보를 위협하고 있다. 중국은 미국의 안보를 위기에 빠트리기 위해 초음속 미사일을 개발했고, 미국보다 많은 해군 함정과 군인들을 보유하고 있다. 중국은 미사일과 레이더, 각종 화기火器 생산에 필요한 핵심 부품의 채굴·처리를 위한 세계 시장을 지배하고 있다.[50]

---

48 Agenda 47(February 27, 2023)
49 Agenda 47: President Trump Will Stop China From Owning America(Jan. 18, 2023)
50 Agenda 47: Reclaiming America's Independence by Slashing Biden's Disastrous Trade Deficits(February 28, 2023)

그는 자신의 집권 1기 때 중국과의 무역전쟁에서 성공한 경험이 있다고 주장한다. "코로나19 팬데믹이 발발하기 전인 2019년 한 해에 미국의 대중對中 무역 적자가 730억 달러 감소했고 50만 개가 넘는 제조업 일자리가 생겼다."

트럼프, "나는 중국 다루기에 성공했다"

특히 그의 집권 2년 차인 2018년 미국 내 제조업 일자리가 20년 만에 가장 많이 늘었고, 2019년 미국 근로자 임금이 10년 만에 가장 빠른 비율로 상승했으며 1만 7천 개의 공장이 새로 문을 열었다고 트럼프는 밝혔다.[51]

경제·군사·외교적으로 중국에 강경 대응한다는 방침은 트럼프 진영 참모들도 공유한다. 그의 핵심 참모인 로버트 라이트하이저 전 무역대표부 USTR 대표는 "중국과의 무역은 미국의 힘을 약화시키고 끊임없이 미국의 행동을 왜곡시키는 아킬레스 건腱"이라며 이렇게 말했다.

미국은 상품 교역 적자 형태로 중국에 지금까지 6조 달러의 부를 넘겨줬다. 미국은 세금 인하, 규제 철폐, 보조금, 산업정책으로 재균형을 달성해야 한다. 미국은 중국에 대한 최혜국 대우MFN를 폐기하고 미중 경제의 전략적 디커플링을 추구해야 한다. WTO 체제에 의존하지 말고 단독 행동하거나 생각이 같은 나라들과 함께 움직여야 한다.[52]

---

51 Agenda 47(February 28, 2023)
52 Robert Lighthizer, *No Trade is Free*(2023), pp.205~208; p.317

트럼프는 '어젠다 47'에서 미국 내 중국 간첩 단속을 강화해 근절하 겠다고 약속했다. "바이든의 유약한 리더십으로 말미암아 중국이 미국 의 주권을 짓밟는 일이 자행되고 있다. 개혁된 연방수사국FBI과 법무부 가 공화당원이 아닌 중국 간첩들을 잡도록 할 것이며, 중국의 미국 내 간첩 활동을 극적으로 차단할 것이다." 그의 말이다.

FBI · 법무부 동원해 중국 간첩 추적

중국은 미국 기업 · 금융 · 학계 · 언론계와 정부 등에 수천 명의 간첩들을 두 고 있다. 나는 중국의 미국 내 간첩활동 저지 노력을 대대적으로in a very, very big way 벌일 것이다. FBI와 법무부도 공화당원 뒷조사가 아닌 중국 간첩 추적 에 집중하도록 하겠다. 미국의 기밀 사항에 대한 중국의 접근을 막기 위해 다 양한 조치를 취할 것이다.[53]

중국의 간첩 활동이 대학과 민간 기업, 연구소를 겨냥하는 것과 관련 해, 그는 "내부자들의 위협으로부터 스스로를 보호할 수 있도록 대학 및 민간 기업들과의 새로운 파트너십을 만들어 갈 것"이라고 했다. 미 국의 비밀에 대한 중국의 접근 차단에 필요한 모든 조치, 즉 비자 규제 와 여행 제한 등도 취할 것이라고 트럼프는 말했다.[54]

---

53 Agenda 47: Stopping Chinese Espionage(February 3, 2023)
54 Agenda 47(February 3, 2023)

중국의 미국 교육 침투

트럼프 진영은 중국이 미국 각급학교와 연구소에 자금을 지원해 미국 사회를 파괴하고 첨단 기술·정보 절취한다고 본다. 중국의 미국 교육계 침투를 국가안보 문제로 간주하는 것이다. 트럼프 대통령은 임기 마지막 해에 미국 대학에 들어와 있는 공자학원Confucius Institute이 중국과 맺은 모든 거래·계약을 공개하도록 하는 법에 서명했다.

하지만 바이든이 대통령 취임 4일 만에 이 법을 폐지하자, 공자학원은 '중국 센터' 등으로 이름을 바꿔 되살아났다.[55] 전미학자협회National Association of Scholars는 2022년 6월 "미국 내 118개 공자학원 중 104개가 없어졌으나, 중국 정부가 돈으로 대학들을 설득해 공자학원은 이름만 바꾼 채 그대로 활동하고 있다"고 밝혔다.[56]

2013~2019년 중국이 115개 미국 대학에 기부·계약 형태로 뿌린 돈은 10억 달러(약 1조 3,500억 원)에 달했다. 중국은 2021년에 미국 대학들과 1억 2천만 달러어치의 계약을 맺었다. 중국은 돈을 이용해 미국 학자들을 매수하고 연구원·학생으로 위장한 스파이를 침투시켜 첨단 과학기술 도둑질을 한다는 게 트럼프 진영의 시각이다.

공화당이 지배하는 주 정부와 주 의회 결정에 따라 2024년 2월 중국과의 학술 교류·제휴를 전면 중단한 플로리다인터내셔널대학FIU의 경우, 중국과 9개 복수학위 과정과 공동연구 등을 진행하면서 2021~2022년에 320만 달러(약 43억 원)를 지원받은 것으로 드러났다.[57]

---

55 "Joe Biden ends Confucius Institute disclosures", *Washington Times*(February 10, 2021)

56 "The Rise and Fall of Confucius Institutes in the US", *Diplomat*(November 28, 2023)

57 "Another Chinese Partnership Bites the Dust", *Inside Higher Ed.*(February 2, 2024)

4. 위대한 교육으로 위대한 미국 만들기

트럼프 전 대통령은 백악관에 갓 들어온 2017년 초부터 교육의 품질 향상에 힘을 쏟았다. 그는 2017년 5월 〈타임〉과의 인터뷰에서 "나는 '강한 군대great military', '낮은 세금low taxes', '훌륭한 건강보험good health care', '훌륭한 교육good education', 이 네 가지에 성과를 내고 싶다"고 말했다.[58] 그는 재집권할 경우 '매가MAGA'라는 국정 목표를 달성하기 위해 교육을 혁신한다는 방침이다.

위대한 학교 → 위대한 직업 → 위대한 미국

"'위대한 학교great school'를 만들고 그 바탕 위에 '위대한 직업great jobs'을 자녀들에게 물려주고 '더 위대한 나라even greater country'로 미국을 발전시킨다"는 것이 트럼프의 구상이다.

그는 "급진 좌파광Radical Left maniacs들이 우리 자녀들에게 좌파의 비판적 인종 이론과 성性 이데올로기, 부적절한 인종·성性·정치 콘텐츠들을 가르치고 있다"면서 이렇게 말했다.

좌파 교육을 하는 프로그램 및 학교에 대한 연방정부 지원을 없애고 학생들에게 고품질의 미국 친화적pro-American 교육을 제공해야 한다. 반反기독교적

---

58 "Trump After Hours", *TIME*(May 11, 2017)

인 좌파 교육을 일삼는, 연방정부 내 교육부에 있는 좌파들을 추적·제거해야 한다. 반역적인 교육 공무원들을 해고할 수 있는 권한을 대통령에게 부여해야 한다.[59]

연방 교육부 폐지하고 부모 권한 회복

교육부와 일선 학교 현장을 좌파·마르크스주의자들이 장악한 결과, 미국 교육계가 학생들을 잘못된 방향으로 가르치고 있다는 것이다.[60] 트럼프는 이런 이유에서 연방정부 교육부Department of Education 폐지와 교육 현장에서 부모 권한parental rights 회복이 시급하다고 했다. 교육 행정은 연방정부가 아니라 지방 개별 주들이 책임질 일이라는 이유에서다.

트럼프가 대선 공약으로 내건 '교육에 관한 10개 원칙' 중 첫 번째인 부모 권한 복원은 자녀 교육을 학교에 맡겨 놓지 않고 부모의 의견과 요구가 반영되도록 하겠다는 취지에서다.[61] 이는 트랜스젠더, 동성애, 제3의 성性 등을 조장하고 있는 현재 교육 현장에 대한 기독교 우파들의 걱정과 불만을 수용한 것이다.

두 번째 교육 혁신 방안은 훌륭한 교사 우대와 훌륭한 교장 영입이다. "학부모들이 원하고 실제로 잘 가르치는 교사들에 대해서는 정년을 적용

---

59 Agenda 47: President Trump's Ten Principles for Great Schools Leading to Great Jobs(September 13, 2023)

60 Agenda 47: Protecting Students from the Radical Left and Marxist Maniacs Infecting Educational Institutions(May 2, 2023)

61 Agenda 47: President Trump's Plan to Save American Education and Give Power Back to Parents(January 26, 2023)

하지 않고 본인이 원할 때까지 학교에서 아이들을 가르치도록 하겠다. 이에 걸맞은 성과급을 지불하겠다. 교장 선생도 훌륭한 사람이 필요하다. 그래서 학부모가 다른 지역에 있는 훌륭한 분을 교장 선생으로 모셔 오도록 하겠다"고 트럼프는 밝혔다.[62]

읽기 · 쓰기 · 수학 등 기본 교육 강화

세 번째는 지식과 기술 교육 강화이다. 형평성·인권 같은 것 때문에 정작 학교에서 배우고 가르쳐야 할 교육을 소홀히 하고 있는데, 가장 기본인 읽기·쓰기·수학을 강화해 자녀들이 성공하는 직업인이 되도록 한다는 방침이다.[63]

종교 편향성을 이유로 학교에서 성경聖經 교육과 기도祈禱가 뒷전으로 밀려났는데, 기도의 자유를 보장하고 학교 보안·안전과 약물 금지 강력 추진도 약속했다. 트럼프의 말이다.

교사들이 무방비 상태로 있다가 흉기 소지자에 의해 죽임당하지 않도록 교사에게 총기 소지를 허용하겠다. 퇴역 군인들을 학교 보안관으로 임명해 총기 사고 피해를 막고, 학교에서 약물을 갖고 다니거나 섭취할 경우 무관용 정책으로 즉각 퇴학시키고 실형을 선고해야 한다.[64]

---

62 Agenda 47(September 13, 2023)

63 Agenda 47: Protecting Students from the Radical Left and Marxist Maniacs Infecting Educational Institutions(July 17, 2023)

64 Agenda 47(Jan. 26, 2023)

트럼프는 학교 선택권 보장과 프로젝트 베이스 교육, 인턴십 장려와 진로 지도 강화 등도 공약으로 내걸었다. 사립학교를 원한다면 제한 없이 얼마든지 사립으로 갈 수 있도록 학교 선택권을 늘리겠다고 그는 밝혔다.

온라인 교육기관 '아메리칸 아카데미'

'어젠다 47'에서 그는 '아메리칸 아카데미 AA: American Academy'라는 온라인 교육기관 설립 방안을 밝혔다. 미국 사립대학교들이 운용하는 기부금에 매년 세금을 부과해 거둔 수십억 달러의 자금으로 AA를 세워 인문학부터 실용 기술까지 세계적 수준의 콘텐츠를 원하는 미국인들에게 무료로 제공하고 수료자에게 4년제 대학 학사 졸업장을 주겠다는 것이다.

> AA는 비싼 학비를 받고 있는 기존 4년제 대학들과 경쟁할 것이다. AA는 미국 고등교육의 혁명을 촉발해 수천만 명의 미국인에게 획기적인 평생교육 기회를 제공할 것이다. 대규모 기부금을 운용하고 있는 하버드, 예일 같은 부자 사립대학에 세금을 매기면 연간 수십억 달러의 AA 운영 비용을 충분히 조달할 수 있다.[65]

최고급 온라인 교육기관인 AA로 수천만 명의 미국인들이 인생을 바꾸는 고등교육 혁명을 이루겠다는 게 트럼프의 생각이다. 그는 "좌파로

---

65 Agenda 47: The American Academy(November 1, 2023)

부터 우리의 훌륭한 교육기관을 되찾아야 한다. 이를 위해 대학인증제도 college accreditation system를 도입해야 한다"며 이렇게 말했다.

좌파 교육 정상화 … 국민적 애국심 고취

비효율적인 행정 직위를 없애 비용을 절감하고 곳곳에 침투해 있는 마르크스주의적 다양성 diversity · 형평성 equality · 포용 inclusion 지향성 관료를 제거해야 한다. 속성 및 저비용 학위, 의미 있는 취업 지원 및 경력 서비스를 제공하고 대학입학 및 졸업 시험을 도입해 학생들이 제대로 학습하는지 확인할 것이다.[66]

트럼프는 좌파 교육에 불만을 품고 자녀들을 학교 대신 집에서 가르치는 미국인들을 겨냥해 홈스쿨링 home schooling 강화도 약속했다. '코로나19' 팬데믹 등을 계기로 미국 내 홈스쿨 등록자는 약 30% 증가한 것으로 추정된다. 그는 "홈스쿨링 가정을 위해 자녀 1명당 연간 1만 달러까지 비용을 면세한다. 홈스쿨링을 하더라도 학교에 가야만 할 수 있는 여러 활동, 이를테면 체육관 시설 이용과 교육용 여행 등을 차별 없이 이용토록 하겠다"고 했다.[67]

그는 "2026년 우리는 미국 독립 250주년을 맞는다. 이에 맞춰 미국 국민으로서 국가 의식과 나라 사랑 정신을 갖도록 하겠다"며 "미국에 대한 애국심 고취를 위해 바이든 정부 들어 폐지된 1776 위원회 1776 Commission를 부활시키겠다"고 말했다.[68]

---

66 Agenda 47(July 17, 2023)
67 Agenda 47: President Trump's Pledge to Homeschool Families(September 14, 2023)

5. 관세와 에너지로 미국의 전성기 실현

트럼프는 저서《트럼프, 강한 미국을 꿈꾸다》에서 "우리는 지나치게 오랫동안 다른 국가에 이용당해왔고 괴롭힘을 당해왔다. 이제 어영부영할 시간이 없다. 우리는 미국인이다. 우리에게는 무한한 잠재력이 있다. 진정한 리더만 있다면 우리에게도 희망은 있다"고 역설했다.[69] 미국이 다른 나라로부터 존경은커녕 무시당하고 있지만, 미국에는 풍부한 천연자원과 인재 같은 아직 활용하지 않은 위대한 점들이 많다는 이유에서다. 그의 말이다.

> 미국은 어려움에 시달리며 절름거리고 있지만 다시 일어설 수 있다. 우리의 시대는 지금이며, 그 잠재력은 엄청나다. 미국의 전성기는 아직 오지 않았다. 우리는 모두 힘을 모아 미국을 다시 위대하게 만들 수 있다.[70]

131년 동안 미국 37% 관세율 부과

그는 이런 전제를 바탕으로 '어젠다 47'에서 위대한 미국Great America을 만드는 방안을 제시했다. 기본 골격은 미국 수입품에 대한 관세를 높여 세수稅收 확보와 만성 적자인 무역 구조를 바꾸고 세계에서 가장 값싼

---

68 Agenda 47(September 13, 2023)
69 Donald Trump,《트럼프, 강한 미국을 꿈꾸다》(2017), pp.17~18
70 Donald Trump,《불구가 된 미국》(2016), p.268

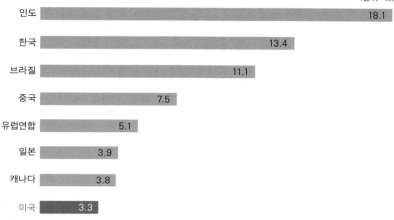

그림 4-2 미국과 세계 주요국 평균 관세율 비교 (2022년 기준)

(단위: %)

- 인도 18.1
- 한국 13.4
- 브라질 11.1
- 중국 7.5
- 유럽연합 5.1
- 일본 3.9
- 캐나다 3.8
- 미국 3.3

싱가포르 0

주: 한국은 농산물 관세가 높아서 상대적으로 평균 관세가 높게 나왔다.
출처: WTO

에너지를 공급해 제조업 부활을 달성하는 것이다. 트럼프는 첫 번째 방도로 모든 수입 상품에 10%의 세금을 부과하는 '보편적 기본관세'를 도입하겠다고 밝혔다.

'보편적 기본관세'는 미국의 역사적 경험에 기초한다. 1816년부터 1947년까지 131년 동안 경제 상승기에 미국 정부는 수입품에 평균 37%의 관세율을 부과했다. 수십 년 동안 미국 정부는 수입품 관세 부과로 국세國稅 총수입의 80% 이상을 충당했다. 트럼프는 과거 미국 경제의 중흥을 이끈 관세를 21세기에 다시 꺼내 경제 활력을 높이겠다는 것이다.[71]

---

71 Agenda 47: Cementing Fair and Reciprocal Trade with the Trump Reciprocal Trade Act(June 21, 2023)

그림 4-3 트럼프의 관세 관련 트윗(2018년)

....I am a Tariff Man. When people or countries come in to raid the great wealth of our Nation, I want them to pay for the privilege of doing so. It will always be the best way to max out our economic power. We are right now taking in $billions in Tariffs. MAKE AMERICA RICH AGAIN

그는 "상대방 국가가 환율 조작을 하거나 불공정한 무역 관행을 계속한다면, 우리는 고율 관세를 더 높일 것"이라며 "중국, 인도 또는 다른 나라가 미국산 제품에 100%, 200% 관세를 매긴다면, 우리도 '눈에는 눈'으로 똑같은 관세율로 응수할 것"이라고 했다.

10% 기본관세와 국가별 상호관세

이를 위해 상대국과 동일한 비율의 관세 부과를 골자로 하는 '트럼프 상호무역법Trump Reciprocal Trade Act'을 제정한다는 계획이다.[72] 미국의 평균 관세율(3.3%)이 세계에서 가장 낮아 각국의 호구가 되는 현실을 고치는 한편 무역에서 공정성과 상호성 원칙을 적용해 미국 경제가 자생할 수 있는 활력을 불어넣기 위함이다.

트럼프는 "세계 각국의 평균 관세율은 미국보다 두 배 정도 높다. 미국의 낮은 관세 때문에 값싼 수입품이 들어와 미국 제품 수요와 국내 일

---

72 Agenda 47(June 21, 2023)

자리가 줄고 근로자 임금도 감소하고 있다"고 말한다. 이런 악순환을 고치기 위해 '관세맨 Tariff Man'을 자칭 自稱하는 트럼프는 '관세'라는 수단에 주목하고 있다.

관세라고 하면 매우 천진한 얘기라고 하는데, 관세는 미국인들의 일자리를 보호하고 미국 노동자들의 임금을 적절히 상승시킬 수 있는 효과적인 수단이다. 관세 수입이 늘면 노동자들과 중산층에 부과하는 소득세를 줄일 여력이 생긴다.

미국 노동자 · 가족 · 기업 세금은 대폭 낮춰

그의 계획대로 '보편적 기본관세'와 '트럼프 상호무역법'을 도입하면, 미국의 관세율은 지금보다 세 배 넘게 오르고, 수천억 달러의 추가 세수를 확보할 수 있다. 그는 "외국 제품에 대한 관세를 높이는 대신 미국 노동자와 가족, 기업에 대한 세금을 낮춰 일자리와 가구의 실질 수입과 GDP 창출을 늘리겠다"고 했다.[73]

대통령 재임 중에 무역 적자 감축과 실질임금 상승, 일자리 창출을 했다고 주장하는 트럼프는 이번에도 성공을 자신한다. 수입품에 보편적 기본관세를 부과하는 방안에 대해 공화당원의 91%, 민주당원의 75%가 지지한다고 주장했다.

---

73 Agenda 47: President Trump's New Trade Plan to Protect American Workers (February 27, 2023)

그림 4-4 '어젠다 47'의 미국 노동자 보호 공약(2023)

트럼프는 "우리는 EU에 대해 10%의 관세를 부과해야 한다. 아무도
그들EU이 우리를 얼마나 심하게 이용했는지 알지 못했다. 그들은 우리
에게서 빼낸 돈으로 그들의 군대를 만들었다"고 주장했다. 또 일본 시
장에서 미국 자동차 판매가 부진하다는 점을 지적하면서 "일본은 우리
를 거칠게 대했고 여전히 그렇다"고 말했다.[74]

하지만 이 공약은 수입품 가격 인상과 인플레이션을 촉발해 미국 경
제에 부담이 될 것이라는 반론도 만만찮다. 중국과의 무역 적자가 감소
하더라도 다른 나라와의 무역 적자가 늘면 실익實益이 적을 것이라는 지
적도 나온다.[75]

---

[74] "Trump Interview: His Plan for Taxes, Tariffs, Jerome Powell and More", *Bloomberg*
(July 16, 2024)

세계에서 가장 값싼 에너지 공급

트럼프 전 대통령은 재집권 시 '전략적 국가 제조업 이니셔티브Strategic National Manufacturing Initiative'를 추진할 것이며, 이를 위해 세계에서 가장 저렴한 에너지와 전기를 공급하겠다고 약속했다. 그는 값싼 전기 공급의 필요성을 미국과 EU의 경제 역전逆轉에서 찾는다.

2008년 이전에 EU는 미국보다 경제 규모가 컸으나 지금은 미국이 30% 이상 더 커졌다. 이런 차이의 중대한 이유 중 하나는 재생에너지에 주력한 EU의 전기 요금이 매우 비싸졌고, 미국은 상대적으로 낮은 전기 요금을 유지했기 때문이다. 미국은 싼 에너지 가격으로 지속적인 성장과 기술개발, 혁신을 할 수 있었다.[76]

그는 "전기 가격이 높으면, 기업들은 전기 값이 싼 나라로 일자리와 수백억 달러의 돈을 갖고 나간다. 일자리를 유지하는 가장 좋은 방법은 풍부하고 값싸고 신뢰할 수 있는 에너지를 기업에 공급해 주는 것"이라고 했다. 실제로 인공지능AI 같은 첨단 기술의 전력 소비량은 엄청나다. 2027년 전 세계에서 AI에 의한 전기 소비량은 네덜란드, 스웨덴 같은 국가의 연간 전력 소비량에 맞먹을 것으로 전망된다. 저렴한 전기 요금

75 "A Second Dose of Trump on Trade Would Differ from the First", *Financial Times*(Feb. 23, 2024)

76 Agenda 47: America Must Have the #1 Lowest Cost Energy and Electricity on Earth (September 7, 2023)

은 기업에 보조금과 마찬가지인 셈이다. 트럼프는 "미국은 모든 것을 갖고 있다. (세계 최대 매장량을 가진) 땅속에 있는 석유·가스를 왜 안 쓰나. 더 많이 파서 더 싸게 공급하겠다"고 말했다.[77]

화석연료 적극 개발 ··· 그린 뉴딜 폐지

트럼프는 "화석연료 채굴을 막는 환경영향 평가와 연방정부 소유 부지 개발 제한 같은 규제를 없애고 민간 자본의 화석연료 개발을 적극 돕겠다"고 밝혔다. 석유 시추가 늘면 기름 값이 폭락할 수 있다는 우려에 대해, 그는 "미국에서 석유를 많이 생산하더라도 상당 부분을 전략 비축유SPR: Strategic Petroleum Reserve로 채우면 된다"고 했다.

화석연료 채굴과 소비를 활성화하기 위해 ● 파리기후협약 재탈퇴 ● 그린 뉴딜 Green New Deal 관련 정책 전면 폐지 ● 소형원전모듈SMR 등 원자력 산업 강화 방안을 내놓았다. 그는 환경 보호와 전기차·2차 전지 산업 육성을 겨냥한 바이든 정부의 인플레이션감축법IRA에 비판적이다.

IRA와 연관된 전기차는 미친 짓이다. 전기차, 2차 전지 같은 것들은 중국의 손에 놀아나는 꼴이다. 왜 중국 좋은 일에 판을 깔아 주고 있나. 미국 자동차 업계에 2천억 달러 추가 비용 부담을 지우고 자동차 한 대당 1천 달러의 소비자 추가 비용 부담을 낳는, 바이든 정부의 미친 자동차 배기가스 규제를 즉각 폐지하겠다.[78]

---

77 Agenda 47(September 7, 2023)
78 Agenda 47(September 7, 2023)

트럼프는 2024년 7월 〈블룸버그〉와의 인터뷰에서 IRA의 전체나 일부를 폐기할 계획이냐는 질문에 직답을 피하면서도 "IRA는 인플레이션을 낮추지 않았고 높였다"고 비판했다. 전기차에 대해서도 "나는 전기차에 이의異議가 없다. 전기차가 훌륭하다고 생각하고 일론 머스크(테슬라 CEO)는 환상적이다. 그러나 자동차 100%를 전기차로만 할 수는 없다"고 말했다.[79]

석유·가스·원전 풀가동 … 미국 경쟁력 향상

하지만 IRA에 따른 투자·고용은 공화당 우세 지역에 집중적으로 진행되고 있다. 또 IRA를 폐기하려면 연방의회 상하원 모두의 승인을 얻어야 한다. 따라서 만약 IRA를 수정하거나 폐기하려면 연방의회 상하원 모두에서 다수당이 돼야 하고 지역 주민들의 반발을 달래야 한다.

트럼프는 "연비 규정과 규제들로 자동차 가격이 쓸데없이 올라 미국 국민이 고통받고 있다. 원래대로 돌리고 우리가 썼던 화석연료들을 충분히 더 뽑아 세계에서 가장 싼 전기를 공급하겠다"고 했다. 재집권 시 1기 정부 때처럼 값싼 전기와 에너지 공급으로 미국의 에너지 독립을 또다시 이루겠다는 것이다.[80]

트럼프 1기에 미국 전기 가격은 중국과 엇비슷할 정도로 쌌다.

---

79 "Trump Interview: His Plan for Taxes, Tariffs, Jerome Powell and More", *Bloomberg* (July 16, 2024)

80 Agenda 47: President Trump on Making America Energy Independent Again (February 9, 2023)

표 4-2 재집권 첫날 트럼프의 수행 과제

	업무 과제
1	대통령의 지시 이행 않고 말썽 부리는 관료들 해고하는 행정명령(Schedule F) 재서명
2	불법이민자 출산 자녀에 대한 미국 시민권 발부 중단, 출산 관광 금지하는 행정명령 서명[81]
3	미국 역사상 최대 규모의 불법이민자 송환 작전 개시
4	바이든 정부가 만든 친중적 전기차 및 전기 관련 규제 취소
5	연방정부 교육부에 침투해 있는 마르크스주의자와 과격파, 맹종자 색출·제거 작업 시작
6	미합중국 출범 250주년 백악관 태스크포스 첫 회의 개최[82]

2017년부터 2019년까지 미국 천연가스 생산량은 3년 연속 사상 최대를 기록했고, 미국은 70년 만에 에너지 순純수출국이 됐다. 트럼프는 당시 조지아주 보글Vogle 신규 원전 3·4호기 착공을 결정했고, 미국 역사상 최초로 SMR 12개 건설 허가를 내렸다. 미국의 주요 에너지 인프라 건설을 외국 기업들이 맡지 못하도록 금지하는 행정명령에도 서명했다.

트럼프 2기에선 공격적인 신규 유정 개발로 원유 증산이 이뤄질 것이다. 한국의 에너지·원자력 업계와 파이프라인·송유관 등 인프라 업종에 비즈니스 기회가 열리게 된다.[83] 값싼 에너지는 미국의 경쟁력을 높이고 해외 미국 기업의 국내 복귀를 촉진하는 마중물이다. 세계에서 가장 싸고 풍부한 에너지로 물가를 낮추고 제조업 강국이 되겠다는 비전은 허튼 꿈이 아니다.

---

81 Agenda 47: Day One Executive Order Ending Citizenship for Children of Illegals and Outlawing Birth Tourism(May 30, 2023)

82 Agenda 47: Celebration Of 250 Years Of American Independence at the Iowa State Fairgrounds(May 31, 2023)

83 하건형, 〈미리 보는 바이든과 트럼프 2.0〉, 신한투자증권 보고서(2024년 3월 15일) https://ssl.pstatic.net/imgstock/upload/research/economy/1710464033304.pdf

6. 아메리칸드림 복원과 미국의 퀀텀 도약

트럼프 전 대통령은 "미국의 과거 세대들은 큰 꿈을 꾸면서 불가능해 보인 프로젝트들을 추진했는데 지금 세대는 그런 대담함을 잃어버렸다"며 미국인의 생활수준을 혁명적으로 높일 퀀텀 도약 계획 Quantum Leap Plan을 '어젠다 47'에서 이렇게 밝혔다.

미국 연방정부는 전 국토의 3분의 1 정도를 소유하고 있다. 이 중 수억 에이커의 땅이 텅 비어 있다. 이곳에 10개의 프리덤 시티 Freedom City를 건설해 젊은이들과 수십만 명의 열심히 일하는 가족들이 집을 소유해 사는 아메리칸 드림을 실현하겠다. 프리덤 시티 건설을 위한 전국 공모대회를 열어 가장 뛰어난 제안을 한 시민에게 상賞을 주겠다.[84]

아메리칸 드림과 항공 모빌리티 혁명 주도

그는 "수직 이착륙 차량 개발 경쟁을 미국과 중국이 벌이고 있는데, 지난 세기의 자동차 혁명에서처럼 항공 모빌리티 혁명도 미국이 주도해야 한다. 이 분야에서 돌파구는 상업을 변화시키고 미국 시골 지역에 막대한 부富를 유입하며 미국의 가족을 새로운 방식으로 연결할 것"이라고 했다.

트럼프는 또 "가정에서 출산出産 붐이 일어나도록 젊은 부부들에게

---

84 Agenda 47: A New Quantum Leap to Revolutionize the American Standard of Living (March 3, 2023)

'베이비 보너스baby bonus' 지급을 의회에 요청할 것"이라며 "젊은 부부들의 주택 구입 및 신차 구입 비용을 대폭 할인해 생활비를 경감할 수 있도록 하겠다"고 했다.

그는 '전략적 국가 제조업 이니셔티브'를 추진해 잊히고 소외된 지역사회를, 앞으로 중국에서 수입하지 않을 상품을 생산하는 산업 클러스터로 바꾸겠다고 했다. "그렇게 되면 미국은 세계에서 독보적인 제조업 강국이 될 것"이라고 트럼프는 내다봤다. 그는 "50개 주 주지사들과 공동으로 미국 전역에서 위대한 현대화great modernization와 미화beautification 캠페인을 벌이겠다"고 밝혔다.

'프리덤 시티' 건설과 '베이비 보너스' 지급

이를 통해 추악한 건물을 없애고, 공원과 공공장소를 개조하고, 도시와 마을을 더 살기 좋게 만들고, 깨끗한 환경을 보장하며, 진정한 미국 영웅英雄을 기리는 우뚝 솟은 기념비들을 세우겠다.[85]

트럼프는 2026년 미합중국 출범 250주년을 미국 역사상 가장 크고 중요한 획기적 분기점으로 삼아 가장 멋진 생일 축하 행사를 열 계획이다.

미국의 50개 모든 주가 참여해 각 주별 전시를 하는 '위대한 미국 박람회Great American State Fair'를 아이오와주에서 열어 세계 각국의 수백만 명이 1년 내내 진행되는 축제를 관광하러 오도록 하겠다. 모든 위대한 종교단체들이

---

85 Agenda 47(March 3, 2023)

미국을 위해 기도하도록 하고, 신神의 가호 아래 한 나라로서 국민들이 새로운 250년을 향해 헌신하도록 하겠다.[86]

그는 2017년 대통령 취임 한 달 후 가진 연방 상하원 합동의회 첫 연설에서부터 "이제 9년 후면 미합중국 출범 250주년을 맞는다"며 250주년에 각별한 의미를 부여했다.

미합중국 250주년 기념과 '텐트시티'

트럼프는 미국 도시 거리에 노숙자와 마약 중독자가 많은 현실을 바로잡겠다는 의지도 보였다. 그는 "역대 연방정부와 주정부 모두 주요 도시 거리의 노숙자와 마약 중독자 문제를 해결하지 못했다"며 이렇게 밝혔다.

미국인들은 아름다운 도시의 거리를 걸을 때 (마약주사) 바늘과 쓰레기 더미를 넘어갈 필요가 없어야 한다. 내가 백악관으로 돌아오면, 노숙자들을 거리에서 쫓아내기 위해 모든 도구, 수단, 권한을 사용할 것이다.[87]

그는 구체적 방법으로 "각 주 정부와 협력해 가능한 곳마다 이들의 도시 노숙을 금지시킬 것"이라며 "이를 위반하는 사람을 체포하고 재활을 원하는 사람에게는 치료와 서비스를 받을 수 있는 선택권을 주겠다. 이들을 수용할 '텐트시티 Tent City'를 만들겠다"고 했다.[88] 트럼프의 말이다.

86　Agenda 47(May 31, 2023)

87　Agenda 47: Ending the Nightmare of the Homeless, Drug Addicts, and Dangerously Deranged(April 18, 2023)

값싼 토지를 대규모로 개방하고, 의사, 정신과 의사, 사회복지사, 마약 재활 전문가를 데려오고, 노숙자들을 이주시켜 그들의 문제를 해결하는 '텐트 도시'를 만들 것이다. 중독, 약물 남용 및 일반적인 정신 건강 문제가 있는 사람들에게 치료를 제공해 그들이 빨리 정상적인 삶에 복귀하도록 하겠다.[89]

노숙자 재앙 끝내고 재향군인들 지원

이런 방법은 노숙자를 호텔 등에 숙박시키면서 세금을 낭비하는 것보다 효과적이고 현실적인 방안으로 평가된다. 트럼프는 "노숙자의 재앙을 끝내고 우리의 도시를 다시 깨끗하고 안전하고 아름답게 만들어 미국을 되찾겠다"고 했다.

그는 우크라이나 전쟁 전비戰費를 아끼고 비숙련 불법이민자들에게 쓰는 돈을 끔찍할 정도로 부당한 대우를 받고 있는 약 3만 3천 명의 '집 없는 재향군인들homeless veterans'을 돕는 데 써야 한다고 주장한다.

바이든 정부는 매년 거의 10억 달러를 사용해 불법이민자와 외국 이주자를 비싼 호텔에 숙박시키고 있다. 나는 재집권 시 행정명령에 즉각 서명해 불법이민자들 숙소 및 이동에 대한 대규모 자금 지원을 차단하고 이 금액을 재향군인 숙소와 치료에 제공할 것이다.[90]

88 "Trump Calls for Moving Homeless to 'Tent Cities' in First D.C. Speech Since Leaving Office", *TIME*(July 26, 2022)

89 Agenda 47(April 18, 2023)

90 Agenda 47: Ending Veteran Homelessness in America(November 1, 2023)

트럼프는 "바이든은 집 없는 재향군인들보다 불법입국자들을 더 우선시한다"며 "우리는 이런 일이 더 이상 일어나도록 해서는 안 된다. 미국 재향군인들은 매우 위대하고, 위대한 국민들이다. 우리는 그들을 돌봐야만 한다"고 했다.[91]

인공지능AI 역량 강화

한편 아메리카퍼스트정책연구소AFPI와 래리 커들로Larry Kudlow 전 백악관 국가경제위원장을 주축으로 한 트럼프 참모들은 인공지능AI 분야의 '맨해튼 프로젝트'를 기획하고 있다. 맨해튼 프로젝트는 2차 세계대전 중 미국이 당대 과학자를 집결해 극비 진행한 핵무기 개발 계획이다.

트럼프 측은 재집권 후 AI 관련 대통령 행정명령을 발효해 AI 활용 군사기술 개발 집중 투자와 규제 철폐, AI 주도 기관 설립 등을 한다는 방침이다.[92]

트럼프 본인도 2024년 6월 13일 팟캐스트에 출연해 "AI가 작성한 연설문으로 연설했다"며 "실리콘밸리의 천재들로부터 중국과 경쟁하기 위해 AI 개발에 더 많은 에너지가 필요하다는 얘기를 들었다"고 했다.[93] 강력한 미국우선주의 AI 정책을 펴겠다는 구상이다.

---

91 Agenda 47(November 1, 2023)

92 "Trump allies draft AI order to launch 'Manhattan Projects' for defense", *Washington Post*(July 16, 2024)

93 "The Donald Trump Interview-IMPAULSIVE EP. 418"(June 13, 2024)
    youtube.com/watch?v=xrFdH07FH8w

7. '힘을 통한 평화'로 3차 세계대전 방지

트럼프 전 대통령은 '어젠다 47'에서 "바이든 행정부가 집권하고 있는 지금, 전 세계가 제3차 세계대전에 어느 때보다 근접해 가고 있다"며 "핵무장한 강대국 간의 전쟁은 인류 역사상 전례가 없는 파괴와 죽음, 즉 핵 아마겟돈nuclear Armageddon이 될 것"이라고 주장했다.[94] 그러면서 이를 피하도록 이끄는 새로운 리더십이 필요하다고 했다.

그는 "3차 세계대전이 발발하면 과거의 1차, 2차 세계대전은 작은 전쟁으로 느껴질 정도로 비교할 수 없는 재앙이 될 것이다. 갈등을 막는 가장 좋은 방법은 대적할 수 없을 만큼의 압도적인 기술과 힘으로 전쟁에 대비하는 것"이라며 이렇게 밝혔다.

환상적인 차세대 미사일 방어망 필요

기존 미사일보다 6배 이상 빠른 속도로 공격 대상물을 타격하는 초음속 미사일이 어디에서 발사되든 미국 본토와 동맹국들, 군사 자산을 반드시 방어할 수 있어야 한다. 이를 위해 환상적인 차세대 미사일 방어망a state-of-the-art next-generation missile defense shield을 구축해야 한다. 이스라엘의 아이언돔처럼, 미국도 절대 뚫리지 않는 돔을 구축해 국민들을 보호해야 한다.[95]

---

94 Agenda 47: Preventing World War III(March 16, 2023)

95 Agenda 47: President Trump Will Build a New Missile Defense Shield(February 2, 2023)

트럼프는 "나는 아무도 상상 못했던 수준으로 미국 군사력을 강하게 만든 경험이 있다. 미국 역사상 79년 만에 처음 내가 새로 창설한 우주방위군 Space Force은 앞으로 중추적 역할을 할 것이다. 나는 미군 총사령관으로서 또다시 연방의회 및 군사지도자들과 긴밀히 협력해 미국 군대를 재건하겠다"고 밝혔다.[96] 이어서 그는 말했다.

미국의 적국敵國들은 만약 그들이 미국 본토를 공격한다면, 그들 자신이 멸절 滅絶될 것임을 반드시 알아야 한다.(집권 1기 동안) 미국의 핵무기 능력을 재 건한 것처럼, 미사일 보호망을 만들고 '힘을 통한 평화peace through strength'를 달성하겠다.

우크라이나 전쟁 비용 청구 … "대만도 방어 비용 내야"

그는 또 • 북대서양조약기구NATO의 목적과 사명에 대한 근본적 재평 가 • 러시아·우크라이나 전쟁 종결 • 유럽 각국에 무기 비축 비용 요 구 등을 공약으로 내놓았다.

내가 다시 백악관에 돌아가면, 첫날부터 우리는 미국의 이익을 최우선에 두 는 대외 정책으로 돌아간다. 동유럽에서 미국의 주요 이익은 평화와 안정이 다. 우리는 사람들이 죽지 않기를 원한다. (러시아와 우크라이나가 벌이는) 이 전쟁은 일어나지 말았어야 했다.[97]

---

96   Agenda 47(February 2, 2023)

97   Agenda 47: Rebuilding America's Depleted Military(July 18, 2023)

러시아·우크라이나 전쟁을 즉각 끝내고 러시아와의 관계를 복원해 미국에 가장 올바른 길을 택하겠다는 약속이다. 트럼프는 미국 최대 주적主敵인 중국을 견제하고 상대하려면 러시아를 미국 편으로 끌어들여야 하며, 이를 위해 신속한 종전이 필요하다고 본다. 그는 "러시아·우크라이나 전쟁 수행을 위해 미국이 지출한 비용에 대한 청구서를 유럽 각국에 보내겠다"면서 이렇게 말했다.

너무 약한 데다 경멸 대상으로 전락한 조 바이든은 우크라이나에 보낸 물자와 재건에 든 비용 상환을 유럽 NATO 회원국들에 요청할 엄두조차 내지 못하고 있다. 미국은 우크라이나를 돕기 위해 거의 2천억 달러를 썼는데, 유럽은 그 금액의 극히 일부만을 지출했다.[98]

중국의 침공 가능성이 높아지는 대만에 대해서도 트럼프는 미국우선주의 입장을 분명히 했다. 그는 2024년 7월 16일 공개된 〈블룸버그〉와의 단독 인터뷰에서 '중국에 맞서 대만을 방어하겠느냐?'는 질문을 받고 "대만이 우리에게 방어를 위해 비용을 지불해야 한다. 대만은 우리 반도체칩 사업의 거의 100%를 가져갔다"면서 이렇게 말했다.

대만은 우리에게서 9,500마일 떨어져 있지만 중국에서는 68마일 떨어져 있다. 대만이 여기(미국)에 반도체 공장을 짓겠지만, 이후에 다시 자기 나라로 가져갈 것이다. 대만은 매우 부유하다. 우리는 보험회사와 다를 바가 없다. 대만이 자국을 방어하려면 우리에게 돈을 내야 한다고 생각한다.[99]

---

98 Agenda 47 (July 18, 2023)

미국 vs 중국 해군력

미국은 20세기 초 시어도어 루스벨트 Theodore Roosevelt 대통령의 '대백색함대 Great White Fleet' 계획을 지렛대로 세계 패권국이 됐다. 1975년만 해도 세계 1위 상선 商船 제조국이던 미국은 2023년 세계 19위로 추락했다. 높은 인건비와 열악한 설비 등으로 조선 산업이 궤멸한 탓이다.

중국은 매년 1,000척 넘는 상선을 생산하고 있지만, 미국 선적 상선은 전 세계에 200척 미만이다.[100] 미국 해군정보국 ONI은 미국과 중국의 조선 능력 격차를 1 대 233의 중국 우세로 평가한다. 중국은 매년 이지스급 구축함 5~8척과 호위함 3~4척, 핵잠수함 2~3척을 동시 건조한다. 이지스 구축함과 핵잠수함을 각각 1~2척씩 건조하는 미국과 큰 격차이다.[101]

중국 해군은 현재 370척 보유하고 있는 전투용 함정을 2030년까지 435척으로 늘릴 계획인 반면, 미국의 목표는 현재 292척 보유 군함을 2045년까지 350척으로 늘리는 것이다. 미국 해군은 11척의 항공모함 전단을 보유하고 있다. 그러나 군함 증가 속도를 보면 중국이 확실한 우위에 있다. 2024년 5월 세 번째 항공모함 푸젠함의 해상 시험운행에 들어간 중국은 네 번째 항공모함도 완성한 것으로 알려지고 있다.

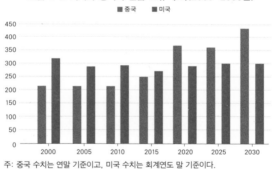

그림 4-5 미국과 중국의 군함 보유 추이(2000~2030년)

주: 중국 수치는 연말 기준이고, 미국 수치는 회계연도 말 기준이다.
출처: Congressional Research Service

---

99 "[Exclusive] Trump Talks Tariffs, Taiwan, Oil With Bloomberg", *Bloomberg*(July 17, 2024)

강력한 미국 군대 전통 복원

트럼프는 강력한 미국 군대 복원도 약속했다.

> (러시아 · 우크라이나 전쟁이 발발한 지) 29개월이 지난 지금, 미국의 무기고
> 는 텅 비었고, 비축량은 고갈됐고, 국고國庫는 말라 가고, 군대는 허물어져
> 가고 있다. 조 바이든의 워크 정책들과 정치적 숙청으로 인해 많은 이들이
> 군대 복무를 원하지 않고 대통령을 경멸한다. 나는 미국 군대의 자랑스럽고
> 존경받는 전통을 회복시키겠다. 우리는 마르크시즘과 공산주의를 용납하
> 지 않을 것이며, 파시즘을 제거할 것이다.[102]

100 "Congressional Guidance For a National Maritime Strategy: Reversing the Decline of America's Maritime Power", U.S. Congress(April 30, 2024)
101 "New US Government chart outlines scope of China's naval power", *Naval Technology* (April 30, 2024)
102 Agenda 47 (July 18, 2023)

에필로그

도널드 트럼프는 2024년 대통령 선거 전부터 세계 정치·경제에서 '상수常數' 같은 역할을 했다. 11월 6일 당선 확정 후에는 취임 전인데도 현직 대통령을 능가하는 영향력을 행사하고 있다.[1] 그가 대선 승리를 확정한 다음 날과 그 후, 다우존스·나스닥·S&P500 등 미국 3대 주가株價 지수는 일제히 사상 최고로 연속 상승했다. 이는 비즈니스맨 출신인 트럼프의 새로운 4년에 대한 시장의 높은 기대를 보여 주는 증표이다.

대선 유세가 한창이던 2024년 중에 키어 스타머 영국 총리, 볼로디미르 젤렌스키 우크라이나 대통령, 하비에르 밀레이 아르헨티나 대통령, 오르반 빅토르 헝가리 총리, 아소 다로 전 일본 총리 등이 뉴욕 트럼프타워나 플로라디주 마라라고 자택을 직접 찾아가 트럼프를 만났다. 2024 대선 승리 후 하루 만에 트럼프는 네타냐후 이스라엘 총리, 시진핑 중국 공산당 총서기, 마크롱 프랑스 대통령, 윤석열 대통령, 이시바 일본 총

---

1   그레이엄 앨리슨 미국 하버드대 교수는 트럼프 재집권에 대비하는 국가의 양태를 소극적인 '트럼프 헷지Trump Hedge' 그룹과 공세적인 '트럼프 풋Trump Put' 그룹으로 나누었다. Graham Allison, "Trump Is Already Reshaping Geopolitics", *Foreign Affairs* (January 16, 2024)

리 등 70명의 세계 정상頂上들과 통화했다. 한 시간에 대략 2~3명의 외국 정상들이 축하 인사를 해온 셈이다.

주요국 수뇌首腦들의 이런 행보는 트럼프의 카리스마를 빼면 설명되지 않는다. 그의 말 한마디에 따라 테슬라TESLA, 엔비디아NVIDIA, TSMC 같은 글로벌 기업의 주가가 요동치고 있다. 트럼프 취임 직후 가시화될 관세 대폭 인상에 대비해 미국과 각국 산업·무역 현장에서는 제품 사재기와 물동량 급증 현상 등이 확산하고 있다.[2]

집필을 마무리하면서 필자는 다음 세 가지를 강조하고 싶다. 첫 번째는 트럼프 본인이 의도적으로 조장하고 미국 주류 언론 매체들이 더욱 증폭시킨 그에 대한 '파괴적이고 예측 불허의 위험한 인물'이라는 허상虛像에서 우리가 벗어나야 한다는 점이다.

그에게 자기중심적이며 승리에 대한 강한 집착이 있는 것은 분명하다. 그러나 트럼프의 많은 행동과 언사言辭는 고도로 계산된 행위이거나 최소한 오랫동안 벼려온 신념과 계획이 표출된 것이다. 그를 비정상적 인물로 간주할수록, 우리의 트럼프 대응은 과녁을 빗나가 더 많은 시간과 비용, 감정 소모로 이어질 것이다.

두 번째는 트럼프 2기를 염두에 둔 실천적 대응의 긴요함과 엄중함이다. 한국인 대다수는 2024년 대선 본투표일까지 미국 주류 엘리트 매체들의 보도 내용을 그대로 추종해 트럼프 후보와 해리스 후보 간의 초박빙 접전을 예상했다. 많은 전문가들과 책임 있는 정부 관료들도 해리

---

2   "The Trump effect thunders around the globe", *Politico*(November 8, 2024)

스 후보의 당선을 바라고 응원하는 발언까지 서슴지 않았다. 이런 잘못된 판단으로 말미암아 정부와 기업 등 한국 사회 전반의 트럼프 대응은 철저하지 못했고 적절한 타이밍을 놓칠 위기에 봉착했다.

트럼프는 아부성 발언과 덕담 그리고 동반 골프 라운딩 몇 번 한다고 해서 금방 마음을 열고 '오케이'를 외치는 허술한 정치인이 아니다. 그를 우리 편으로 만들려면 한미 양국에 대한 진정한 사랑을 바탕으로 진정성 있는 배려와 성의, 그리고 무엇보다 양국에 호혜적으로 도움 되는 어젠다 제시 같은 알맹이 있는 '내실 substance'로 트럼프를 감동시켜야 한다. 그런 점에서 한국의 관료·학자·정책 전문가 등은 상상력과 가용 인력·자원, 아이디어를 총동원해 트럼프 2기에 벌어질 수 있는 모든 시나리오와 경우의 수를 상정하고 대비해야 한다. 동시에 예상치 못한 사태에 신속 대응할 수 있는 역량과 체계도 구축해야 한다.

세 번째는 트럼프 시대의 재림이 한국의 지도층과 정치인들에게 던지는 메시지이다. 트럼프 2기는 미국·중국이 벌이는 신냉전 각축 속에서 한국의 양다리 걸치기를 용납하지 않고 미국 편에 확실하게 설 것을 요구할 것이다. 트럼프 측은 자유민주 국제진영에 맞서는 권위주의 국제진영의 수괴首魁인 중국을 실존적 위협 국가로 지목하며 미국 건국 이후 가장 강도 높은 대응을 천명하고 있다.

트럼프 2기 시대에 닥쳐올 거친 파도에 굴하지 않고 대한민국호號가 순항하려면 지도층이 대한민국의 미래 비전과 정책 우선순위 판단, 그리고 한국의 세계사적 존재 의의意義에 대한 자각自覺을 분명하게 해야 한다. "잔잔한 파도는 노련한 사공을 만들지 못한다"는 말처럼, 트럼프 2기는 한국 지도층이 한반도의 '주인'으로서 자주自主·자강自强·자존自尊

의 국정 운영 능력을 높이고 세계사의 진운進運에 참여하여 견인하도록 일깨우는 자명종自鳴鐘 같은 역할을 한다고 볼 수 있다.

분명한 것은 우리가 스스로의 운명에 비관하거나 낙망하지 않고 한계를 넘어서는 노력을 해 나갈 때, 트럼프 2기는 우리에게 '축복'으로 다가오게 된다는 사실이다. "하늘은 스스로 돕는 자를 돕는다"라는 금언은 트럼프 2기 시대 한미 관계와 조직, 개인에게도 타당한 지적일 것이다.

공인公人으로서 트럼프의 애국심愛國心도 인상적이다. 바쁜 비즈니스맨 시절에도 미국과 세계 흐름을 탐구한 그는[3] 41세 때에 개인 비용으로 미국 3대 일간지에 정부의 외교정책 변화를 촉구하는 광고를 실었다. 2000년부터 2015년까지 16년여 동안 미국의 부흥과 아메리칸 드림 부활을 위한 방법론을 고민하며 자신의 세계관과 정치 활동 이유, 목적 등을 담은 저서 3권을 썼다. 외국보다 중산층·서민·노동자 등 자국 동포의 애환에 공감하면서 사私보다 공公을 앞세우며 매진하는 그의 자세[4]는 한국 정치인과 정치 지망생들에게 귀감龜鑑이 된다.

---

3   송의달, 《세상을 바꾼 7인의 자기혁신 노트》(서울: W미디어, 2020), '2장 도널드 트럼프', pp.49~83
4   도널드 트럼프는 2024년 11월 6일 새벽 47대 미국 대통령 승리 연설에서 이렇게 말했다. "(…) 나는 매일 내 몸속에 모든 호흡을 할 때마다 미국의 모든 시민들을 위해 싸울 것이다. 나는 우리의 자녀들과 여러분들이 가질 자격이 있는, 강하고 안전하고 번영하는 미국을 완성할 때까지 쉬지 않을 것이다. 이것이야말로 우리가 반드시 누려야 하는 진정한 미국의 황금시대일 것이다(Every single day I will be fighting for you with every breath in my body. I will not rest until we have delivered the strong, safe and prosperous America that our children deserve and that you deserve. This will truly be the golden age of America, that's what we have to have)." Donald Trump's Victory Speech in Full: Transcript", *Newsweek*(November 6, 2024)

"과거에 매몰돼 후진적 퇴행을 거듭하는 한국 정치에서 카타르시스와 대안을 제시하며, '한국 우선주의 Korea First'를 국내외에 논리적으로 당당하게 설파하며 국민의 단합과 희생, 전진을 요구하는 '한국판版 트럼프'는 언제 나올 수 있을까?"[5] 하는 아쉬움과 기대를 품게 된다.

이 책이 나올 수 있도록 대학에서 연구와 강의 기회를 주신 원용걸 총장님을 위시한 서울시립대 관계자들과 필자의 언론인 활동을 지원해 주신 조선일보사의 방상훈 회장님·방준오 사장님께 감사를 드린다.

대학 시절 지적 유격知的 遊擊 훈련으로 담금질해 주신 하영선 서울대 정치외교학부 명예교수님(현 EAI 이사장)의 학은學恩과 언론계·정계·재계·학계 등에서 활동하는 친구, 선후배, 동료, 지인들의 후의厚誼와 성원聲援에 고마움을 표한다.

〈조선닷컴〉에 2021년부터 연재 중인 '송의달 LIVE' 코너를 통해 만난 지성인과 독자들로부터 소중한 자극과 용기를 얻었음을 밝힌다. 이번 저술 작업을 지원해 준 방일영문화재단(이사장 변용식 전 TV조선 대표)과 출판을 맡아 준 조상호 나남출판사 회장님께 감사드린다.

고향 경북 영주에 계시는 아버지·어머니와 서울의 장인·장모님, 그리고 형님과 동생들, 처형·처남에게도 감사의 인사를 드린다. 끝으로 필자와 함께 동행하며 항상 응원해 주는 아내 김희진과 선주·선규에게 고마움과 "사랑한다"는 말을 전한다.

---

5   하용출 전 서울대 정치외교학부 교수처럼 '한국판 트럼프' 출현을 바라는 학자와 전문가들도 있다. 하용출, "한국정치에는 트럼프가 필요하다", 〈한국일보〉(2015년 10월 11일)

참고문헌

1. Donald J. Trump's Books

The Art of the Deal(1987), 《거래의 기술》(서울: 살림, 2016)

Surviving at the Top(New York: Random House, 1990)

The Art of Comeback(New York: Times Books, 1997)

The America We Deserve(Los Angeles: Renaissance Books, 2000)

How to Get Rich(2004), 《트럼프의 부자 되는 법》(서울: 김영사, 2004)

The Way to the Top: The Best Business Advice I Ever Received(2004), 《정상으로 가는 길》(서울: 황금가지, 2010)

Think Like a Billionaire: Everything You Need to Know About Success, Real Estate, and Life(New York: Ballantine Books, 2005)

The Best Golf Advice I Ever Received(New York: Crown Publishers, 2005)

The Best Real Estate Advice I Ever Received(Nashville: Thomas Nelson, 2006)

Trump 101: The Way to Success(2006), 《CEO 트럼프, 성공을 품다》(서울: 베가북스, 2007)

Think Big and Kick Ass in Business and Life(2007), 《도널드 트럼프 억만장자 마인드》(서울: 청림출판, 2008)

Never Give Up: How I Turned My Biggest Challenges into Success(New York: Wiley, 2008)

Think like a Champion(2009), 《최선을 다한다 하지 말고 반드시 해내겠다 말하라》(서울: 중앙북스, 2010)

Time to Get Tough: Making America #1 Again(2011), 《트럼프, 강한 미국을 꿈꾸다》(서울: 미래의 창. 2017)

Crippled America: How to Make America Great Again(2015),《불구가 된 미국》(서울: 이레미디어, 2016)

2. Donald J. Trump's Interviews & Speeches

"An open letter from Donald J. Trump on why America should stop paying
   to defend countries that can afford to defend themselves", *New York
   Times*(September 2, 1987)
"Playboy Interview", *Playboy*(March, 1990)
"Announcement of Candidacy"(Trump Tower, New York: June 16, 2015)
"Highlights From Our Interview With Donald Trump on Foreign Policy", *New
   York Times*(March 26, 2016)
"The Inaugural Address", *White House*(January 20, 2017)
"Full Text: Trump's 2017 U.N. Speech Transcript", *Politico*(September 19,
   2017)
"Remarks by President Trump to the National Assembly of the Republic of
   Korea", *White House*(November 7, 2017)
"Trump Administration Accomplishments", *White House*(January, 2021)
"Trump Speaks at CPAC 2023 Transcript", *Rev.*(March 6, 2023)
"Iowa Town Hall with Donald Trump 1/10/24 Transcript", *Rev*(January 11,
   2024)
"The Full Transcripts of Donald Trump's Interviews", *TIME*(April 30, 2024)
"Trump Interview: His Plan for Taxes, Tariffs, Jerome Powell and More",
   Bloomberg(July 16, 2024)
"[Exclusive] Trump Talks Tariffs, Taiwan, Oil With Bloomberg", *Bloomberg*(July
   17, 2024)
"Read the Transcript of Donald J. Trump's Convention Speech", *New York Times*
   (July 18, 2024)
"Donald Trump's Victory Speech in Full: Transcript", *Newsweek*(November 6,
   2024)

3. Donald J. Trump's 'Agenda 47'

"Free Speech Policy Initiative"(December 15, 2022)

"Total Ban on Taxpayer Dollars Used to Free Illegal Aliens and Criminal
Penalties for Administrative Noncompliance"(December 21, 2022)

"President Donald J. Trump Calls for Probe into Intelligence Community's Role
in Online Censorship"(January 11, 2023)

"President Trump Will Stop China From Owning America"(January 18, 2023)

"We Must Protect Medicare and Social Security"(January 20, 2023)

"President Trump's Plan to Save American Education and Give Power Back
to Parents"(January 26, 2023)

"President Trump's Plan to Protect Children from Left-Wing Gender
Insanity"(February 1, 2023)

"President Trump Calls for Immediate De-escalation and Peace"(February 1, 2023)

"President Trump Will Build a New Missile Defense Shield"(February 2, 2023)

"Stopping Chinese Espionage"(February 3, 2023)

"President Trump on Making America Energy Independent Again"(February
9, 2023)

"President Trump Announces Plan to End Crime and Restore Law and
Order"(February 20, 2023)

"President Trump Announces Plan to Stop the America Last Warmongers and
Globalists"(February 22, 2023)

"President Trump Continues to Lead on Protecting Americans from Radical
Leftist ESG Investments"(February 25, 2023)

"President Trump's New Trade Plan to Protect American Workers"(February
27, 2023)

"Reclaiming America's Independence by Slashing Biden's Disastrous Trade
Deficits"(February 28, 2023)

"Reversing Biden's EO Embedding Marxism in the Federal Government"(March
2, 2023)

"A New Quantum Leap to Revolutionize the American Standard of Living"
(March 3, 2023)

"Preventing World War III"(March 16, 2023)

"Joe Biden Has Been a Disaster for the Economy"(March 17, 2023)

"Ending Biden's War on the Suburbs That Pushes the American Dream Further From Reach"(March 20, 2023)

"President Trump's Plan to Dismantle the Deep State and Return Power to the American People"(March 21, 2023)

"Firing the Radical Marxist Prosecutors Destroying America"(April 13, 2023)

"Liberating America from Biden's Regulatory Onslaught"(April 16, 2023)

"Ending the Nightmare of the Homeless, Drug Addicts, and Dangerously Deranged"(April 18, 2023)

"Protecting Students from the Radical Left and Marxist Maniacs Infecting Educational Institutions"(May 2, 2023)

"Day One Executive Order Ending Citizenship for Children of Illegals and Outlawing Birth Tourism"(May 30, 2023)

"Celebration Of 250 Years Of American Independence at the Iowa State Fairgrounds"(May 31, 2023)

"Ending the Scourge of Drug Addiction in America"(June 6, 2023)

"Addressing Rise of Chronic Childhood Illnesses"(June 6, 2023)

"Using Impoundment to Cut Waste, Stop Inflation, and Crush the Deep State"(June 20, 2023)

"Cementing Fair and Reciprocal Trade with the Trump Reciprocal Trade Act"(June 21, 2023)

"Protecting Americans by Taking on Big Pharma and Ending Global Freeloading"(June 23, 2023)

"Protecting Students from the Radical Left and Marxist Maniacs Infecting Educational Institutions"(July 17, 2023)

"Rebuilding America's Depleted Military"(July 18, 2023)

"Rescuing America's Auto Industry from Joe Biden's Disastrous Job-Killing Policies"(July 20, 2023)

"Returning Production of Essential Medicines Back to America and Ending Biden's Pharmaceutical Shortages"(July 24, 2023)

"America Must Have the #1 Lowest Cost Energy and Electricity on Earth" (September 7, 2023)

"President Trump's Ten Principles For Great Schools Leading To Great

Jobs"(September 13, 2023)

"President Trump's Pledge to Homeschool Families"(September 14, 2023)

"President Trump's Message to America's Auto Workers"(October 23, 2023)

"The American Academy"(November 1, 2023)

"No Welfare for Illegal Aliens"(November 1, 2023)

"Ending Veteran Homelessness in America"(November 1, 2023)

"President Donald J. Trump Declares War on Cartels"(December 22, 2023)

4. Books

Alberta, Tim, *The Kingdom, the Power, and the Glory: American Evangelicals in an Age of Extremism*(New York: Harper, 2023)

Baker, Peter & Glasser, Susan, *The Divider: Trump in the White House 2017~2021*(New York: Doubleday, 2022)

Bratton, Kimberly, *Donald Trump: An American Love-Fest*(Loganville, Georgia: Vixen Publishing, 2016)

Blair, Gwenda, *Donald Trump, Master Apprentice*(2000), 《도널드 트럼프의 부와 명예 그리고 거짓》(서울: 미래와 경영, 2009)

Bolton, John, *The Room Where It Happened: A White House Memoir*(2020) 《존 볼턴의 백악관 회고록: 그 일이 일어난 방》(서울: 시사저널, 2020)

D'Antonio, Michael, *The Truth about Trump*(New York: St. Martin's Press, 2016)

Davis H. Victor, *The Case for Trump*(2019), 《미국은 왜 아웃사이더 트럼프를 선택했는가》(서울: 김앤북스, 2020)

Devine, Tim, *Days of Trump: The Definitive Chronology of the 45th President of the United States*(LA: Devine Company, LLC, 2022)

Dueck, Colin, *Age of Iron: On Conservative Nationalism*(London: Oxford University Press, 2019)

Esper, Mark, *A Sacred Oath*(New York: Harper-Collins, 2022)

Fleitz, Fred(ed.), *An America First Approach to US National Security*(New York: American First Policy Institute, 2024)

Fowler, Susan, *Whistle Blower*(2020) 《휘슬블로어》(서울: 샘앤파커스, 2021)

Frum, David, *Trumpocracy: The corruption of the American Republic*(New York: Harper-Collins, 2018)

Gingrich, Newt, *Understanding Trump*(New York: Center Street, 2017)

_____, *Trump's America: The Truth about Our Nation's Great Comeback*(New York: Center Street, 2018)

_____, *TRUMP vs. CHINA: Facing America's Greatest Threat*(New York: Center Street, 2019)

_____, *Trump and the American Future: Solving the Great Problems of Our Time*(New York: Center Street, 2020)

Heritage Foundation, *Mandate for Leadership: The Conservative Promise Project 2025* (Washington DC: Heritage Foundation, 2023)

James, Aron, *Assholes: A Theory of Donald Trump*, 《또라이 트럼프》(서울: 한국경제신문, 2016)

Karl, Jonathan, *Front Row at the Trump Show*(New York: Dutton, 2020)

Lee, Bandy et al.(eds.), *The Dangerous Case of Donald Trump*, 《도널드 트럼프라는 위험한 사례》(서울: 푸른숲, 2017)

Levitsky Steven & Ziblatt, Daniel, *How Democracies Die*(2018), 《어떻게 민주주의는 무너지는가?》(서울: 어크로스, 2024)

Lighthizer, Robert, *No Trade is Free*(New York: Broadside Books, 2023)

Morris, Dick, *The Return: Trump's Big 2024 Comeback*(New York: Humanix Books, 2022)

Navarro, Peter, *The New Maga Deal: The Unofficial Deplorables Guide to Donald Trump's 2024 Policy Platform*(New York: Winning Team Publishing, 2024)

Niblett, Robin, *The New Cold War: How The Contest Between the US and CHINA Will Shape Our Century*(London: Atlantic Books, 2024)

O'Brien, Timothy, *Trump Nation: The Art of Being the Donald*(New York: Grand Central Publishing, 2005/2016)

Pompeo, Mike, *Never Give An Inch: Fighting for the America I Love*(New York: Broadside Books, 2023)

Pressman, Matthew, *On Press: The Liberal Values That Shaped the News*(Cambridge: Harvard University Press, 2018)

Ross, George, *Trump-style Negotiation: Powerful Strategies and Tactics for Mastering*, 《트럼프처럼 협상하라》(서울: 에버리치홀딩스, 2008)

Rowl, Kurt, *Donald Trump: Tells It Like It Is*(New York: Amerigoshi Press, 2017)

Sanger, E. David & Brooks K. Mary, *New Cold Wars: China's Rise, Russia's Invasion,* and America's Struggle to Defend the West(New York: Crown, 2024)

Schaller, Tom & Waldman, Paul, White Rural Rage: The Threat to American Democracy (New York: Random House, 2024)

Shapiro, Marc, Trump This! The Life and Times of Donald Trump: An Unauthorized Biography(New York: Riverdale Avenue Books, 2016)

Slater, Robert, No Such Thing as Over-Exposure: Inside the Life and Celebrity of Donald Trump(2005), 《트럼프의 성공 방식》(서울: 물푸레, 2006)

Trump, Mary, Too Much and Never Enough: How My Family Created the World's Most Dangerous Man(New York: Simon & Schuster, 2020)

Vance, JD, Hillbilly Elegy(2016), 《힐빌리의 노래》(서울: 넥스트웨이브미디어, 2017)

Wolff, Michael, Fire and Fury: Inside the Trump White House(New York: Henry Holt & Company, 2018)

Woodward, Bob, Fear: Trump in the White House(New York: Simon & Schuster, 2018)

_____, Rage(New York: Simon & Schuster, 2019)

_____, Peril(New York: Simon & Schuster, 2021)

金成隆一 ,《르포 트럼프 왕국: 어째서 트럼프인가》(서울: AK커뮤니케이션즈. 2017)

安倍晋三,《安倍晋三 回顧錄》(2023),《아베 신조 회고록》(서울: 마르코폴로, 2024)

강준만,《도널드 트럼프: 정치의 죽음》(서울: 인물과 사상사, 2016)

송의달,《세상을 바꾼 7인의 자기혁신 노트》(서울: W미디어, 2020)

조병제,《트럼프의 귀환》(서울: 월요일의꿈, 2024)

홍지수,《트럼프를 당선시킨 PC의 정체》(서울: 북앤피플, 2017)

5. Reports & Papers

American Security Project, "Combating Military Obesity: Stigma's Persistent Impact on Operational Readiness-White Paper"(October 2023)

Brookings Institutions, "Yeo Andrew and Foreman Hanna, [Research] Why North Korea matters for the 2024 US election"(July 8, 2024)

Center for Strategic and International Studies, "CSIS Commission on the Korean Peninsula: Recommendations for the U.S.-Korea Alliance" (March 22, 2021)

_____, "The Global Impact of the 2024 U.S. Presidential Election"(September

26, 2024)

Chicago Council on Global Affairs, "Republicans Get behind Trump, but Not All of His Policies"(July, 2016)

Congressional Budget Office, "The Long-Term Budget Outlook: 2024 to 2054"(March 20, 2024)

GOP House Republican, "[Press Release] Joe Biden Secretly Flew 320,000 illegal immigrants into the United States"(Washington D.C.: March 6, 2024)

Heritage Foundation, "[Commentary] George Soros's Prosecutors Wage War on Law and Order"(June 22, 2023)

_____, "[Commentary] Threat From China Is Growing at Our Southern Border"(April 15, 2024)

_____, "AUKUS Is a Good First Step, But It Needs to Go Further"(March 4, 2024)

_____, "[Commentary] The Marxist Takeover of Higher Education Reaches a Fever Pitch"(April 29, 2024)

Naval Technology, "New US Government chart outlines scope of China's naval power"(April 30, 2024)

Peterson Institute for International Economics, "Trump's proposed blanket tariffs would risk a global trade war"(May 29, 2024)

Republican National Committee, "2024 GOP PLATFORM: MAKE AMERICA GREAT AGAIN!"(Washington DC: July 2024)

Reshoring Initiative, "Reshoring Initiative 2023 Annual Report", p.21

SIPIRI, *Year Book 2024*(London: Oxford University Press, 2024)

U.S. Census Bureau, "2010 Census: Redistricting File(Public Law 94-171) Dataset"(February 3, 2011)

_____, "Income, Poverty and Health Insurance Coverage in the United States: 2022"(September 12, 2023)

U.S. Congress, "Congressional Guidance For a National Maritime Strategy: Reversing the Decline of America's Maritime Power"(April 30, 2024)

U.S. Department of Defense, "[Fact Sheet] 2023 China Military Power Report"

U.S. Department of Justice, "Report On The Investigation Into Russian Interference In The 2016 Presidential Election"(March 2019)

U.S. Department of State, "Mike Pompeo, 'Communist China and the Free World's Future"(July 23, 2020)

White House, "National Security Strategy of the United States of America" (Washington DC: December 18, 2017)

_____, "[FACT SHEET] Biden-Harris Administration Highlights Nearly $200 Billion of Private Sector Investments from the Asia-Pacific into the United States Since Taking Office"(November 16, 2023)

_____, "[FACT SHEET] President Biden Takes Action to Protect American Workers and Businesses from China's Unfair Trade Practices"(May 14, 2024)

대외경제정책연구원, 〈2024 미국 대선: 트럼프 관세 정책의 배경과 영향〉(2024년 4월 24일)

_____, 〈미국 트럼프 2.0 행정부의 경제정책 전망과 시사점〉(2024년 11월 7일)

산업연구원, 〈대미 무역수지 흑자 원인의 구조적 분석과 전망〉(2024년 3월 22일)

_____, 〈미 대선에 따른 한국 자동차산업의 영향〉(2024년 6월 10일)

하나금융연구소, 〈중국의 밀어내기 수출, 소나기인가 장마인가?〉(2024년 6월 7일)

한국무역협회, 〈공화당과 트럼프의 통상 분야 공약 주요 내용과 시사점〉(2024년 1월 23일)

_____, 〈2024 미국 선거와 통상환경 전망〉(2024년 11월 6일)

한국은행, 〈우리나라의 대미 수출구조 변화 평가 및 향후 전망〉(2024년 4월 18일)

현대경제연구원, 〈트럼프 노믹스 2.0과 한국 경제〉(2024년 11월 7일)

6. Academic Papers

McDonald, Jared et al., "Teflon Don or Politics as Usual?", *Journal of Politics*, 81(2)(University of Chicago Press, April 2019)

Milkis, Sidney M., "[Review Essay] Donald Trump, Charismatic Leadership and the "Deep State", *Political Science Quarterly*(March 15, 2024)

Mollan, Simon and Geesin, Beverly, "Donald Trump and Trumpism: Leader-ship, ideology and narrative of the business executive turned politician", *Organization*, 27(4)(London: SAGE Publications, May 2020), pp.405~418

Street, John, "What is Donald Trump? Forms of 'Celebrity' in Celebrity Politics", *Political Studies Review*, 17(1)(London: SAGE Publications, February 2019), pp.3~13

Whitehead, Andrew et al., "Make America Christian Again: Christian Nationalism and Voting for Donald Trump in the 2016 Presidential Election", *Sociology of Religion*, 79(2)(2018)

손병권, "미국 국내정치의 상황에서 본 트럼프 대통령의 리더십 유형에 대한 소고", 〈국제정치논총〉, 59집 1호(한국국제정치학회, 2019년 3월), pp.167~198

7. Journals

▎*Foreign Affairs*

McQueen, Alison, "Apocalyptic Thought in the Age of Trump"(November 20, 2016)

Acemoglu, Daron, "Trump Won't Be the Last American Populist"(November 6, 2020)

Drezner,W. Daniel, "Bracing for Trump 2.0"(September 5, 2023)

Allison, Graham, "Trump Is Already Reshaping Geopolitics"(January 16, 2024)

Feaver, Peter, "The Real Challenge of Trump 2.0: The World Will Need New Ways to Cope with the Same Old Tactics"(February 19, 2024)

Lighthizer E. Robert and Hanson H. Gordon, "After Free Trade: Trump's Legacy and the Future of the Global Economy"(March/April 2024)

Lardy R. Nicholas, "China Is Still Rising: Don't Underestimate the World's Second-Biggest Economy"(April 2, 2024)

Brands, Hal, "An 'America First' World-What Trump's Return Might Mean for Global Order"(May 27, 2024)

Cha, Victor, "America's Asian Partners Are Not Worried Enough About Trump: How His Return Could Destabilize the Region"(June 26, 2024)

O'Brien C. Robert, "The Return of Peace Through Strength: Making the Case for Trump's Foreign Policy"(July/August 2024)

Byers Andrew & Schwell L. Randall, "Trump the Realist: The Former President Understands the Limits of American Power"(July 1, 2024)

Feaver, Peter, "How Trump Will Change the World: The Contours and Consequences of a Second-Term Foreign Policy"(November 6, 2024)

Schake, Kori, "The National Security Imperative for a Trump Presidency: How

His Administration Can Shore Up the Foundations of American Power"
(November 8, 2024)

▌*Foreign Policy*

Walt, Stephen, "Does It Matter That Trump Is a Liar"(September. 17, 2018)
Hirsh, Michael, "Trump's Most Enduring Legacy Isn't What You Think"(July
8, 2023)
Crabtree, James, "Why Asia Should Sound the Trump Alarm"(March 20, 2024)

▌*Gallup & Pew Research Center & etc.*

"News Coverage of Donald Trump's First 100 Days", Harvard Kennedy
School's Shorenstein Center on Media, Politics and Public Policy(May
18, 2017)
"U.S. Church Membership Falls Below Majority for First Time", Gallup(March
29, 2021)
"Confidence in U.S. Military Lowest in Over Two Decades", Gallup(July 31, 2023)
"Sharply More Americans Want to Curb Immigration to U.S.", Gallup(July 12,
2024)
"Public Broadcasting Fact Sheet", Pew Research Center(August 1, 2023)
"Most popular conservative and far-right websites in the United States",
Statista(September. 2023)
"Media Confidence in U.S. Matches 2016 Record Low", Gallup(October 19,
2023)
"Immigration Surges to Top of Most Important Problem List", Gallup(February
27, 2024)
"5 facts about religion and Americans' views of Donald Trump", Pew Research
Center(March 15, 2024)
"U.S. Christians more likely than 'nones' to say situation at the border is a
crisis", Pew Research Center(March 4, 2024)
"How Religious Are Americans?", Gallup(March 29, 2024)
"What Are Americans' Top Foreign Policy Priorities?", Pew Research Center
(April 23, 2024)
"Americans Remain Critical of China", Pew Research Center(May 1, 2024)

"Globally, Biden Receives Higher Ratings Than Trump", Pew Research Center
(June 11, 2024)

8. News Articles

▌ *Economist*

"Donald Trump poses the biggest danger to the world in 2024"(November
16, 2023)
"American journalism sounds much more Democratic than Republican"
(December. 14, 2023)
"America's border crisis in ten charts: How did we get here?"(January 24,
2024)
"What is Trumpism, actually?"(March 17, 2024)
"How to predict Donald Trump's foreign policy"(March 27, 2024)
"How 'judge-mandering' is eroding trust in America's judiciary"(May 9, 2024)
"The Trumpification of American policy: No matter who wins in November,
Donald Trump has redefined both parties' agendas"(October 12,
2024),
"Welcome to Trump's world: His sweeping victory will shake up everything"
(November 6, 2024)
"Donald Trump's victory was resounding. His second term will be, too"
(November 7, 2024)

▌ *Financial Times*

"Donald Trump: Without Twitter, I would not be here-FT interview"(April
3, 2017)
"[Lunch with the FT] Henry Kissinger 'We are in a very, very grave
period'"(July 20, 2018)
"Irresistible comedic value of Trump"(June 29, 2023)
"Why are so many evangelical Christians in thrall to Trump?"(February 23, 2024)
"We shouldn't call 'peak China' just yet"(September 19, 2023)
"[Big Read] The Trump machine: the inner circle preparing for a second
term"(March 26, 2024)

"Fascism has changed, but it is not dead"(March 26, 2024)

"Far right makes significant gains in European parliament elections"(June 10, 2024)

"The 2024 presidential election is not over yet"(July 15, 2024)

"Trump and the lure of strongman leadership"(November 6, 2024)

"Donald Trump is back: how a written-off felon returned to rule America" (November 6, 2024)

"'Brave new world': Donald Trump's victory signals end of US-led postwar order"(November 6, 2024)

"[Big Read] US presidential election 2024: Trump redraws the political map of America"(November 6, 2024)

❙ *New York Times*

"The Expanding Empire of Donald Trump"(April 8, 1984)

"Buchanan, Urging New Nationalism, Joins '92 Race"(December 11, 1991)

"[Opinion] The Roots of White Anxiety"(July 18, 2010)

"[Opinion] Trump Is Right on Economics"(September 7, 2015)

"Highlights From Our Interview With Donald Trump on Foreign Policy"(March 26, 2016)

"In Donald Trump's Worldview, America Comes First, and Everybody Else Must Pay"(March 26, 2016)

"Donald Trump's Secret Weapon: Letters of Love, Flattery and Revenge"(June 2, 2016)

"Trump Is Testing the Norms of Objectivity in Journalism"(August 7, 2016)

"Inside Trump's Hour-by-Hour Battle for Self-Preservation"(December 9, 2017)

"How Trump Reshaped the Presidency in Over 11,000 Tweets"(November 2, 2019)

"How Jared Kushner Washed His Hands of Donald Trump Before Jan. 6"(June 8, 2022)

"Trump Tries a New Campaign Tack: Small-Scale"(January 28, 2023)

"Trump and Allies Forge Plans to Increase Presidential Power in 2025"(July 17, 2023)

"Are the Elite Anti-Trumpers the 'Bad Guys'?"(August 12, 2023)

"Why a Second Trump Presidency May Be More Radical Than His First"
(December 4, 2023)
"[Opinion] The Secret of Trump's Appeal Isn't Authoritarianism"(December
18, 2023)
"Cross-Tabs: February 2024 Times/Siena Poll of Registered Voters Nationwide"
(March 2, 2024)
"[Opinion] The Real Path to an American Civil War"(April 17, 2024)
"[Opinion] The Real Danger if Trump Is Re-elected"(May 21, 2024)
"After Verdict, Trump Revels in Embrace of His Most Avid Base"(June 2, 2024)
"If Trump Wins"(June 7, 2024)
"After Conviction, Trump Presents Himself as a Martyr to the Christian
Right"(June 22, 2024)
"[Opinion] Win or Lose, Trump Has Already Won"(November. 4, 2024)
"[News Analysis] 'Trump's America': Comeback Victory Signals a Different
Kind of Country"(November 6, 2024)

▌*New Yorker*
"Donald Trump's Ghostwriter Tells All"(July 18, 2016)
"It's True: Trump Is Lying More, and He's Doing It on Purpose"(August 3, 2018)
"Mike Johnson, the First Proudly Trumpian Speaker"(March 15, 2024)
"The Face of Donald Trump's Deceptively Savvy Media Strategy"(March 25,
2024)
"The Attempt on Donald Trump's Life and an Image That Will Last"(July 13,
2024)
"Trump, Unity, And MAGA Miracles At The R.N.C."(July 16, 2024)
"The Rise of The New Right At The Republican Convention"(July 18, 2024)

▌*Politico & POLITICO Magazine*
"Trump's 19th Century Foreign Policy"(January 20, 2016)
"The Rise of Trump Studies: Who is this guy, and how did we get here? A
nation of professors scrambles for answers"(April 22, 2016)
"Trump Is Pat Buchanan With Better Timing"(September/October 2016)
"Trump's obsession with Wrestlemania and fake drama"(January 16, 2017)

"In MAGA world, Trump's jokes always land"(October 19, 2018)

"Disruptor in chief Trump bulldozes into NATO gathering"(December 3, 2019)

"Donald Trump's Lifelong Obsession with Comebacks"(May 10, 2020)

"He Is and Always Will Be a Terrified Little Boy"(July 13, 2020)

"'Weakness Was the Greatest Sin of All': How a Lifelong Need to Seem Strong Made Trump Vulnerable"(October 2, 2020)

"45 Self-Evident Truths About Donald Trump"(October 29, 2020)

"How Trump Wins Impeachment, Again"(January 13, 2021)

"Donald Trump Is a Man Without a Past"(October 4, 2023)

"Trump considers overhauling his approach to North Korea if he wins in 2024"(December 13, 2023)

"Ralph Reed's army plans $62 million spending spree to boost evangelical turnout"(March 11, 2024)

"In on the Joke: The Comedic Trick Trump Uses to Normalize His Behavior"(March 17, 2024)

"The Trump effect thunders around the globe"(November 8, 2024)

▌ *TIME*

"2016 Person of the Year: Donald Trump"(December 7, 2016)

"Trump After Hours"(May 11, 2017)

"How Sound of Freedom Became the Surprise Box Office Hit of the Summer"(August 29, 2023)

"How Trump Steamrolled His Way to the GOP Nomination"(March 6, 2024)

▌ *Washington Post*

"How Trump has made millions by selling his name"(January 25, 2017)

"[Analysis] White Trump voters are richer than they appear"(November 12, 2019)

"[Opinion] Shinzo Abe was a better ally than we deserved"(August 29, 2020)

"Trump's presidency ends where so much of it was spent: A Trump Organization Property"(January 20, 2021)

"A quarter of Americans believe FBI instigated Jan. 6, Post-UMD poll finds"(January 4, 2024)

"Trump says Haley, Pompeo will not serve in his next administration"
(November 9, 2024)

❙ Others

"A look inside Donald Trump's deposition: Defiance, deflection and the
'hottest brand in the world' ", *AP News*(September 1, 2023)

"Jesus is their savior, Trump is their candidate. Ex-president's backers say
he shares faith, values", *AP News*(May 18, 2024)

"Why Attacks on Trump's Mental Acuity Don't Land", *Atlantic*(February 16, 2024)

"Exclusive poll: America warms to mass deportations", *Axios*(April 25, 2024)

"Trump warns Republicans to talk about abortion 'correctly' ", *Axios*(Jun 13, 2024)

"Ex-Trump Envoy Richard Grenell Supports Autonomous Zones in Ukraine"
Bloomberg(July 15, 2024)

"The Secret Behind Trump's Success", *Business Week*(November 22, 2007)

"Donald Trump: Japan, South Korea might need nuclear weapons", *CBS
News*(March 29, 2016)

Robert C. O'Brien, "Full transcript of 'Face the Nation' ", *CBS News*(June 23, 2024)

"Journalists shower Hillary Clinton with campaign cash", Center for Public
Integrity(October 17, 2016)

"It's Official: 2024 Campaign News Coverage Was the Worst Ever!", Media
Research Center(November 5, 2024)

"[Commentary] Why is former US president Donald Trump still so
influential?", *Channel News Asia*(November 20, 2021)

David Mindichi, "For journalists covering Trump, a Murrow moment", *Columbia
Journalism Review*(July 15, 2016)

"Trump's faith-based campaign tactics", *CNN*(April 7, 2024)

"Takeaways from CNN's presidential debate with Biden and Trump", *CNN*(June
28, 2024)

"The Rise and Fall of Confucius Institutes in the US", *Diplomat*(November 28,
2023)

"From Manila to Hawaii, Meet The Licensing Partners Who Paid Trump The
Most", *Forbes*(March 20, 2017)

"[Opinion] North Korea's menacing nuclear threat is too dangerous to ignore.

US must lead before time runs out", *Fox News*(May 15, 2024)

"Three incredible ways the far-left media helped Trump win again: Throughout the 2024 election campaign the legacy media continued to lose respect", *Fox News*(November 6, 2024)

"How Good is Donald Trump the Golfer?", *Golf Digest*(January 17, 2017)

"Most Republicans still believe 2020 election was stolen from Trump", *Guardian*(May 24, 2021)

"[Opinion] A looming threat to the US-South Korea alliance", *Hill*(January 4, 2019)

"Is Donald Trump A Narcissist…Or A Bully? Here's What Psychologists Say", *Huff Post*(September 22, 2015)

"Trump says he'd like to take Kim Jong-Un to a baseball game as he boasts about their friendship", *Independent*(July 20, 2034)

"6 Speaking Techniques: We Can Learn From Donald Trump", *LinkedIn* (November 10, 2016)

"How Trump used Sun Tzu's 'The Art of War' to Overcome the Media in 2016", *Linkedin*(January 25, 2022)

"Trump Bankruptcy Math Doesn't Add Up", *NBC News*(June 24, 2016)

"Donald Trump Nods to 'Sound of Freedom' With Child-Trafficking Message", *Newsweek*(Sep. 16, 2023)

"Biden calls North Korean dictator Kim Jong Un president of South Korea in latest world leader blunder", *New York Post*(May 11, 2024)

"Japan steps up lobbying in Washington, hedging for Trump's return", *Nikkei Asia*(February 18, 2024)

"How did the Republican Party become the party of Trump?", *NPR*(Feb.8, 2022)

"Through all Trump's legal wars and woes, one lawyer's influence still holds sway", *NPR*(July 17, 2022)

"Attkisson: The Record Shows Media Made More 'Mistakes' Reporting On Trump, Always Against Him", *RealClearPolitics*(February 25, 2024)

"Trump says foreigners who graduate from US colleges should get green cards", *Reuters*(June 22, 2024)

"JD Vance poised to take Trumpism into the future", *Reuters*(July 17, 2024)

"Voters narrowly support Trump's tariff pitch, Reuters/Ipsos poll finds", *Reuters*(September 16, 2024)

"Was Donald Trump Good at Baseball?", *Slate*(May 5, 2020)

"Trump Rallies the Party He Created in Speech to Friendly CPAC Crowd", *US News & World Report*(March 4, 2023)

"Team Trump Claims Guilty Conviction Led to $141 Million Fundraising Bonanza in May", *Vanity Fair*(June 4, 2024)

"Donald Trump Is a Heavyweight With Raucous UFC Crowd", *Wall Street Journal*(June 2, 2024)

"Former model disputes NYT's negative report on Trump and women", *Washington Examniner*(May 16, 2016)

"Lawmakers, veterans say 'woke diversity initiatives' cost taxpayers, hurt military", *Washington Examiner*(January 15, 2024)

▌Others: 연설문 유튜브

"1992 Republican National Convention Speech"(August 17, 1992)

https://buchanan.org/blog/1992-republican-national-convention-speech-148?doing_wp_cron=1478487975.2316689491271972656250

"Read Ivanka Trump's Speech at the Republican Convention"(July 21, 2016)

https://time.com/4417579/republican-convention-ivanka-trump-transcript/

"Read the Transcript of JD Vance's Convention Speech", *New York Times*(July 18, 2024)

https://www.nytimes.com/2024/07/17/us/politics/read-the-transcript-of-jd-vances-convention-speech.html

https://www.c-span.org/video/?533736-1/donald-trump-holds-rally-rock-hill-south-carolina

9. 기타 언론 매체

〈조선일보〉, 〈조선닷컴〉, 〈동아일보〉, 〈중앙일보〉, 〈한국일보〉, 〈서울신문〉, 〈매일경제신문〉, 〈한국경제신문〉, 〈연합뉴스〉, 〈신동아〉, 〈월간조선〉, 〈주간조선〉, 〈日本經濟新聞〉, *Epoch Times*, *USA Today*, *Wikipedia* 등

찾아보기(용어)

찾아보기(인명)

나남신서 8

나남이 책을 만들고 책이 사람을 만듭니다

트럼프가 몰고 올 혁명적 변화 속에서
한국이 나아갈 길을 찾다

트럼프는 2024년 7월 펜실베이니아주 버틀러카운티에서 열린 유세 집회 중엔 암살범의 총탄을 수 밀리미터 간격으로 피해 냈다. 한쪽 귀에 피를 흘리면서도 그는 일어나 "싸우자!"고 외쳤다. 유례없는 접전을 벌일 것이라는 예상을 깨고 그는 2024년 11월 대선에서 카멀라 해리스 민주당 후보를 상대로 완승을 거두었다. 트럼프의 행적, 특히 그의 정치적 부침을 보노라면 '신의 개입(Divine Intervention)'이라는 표현이 떠오른다. 많은 곤경과 모욕, 고난과 시련에도 좌절은커녕 한층 강인해지는 그에게 인간의 힘으로 설명하기 힘든 신(神)의 역사(役事)가 작동할지 모른다는 생각이 든다.

우리의 관심사는 4년 만에 도널드 트럼프가 재입성하면서 대한민국에 닥쳐올 각종 충격과 이에 대한 대응이다. 트럼프 2기의 미국은 한마디로 제2차 세계대전 이후 백악관을 지배해온 '호의적 국제주의'의 종언과 '성채(城砦) 미국'의 대두를 뜻한다. 트럼프 2기는 1기 때의 기조를 유지하면서 더 세고, 더 강하고, 더 속도감 있게 '뉴매가(New MAGA)'로 업그레이드된 모습을 보일 전망이다. 필자는 이런 다급한 상황에서 도널드 트럼프의 재림(再臨)이 최소한 대한민국에 악몽(惡夢) 같은 재앙이 되지는 않도록 해야 한다는 절박감에서 이 책을 집필했다. 냉정하고 객관적으로 그리고 합심해 지혜를 모아 트럼프 2기를 우리나라에 '위기' 아닌 '기회'가 되도록 해야겠다는 생각에서였다.

– 프롤로그 중에서

트럼프의 재림이 재앙이 되지 않으려면, 트럼프 2기를 우리나라의 기회로 만들려면, 주류 미디어가 왜곡한 비정상 이미지를 넘어 트럼프, 트럼피즘 깊이 읽기가 필요하다.

값 24,000원

ISBN 978-89-300-4175-1 (04340)
978-89-300-8655-4(세트)